ECKHARD MEINBERG

HOMO OECOLOGICUS

ECKHARD MEINBERG

HOMO OECOLOGICUS

Das neue Menschenbild im Zeichen der ökologischen Krise

WISSENSCHAFTLICHE BUCHGESELLSCHAFT
DARMSTADT

Einbandgestaltung: Neil McBeath, Stuttgart.

Die Deutsche Bibliothek – CIP-Einheitsaufnahme

Meinberg, Eckhard:
Homo Oecologicus: das neue Menschenbild im Zeichen der ökologischen Krise /
Eckhard Meinberg. – Darmstadt: Wiss. Buchges., 1995
ISBN 3-534-12065-5

Bestellnummer 12065-5

Gedruckt auf säurefreiem und alterungsbeständigem Werkdruckpapier
Gesamtherstellung: Wissenschaftliche Buchgesellschaft, Darmstadt
Printed in Germany
Schrift: Times, 9.5/11

ISBN 3-534-12065-5

INHALT

Vorwort VII

1 Einstieg 1

2 Erste Zugänge: Der Ort des Homo Oecologicus in den zeitgenössischen Wissenschaftsdiskursen – Exemplarisches 6

3 Der Homo Oecologicus: Ein anthropologischer Problemfall 13

4 Die Notwendigkeit des Homo Oecologicus und seine Rivalen 20

5 Die Konstitution des Homo Oecologicus 29

5.1 Vorbemerkungen und Voraussetzungen 29

5.2 Homo Oecologicus – Ein „Naturmensch"? Reminiszenzen zur Herkunft des Homo Oecologicus 33

5.3 Homo Oecologicus zwischen Kultur und Natur – Über den Zusammenhang von Kultur und Natur 44

5.4 Homo Oecologicus als „Kulturwesen" 48

5.4.1 Homo Oecologicus als Naturdeuter 49

5.4.2 Homo Oecologicus im Spannungsfeld der Technik . . 55

5.4.3 Die Moral des Homo Oecologicus 63
Vorspann – Prämissen einer co-existenzialen Moral – Die biophile Ehrfurcht, Fürsorge und erweiterte Verantwortung als Kernelemente einer co-existenzialen Moral

5.4.4 Der ästhetische Homo Oecologicus 89
Überleitungen und Vorblicke – Ästhetische Bestimmungsstücke des Homo Oecologicus – Der co-existenziale Wahrnehmungsstil – Der transzendent-projektive Wahrnehmungsstil – Der offen-freischwebende Wahrnehmungsstil

5.5 Der „natürliche" Homo Oecologicus 119

5.5.1 Homo Oecologicus: Ein leibbetonendes Menschenbild . 119

5.5.2 Die Geschlechtlichkeit 123
5.5.3 Gesundsein und Kranksein als existenzielle leibliche Weltverhältnisse 140
5.5.4 Die Gefühlswelt – der affektive Homo Oecologicus . . 148
5.5.5 Leiblichkeit und Vernunft 159

6 Die Zukunft des Homo Oecologicus als „Weltbürger“ . 168

7 Der Weg: Die Bildung 176

Literatur 181

Register 185

VORWORT

Ohne den Trost der Natur
wird die Weltseele zu schwer

Die ökologische Krise, für die es zahlreiche Ursachen, Symptome, immer neue und andere Tatorte gibt, legt sich wie ein mächtiger Schatten auf die Menschheit. Tschernobyl kommt der zweifelhafte Ruhm zu, diese Krise wie keine andere zu symbolisieren, die in ihrer tatsächlichen und möglichen globalen Tragweite nicht unterschätzt werden kann. Dies mag auch ein guter Grund für die vielfältigen Aktivitäten sein, die sich in der einen oder anderen Form um eine redliche Aufarbeitung dieses weltweiten Ökodilemmas mühen.

Im Gefolge dieser Krise ist, für jedermann sichtbar, eine üppig blühende Ökoliteratur mit zum Teil ganz unterschiedlichen Interessen und Argumentationsstilen entstanden. Dabei scheint es so, als würde eine im weitesten Sinne moralisch inspirierte, nicht immer frei von apokalyptischen Mahnrufen bleibende Gattung den Ton angeben. Ziel einer Reihe von Veröffentlichungen, die sich aus den verschiedensten Quellen speisen, ist es, Vorschläge zur Krisenentschärfung zu unterbreiten. Es ist unbestritten, daß diese Absicht auch ein drängendes Motiv der vorliegenden Studie ist. Aber deren Ehrgeiz geht noch weiter, indem sie radikaler ansetzt als dies die meisten anderen Beiträge tun. Denn ihr geht es vor allem darum, die ökologische Krise an der Wurzel zu fassen – und diese liegt in den Menschen selbst. Die ökologische Krise ist weder als unabwendbares Geschick über die Menschheit hereingebrochen, noch ist sie Ausfluß eines blindwütigen Naturgeschehens, dem die Spezies Mensch ohnmächtig ausgeliefert wäre; vielmehr ist sie im letzten Ergebnis menschlicher Taten.

Insofern schiebt sich als beherrschende Thematik das Selbstverständnis des Menschen überhaupt in den Vordergrund. Die ökologische Krise provoziert dazu, die Frage nach der Bestimmung des Menschen hier und heute neu und anders zu stellen, weil er sich in dieser Krise selbst in Frage stellt.

Ein solches Nachdenken indes, das den Menschen, der Menschheit im ganzen gilt, gehört in den Bannkreis der Anthropologie, die trotz allem ökologischen Forscherenthusiasmus bisher nicht jene Aufmerksamkeit gefunden hat, die sie verdient. Denn wo es um Selbstverständigungsprozesse des Menschen zu tun ist, da kann sich die Anthropologie, die seit alters um die radikale, sich selbst auferlegte Frage „Was ist der Mensch?“ kreist, nicht ausschweigen. Oft antwortet sie darauf durch die Kreation von Menschenbildern. Das ist auch in dieser Studie der Fall. Da wir Menschen dazu neigen, uns über und durch Bildentwürfe zu gestalten, steht im Brennpunkt der Versuch, ein solches Bild zu konzipieren, das zugleich als Leitbild für die Entschärfung der ökologischen Krise fungieren könnte.

Dieses Menschenmodell, das sich konkreten Erfahrungen sowie dem Umgang mit der Ökokrise verdankt, wird auf den Namen „Homo Oecologicus“ getauft, mit dem dann unwillkürlich der Menschenbilderkosmos um eine besondere Variante erweitert wird. Ohne Einzelheiten vorwegnehmen zu wollen, lebt dieses Bild aus der Grundspannung von Kultur und Natur, dies sind die beiden Pole, um die herum Homo Oecologicus Gestalt annimmt. Dadurch gewinnt zwangsläufig ein Menschenbild Profil, das dem Menschen möglichst „ganz“, in all seinen Dimensionen, gerade auch in der tief verankerten Leiblichkeit gerecht zu werden versucht.

1 EINSTIEG

Krisen haben längst die Aura des Außergewöhnlichen, Einmaligen oder Zufälligen verloren. Mittlerweile hat man sich daran gewöhnt: Krisen sowie eilfertig einberufene Krisenmanagements bestimmen die Tagesaktualität. Krisen sind *allgegenwärtig* und drauf und dran, nahezu alle Lebensbereiche zu durchsetzen. Krisen sind zu festen Bestandteilen unseres Daseins geworden. Man lernt es, sich auf Krisen einzustellen. Allem Augenschein nach gibt es jedoch auch solche Krisen, die schwer oder nur höchst unzulänglich in den Griff zu bekommen sind. Dazu gehören insbesondere auch solche, die weder regional einzukreisen sind noch sich in all ihren Ursachen und Folgen zu erkennen geben. Je ausufernder und vielschichtiger Krisen sind, desto schwieriger ist eine wirksame Bekämpfung. Wenn diese Gegebenheiten auf irgendeine Krise der Gegenwart zutreffen, dann mit der größten Sicherheit auf das, was seit geraumer Zeit als *ökologische Krise* die Runde dreht. Diese Krise ist eine überregionale, *weltweite*, von der alle diesen Globus bevölkernden Menschen betroffen sind bzw. in naher Zukunft sein werden. Und mag diese Misere auch ihre unterschiedlich intensiv spürbaren Krisenherde haben, hier bedrohlicher als dort sein, verschiedene Strukturen aufweisen, so läßt sich doch nicht an deren *internationaler* Präsenz herumdeuteln.

Außerdem: Diese Krise ist in ihren Ausmaßen hochgradig komplex, sie gibt allen, die sich an ihre Tilgung heranwagen, viele Rätsel auf. Das *Wissen* über diese spezifische Krise ist momentan noch sehr beschränkt, was eine vertrackte Situation ist und nicht unwesentlich alle ernstgemeinten Schadensbekämpfungen erschwert.

Trotz aller Unwissenheit kann man einige plausible *Ursachen* dieser Krise benennen. Diese sind größtenteils bekannt und sollen aus diesem Grund nur sehr verknappt zum Einstieg angerissen werden.

Wenn die Anklage von der „Plünderung des Planeten" zu Recht besteht, dann im Hinblick auf den bisweilen von Verschwendung nicht unterscheidbaren Rohstoffkonsum, der schon an „Ökogangstertum" grenzt. Dahinein fügen sich u. a. die enormen Steigerungsraten an Energiebedarf, obwohl die einstmals als Allheilmittel gepriesene Kernenergie seit jenem Aprildesaster von 1986 in Tschernobyl mehr als nur einen Dämpfer erlitten hat.

Besonders mißlich wird die Lage auch dadurch, daß immer mehr verbraucht und konsumiert wird. Die wachsenden Müllhalden und die angestrengten Versuche, der Vermüllung Herr zu werden, führen dies ungeschminkt vor Augen. Die Müllverbrennungsanlagen verrichten Akkordarbeit, und niemand weiß genau, wie lange diese Massen, nebenbei schlagendstes Symbol einer *Wegwerfgesellschaft*, noch bewältigbar sind. Ein besonders unrühmliches Kapitel spielt dabei der *Giftmüll*, der z. T. in Nacht-und-Nebel-Aktionen aus den Industrieländern in Länder der Dritten Welt dirigiert und dort *verscherbelt* wird.

Dazu kommt und damit trifft sich ein anderer aufsehenerregender Befund: Die Welt hat ein Loch, das berühmt-berüchtigte *Ozonloch*. Ist das Ozonloch schon schlimm genug, an Bedeutung und Bedrohlichkeit wird es fast noch übertroffen von dem sogenannten *Treibhauseffekt*, einem Begriff, der ebenfalls seit einiger Zeit in die Alarmrhetorik eingewandert ist.

Die in jüngster Zeit in die Schlagzeilen geratenen Abholzungsmanöver des Regenwaldes im Amazonasgebiet haben viel Staub aufgewirbelt, u. a. auch, weil dadurch weitere Klimaveränderungen zu befürchten sind. Die Vernichtung des tropischen Regenwaldes, die sich jährlich auf die Größe der Bundesrepublik beläuft, wird Überschwemmungen, Dürrekatastrophen und Verwüstungen nach sich ziehen, die über das regionale Territorium hinaus folgenreich werden. Im gleichen Atemzug wird eine *kulturelle Destruktion* betrieben, da die Bewohner dieser Areale gezwungen werden, ihren jahrhundertelangen Lebensraum zu verlassen.

Überhaupt scheint der Zerstörungswille des Menschen gegenüber der nicht-menschlichen Natur schier grenzenlos zu sein. Der *Verkehr* und die immer enger werdenden Verkehrsnetze, zu Lande und in der dünnen Luft der Boeings und Airbusse, tun ein übriges. Man muß sich nur einmal klar machen, daß in der ehemaligen Bundesrepublik zwischen 1970 und 1980 hunderttausend Kilometer Straßen und Wirtschaftswege in die Natur geschlagen und Zehntausende Kilometer von Flüssen und Bächen zusätzlich betoniert oder begradigt wurden.

Allein: Des Menschen Zerstörungs- und Eroberungslust ist damit längst nicht gesättigt, er strebt nach „Höherem", in des Wortes doppelter Bedeutung. Nichts hält ihn zurück, auch in extraterrestrische Bereiche vorzustoßen. Die Weltraumfahrt, bemannt/befraut oder auch unbemannt, steht für das titanische Unternehmen, die Lebensmöglichkeiten über die Erde hinaus auszudehnen, den Weltraum zu kolonialisieren, ist zudem auch eindrucksvolles Symbol für die neu entstandene „High-Tech-Kultur“, der die Natur teilweise relativ schutzlos ausgeliefert ist. Trotz Naturschutz – die Natur ist oft genug ohne Schutz. Aber: Auch der Mensch muß sich schützen, nicht zuletzt vor sich selbst. Weshalb das?

Eine Wurzel der ökologischen Krise ist in der *Bevölkerungszunahme* zu erblicken, die in den letzten Jahren weiter explosionsartig angestiegen ist. Nach Schätzung der UNO soll es um das Jahr 2000 ca. 6,2 Milliarden Vertreter dieser Spezies geben, deren Zahl derzeit bei etwas mehr als 5 Milliarden liegt. Für 2025 werden ungefähr 8,5 Milliarden Menschen hochgerechnet, die Bevölkerung Indiens, ebenso Mexikos, wird in diesem Zeitraum besonders rapide steigen. Global nimmt die Bevölkerung bei zahlreichen regionalen Differenzen – die sogenannten Entwicklungsländer werden von dieser Menschenflut weitaus mehr „heimgesucht“ als die Industrienationen – alle 5 Tage um ungefähr 1 Million zu. Die ökologische Rechnung, die dadurch präsentiert wird, ist recht schlicht: Je mehr Menschen die Erde bewohnen, desto höher der Verbrauch, desto größer die Schrumpfung der endlichen Naturressourcen. Hinzu kommt die politische Seite: Der Kampf um die immer geringer werdenden, sich verschlechternden Lebensbedingungen, der Streit um Lebensmittel, Hungersnöte, allgemeine Verelendung, Flüchtlingswellen und Arbeitslosigkeit sind vorprogrammiert und werden sich verschärfen.

Wer wollte es ernstlich abstreiten? Die Ökokrise ist eine tiefgreifende, eine mehrdimensionale dazu, die verschiedene „Gesichter“ und Verursacher hat.

Die ökologische Krise ist eine Krise im Verhältnis des Menschen zur Natur. Die Beziehung zwischen Mensch und Natur droht mehr und mehr aus den Fugen zu geraten – das ist *die* Botschaft der Ökokrise. So dramatisch hat sich die Krise zugespitzt, daß die Menschheit *genötigt* ist, ihren Umgang mit der Natur neu zu durchdenken.

Inwieweit dabei auf die Hilfe der Politiker gehofft werden darf, ist fraglich. Zwar hat inzwischen fast jede Regierung ihr Umweltressort, das zumeist in der Ministerienhierarchie ohne Ansehen und dementsprechend wenig oppulent ausgestattet ist, aber von wirklich großen übergreifenden Konzeptionen ist man weit entfernt.

Die internationalen Debatten auf dem politischen Parkett, nur zu oft halbherzig ausgetragen, sind alles andere als ermutigend. Das beweisen nicht nur die vom Taktieren bestimmten Debatten um das

Ozonloch, sondern auch die sogenannten „Umweltgipfel" in Rio 1992 sowie Berlin 1995, die schon im Vorfeld desillusionierendes politisches „Geplänkel" boten, das offenbarte, wie wenig die „große" Politik den Ernst der Stunde erkannt hat. Ebenso nachhaltig wurde und wird demonstriert, daß die international unbedingt erforderlichen Abstimmungsprozesse aufgrund divergierender Interessenlagen unterlaufen oder boykottiert werden. Augenblicklich ist von einer solchen Politik nicht sehr viel zu erwarten, eine sich durch politischen Sachverstand, Weitsichtigkeit und Augenmaß auszeichnende Begradigung bzw. Eindämmung der ökologischen Flurschäden ist in die weitere Ferne gerückt.

Die ökologische Krise veranschaulicht mit Nachdruck, daß Natur und Umwelt über alle parteipolitischen Auseinandersetzungen und Spiegelfechtereien hinweg *politische* Kategorien geworden sind, und zwar in dem Sinne, daß sie alle, d. h. die Allgemeinheit angehen. „Ökologiebewegungen" mischen sich vor allem seit den 70er Jahren in diesen Diskurs ein und richten sich oft als erklärte Protestbewegungen gegen die etablierte Politik.

Organisationen formieren sich, um den Raubbau an der Natur wenigstens hier und dort zu stoppen. Greenpeace setzt besondere Zeichen. Es kommt zur Vereinigung des „Club of Rome", der 1968 entstand und dem ca. 100 Wissenschaftler, Wirtschaftler und Politiker aus über 50 Nationen angehören; dieser, bar parteipolitischer Ziele, wurde aus der tiefen Sorge um die Zukunft der Menschheit gegründet, weshalb folglich die Weltpolitik zum Hauptthema des „Club of Rome" avancierte. Die „Lage der Welt" zu beurteilen, aber auch konstruktive Lösungen und Strategien anzubieten, darum versammeln sich die Leitinteressen der Mitglieder. Daneben kommt es zu zahlreichen anderen Initiativen, die desolate Umweltsituation ist zwar nicht in aller, so doch in vieler Munde.

Die ökologische Krise hat nachweislich auch eine Flut von sich widersprechenden Reaktionen ausgelöst; nur Abgestumpfte können sich ihr gegenüber gleichgültig verhalten. Sehr häufig ist ein Stimulus, eine *Umorientierung* im Denken und Handeln herbeizuführen. Eine *grundlegende Bewußtseinsveränderung* der Menschheit wird gefordert, nach neuen Vorstellungen und Ideen vom Menschen wird gerufen und gesucht. Tief sitzt der Glaube, daß einzig eine qualitativ andere Bewußtseinsform die Zukunft der Menschheit sichern könne. *Die ökologische Krise provoziert entschieden die Suche nach neuen Formen des Menschseins, nach anderen Lebensstilen.*

Und genau das ist der springende Punkt für unsere Thematik, die sich aus dem Bedürfnis nährt, auf diese Krise mit dem Entwurf eines Menschenbildes zu antworten. Die ökologischen Notrufe werden vielfach von neuen Vorstellungen über den Menschen begleitet. Dies vorausgesetzt, werde ich versuchen, ein Menschenbild zu konstruieren, das sich der Erfahrung der ökologischen Krise verdankt und zugleich *Leitbild*charakter tragen könnte, um das Bewußtsein für diese Krise nicht bloß zu schärfen, sondern auch – möglichst! – handlungsbestimmend werden zu können. Dieses Bild wird auf den Namen Homo Oecologicus getauft.

2 ERSTE ZUGÄNGE: DER ORT DES HOMO OECOLOGICUS IN DEN ZEITGENÖSSISCHEN WISSENSCHAFTS-DISKURSEN – EXEMPLARISCHES

Die ökologische Krise hat mittlerweile ein neues Genre erzeugt: die *Ökoliteratur*, deren Autorinnen und Autoren verschiedenster Herkunft sind. Ein bemerkenswertes Fanal setzt bereits 1962 die amerikanische Schriftstellerin Rachel Carson mit ihrem Buch ›Silent Spring‹, in dem sie die von der technischen Revolution heraufbeschworenen ökologischen Kahlschläge und Verwüstungen anschaulich und beeindruckend darstellt. Neben der zuweilen romantisch verklärten Naturlyrik stößt man auf mit chemischen Formeln gespickte Analysen, handfeste Statistiken oder Erziehungsprogramme haben ihren Platz neben theologischen Mahnschriften. Ein wahres Publikationspotpourri liegt vor uns ausgebreitet, das in Absichten, Methoden und Adressaten voneinander abweicht. Zusätzlich kann seit den 80er Jahren eine *gesteigerte wissenschaftliche Auseinandersetzung* mit der Umwelt-Natur-Problematik wahrgenommen werden, was die Entstehung neuer Spezialgebiete wie Ökopsychologie, Ökopädagogik, Umweltmedizin u. ä. begünstigt hat.

Die Rolle der Wissenschaften ist insgesamt eine zwiespältige: Auf der einen Seite werden die Wissenschaften auf die Anklagebank verbannt, indem ihnen ein gerüttelt Maß Mitschuld an der ökologischen Krise vorgeworfen wird. Über die Rechtmäßigkeit einer solch gravierenden Beschuldigung, die zumeist sehr anonym an die Adresse *der* Wissenschaften gerichtet wird, muß nicht befunden werden, hilfreicher ist hier der Hinweis auf die andere Seite, daß fast sämtliche Wissenschaften – egal, ob man der „klassischen", aber keineswegs überzeugenden Trennung in Natur-, Geistes- und Sozialwissenschaften folgt – Umwelt und Natur als „ihre" Themen rehabilitieren oder, unter dem Eindruck der Krise, neu entdecken und definieren. Es gibt momentan kaum eine Wissenschaftsdisziplin, die sich nicht für diese existenzielle Problematik erwärmen würde, zumal mit „Umweltprojekten" auch erfolgreich um „Drittmittel" gebuhlt werden kann.

Ein mehr als flüchtiger Seitenblick auf einige wenige ausgewählte

Wissenschaften kann dies bezeugen: Da ist zunächst einmal die *Ökologie*, von der schon mehrfach gesprochen wurde, ohne den Begriff zu schärfen. Was meint also Ökologie? Ihre Wortschöpfung in einem gediegenen Sinn liegt mehr als 100 Jahre zurück und läßt sich auf Ernst Haeckel datieren, der diesen Begriff in seinem Werk: ›Generelle Morphologie der Organismen‹ (1866) verwendet; darin etabliert Haeckel eine Ökologie als eine *biologische Teildisziplin*, die es mit der mechanischen Erklärung der Beziehungen des Organismus zur umgebenden Außenwelt zu tun hat.

Inzwischen hat sich die Ökologie von dieser Ursprungsbedeutung weit entfernt, sie ist über den biologischen Umkreis hinausgewachsen und integriert heute ganz unterschiedliche Ansätze, ist auf dem Weg zu einer interdisziplinären Wissenschaft, in die die verschiedensten theoretischen Ansätze hineinreichen. Auf die Beeinflussungen der Umwelt durch Wirkungen *menschlicher* Arbeits- und Lebensstile (man denke hier etwa an Wasserverschmutzung oder Atomenergie) wird das Hauptaugenmerk gerichtet. Ökologie, als Wissenschaft betrieben, ist in der Gegenwart und Zukunft ein außerordentlich anspruchsvolles, weitreichendes, ja universales Unternehmen.

Von Desinteresse an der Umweltthematik ist beispielsweise bei der *Geschichtswissenschaft* nichts zu spüren. Umweltprobleme erscheinen uns als etwas Brandaktuelles, das wenig mit Reminiszenzen und Memorieren zu tun hat. So könnte man vermuten. Aber: Menschen haben sich zu allen Zeiten ihrer Umwelt gegenüber *verhalten*, sie haben sie geschützt und geschont, aber auch zerstört. Die Umweltzerstörung ist daher keine zeitgenössische Erfindung. Zwar sind die derzeitigen Umweltschädigungen historisch einmalig, aber sie besitzen durchaus eine eigene Vorgeschichte, von der etwa antike Zeugnisse und Klagelieder zu berichten wissen (vgl. dazu für das 19./20. Jahrhundert: Brüggemeier/Rommerspacher 1987; Jäger 1994).

Wo menschliches Verhalten und Handeln zum Thema werden, da tritt auch die Soziologie auf den Plan, die derzeit hauptsächlich darauf abstellt, die Umwelt gesellschaftlich zu deuten, wodurch Umwelt und Natur zu *sozialen* Kategorien werden. Darin steckt die Erkenntnis, daß Umweltfragen zu einem nicht geringen Anteil sozial dimensioniert sind. An der Soziologie ist u. a. zu zeigen, welche gesellschaftlichen Konstellationen und Differenzierungsprozesse das Aufkommen der Umweltproblematik bedingt und beschleunigt haben, wie diese von der Gesellschaft aufgenommen wird und welche Folgen dies für weitere Entwicklungen haben kann, wie sich dadurch politisches Verhalten, Einstellungen und Lebensstile sowie

Lebensformen geändert haben und verändern können. Die Etikettierung der Gesellschaft als „Risikogesellschaft" (Beck 1986) bezeichnet im übrigen plastisch, wie sehr die ökologischen „Sündenfälle" bereits das soziale Zusammenleben durchstimmen, ohne daß man freilich Anleitungen für die Steuerbarkeit der ökologischen Gefährdungen parat hätte.

An Steuerungsprozessen ist aber auch eine andere Wissenschaft, die *Psychologie* interessiert, ihr geht es nicht um die Steuerung von Gesellschaft, sondern um das individuelle Handeln, wenngleich das in der Wechselwirkung mit der sozialen Umwelt geschieht. Sie versucht u. a. der Frage nachzugehen, inwieweit sich die ökologische Krise auf die individuelle Befindlichkeit auswirkt, Handlungsperspektiven ändert und zumindest partiell handlungsleitend wird.

In dieser Generalfrage berührt sich die Psychologie mit der *Pädagogik*, ebenfalls eine Handlungswissenschaft, die danach trachtet, durch erzieherische Maßnahmen das Bewußtsein für Umweltprobleme zu fördern, überhaupt Möglichkeiten einer geeigneten Umwelterziehung zu erarbeiten.

Hilfeleistungen stehen aber auch im Vordergrund einer anderen „alten" Handlungswissenschaft, der *Medizin*. Seitdem erwiesen ist, daß die schon weithin verseuchte und vergiftete Umwelt zu einem ebenso lästigen wie bösartigen Krankheitserreger geworden ist und die Befürchtung besteht, daß eine gesundheitsfeindliche Umwelt möglicherweise ein unausschöpfliches Reservat an Krankheiten in sich birgt, gerät die medizinische Forschung in Zugzwang. Die Notwendigkeit einer Umweltmedizin scheint über jeden Zweifel erhaben zu sein.

Bereits diese kleine Stichprobe konnte verdeutlichen, daß die ökologische Krise die verschiedensten Wissenschaften zu Forschungen zu aktivieren vermochte. Dies geschieht, wie immer in den Wissenschaften, arbeitsteilig und spezialistisch mit verschiedenen Argumentationsstilen, die einen interdisziplinären Diskurs erschweren. In den jeweiligen Fragestellungen sowie Methoden differieren die Wissenschaften und nur selten sind Spuren eines echten Dialogs erkennbar, der gerade in Sachen Umwelt und Natur so überaus dringlich ist.

Andererseits kann festgestellt werden, daß all die genannten, aber auch die vielen ungenannten Wissenschaften bei genauerem Zusehen *etwas* über den Homo Oecologicus aussagen. Die Soziologie thematisiert ihn beispielsweise als ein *animal sociale*, die Pädagogik als *animal educandum* oder die Medizin als *homo patiens* – nur: Sie tun dies nicht ausdrücklich. Daher gilt: Der Homo Oecologicus hat seinen Ort *auch* in den aufgezählten Einzelwissenschaften, es wird dort immer *etwas* von ihm zur Sprache gebracht werden, die eine oder andere Besonderheit, gleichsam mosaikartig präsentiert, aber eine *Gesamtschau* dieses „Typs", in der das verstreut Zueinanderliegende zusammengebunden wird, fehlt, gleichwohl ist genau sie notwendig.

An dieser Unterlassung werde ich *ansetzen*, um zuvor noch abzuklären, *wo* ein solches Vorhaben systematisch zu plazieren ist und wie sich das notwendig auf die weitere Gedankengestaltung auswirkt. Umwelt hat, wie der sporadische Vorblick zu erkennen gab, Konjunktur im Zeichen der ökologischen Krise.

Die Wissenschaften bilden nur ein Diskussionsforum von anderen, die Auseinandersetzungen laufen quer durch fast sämtliche Disziplinen, wobei die sogenannten Humanwissenschaften, verschiedenartig motiviert und akzentuiert, auch Saiten des Homo Oecologicus zum Schwingen bringen. Deren Ehrgeiz geht freilich nicht soweit, *explizit* ein „rundes", wohldurchdachtes und in den Proportionen abgewogenes Bild des Homo Oecologicus insgesamt zu kreieren; sie geben sich mit der einen oder anderen Facette desselben zufrieden.

Heißt das nun, daß man auf ein *umfassendes* Bild überhaupt verzichten könnte und sollte? Mitnichten! Nur: In welchem Rahmen kann so etwas geleistet werden? Wer ist dafür zuständig? Wo widmet man sich relativ umfassend dem Menschen und damit auch dem Homo Oecologicus als einer Verbesonderung der conditio humana? Ist hier nicht an allererster Stelle die Philosophie gefordert? Beansprucht sie nicht seit alters, das Sein im ganzen, aber auch den Menschen in der Totalität seines Seins zu bedenken? Das ist richtig.

Allerdings ist genauso zutreffend, daß die Philosophie im Laufe der letzten Jahrzehnte immer mehr von ihren großen Ansprüchen preisgegeben hat bzw. mußte, seitdem die zumeist empirisch ausgerichteten Einzelwissenschaften in deren Phalanx eingebrochen sind und dank ihrer Spezialisierungen mit vorzeigbaren Folgen auftrumpfen, die Philosophie zurückdrängen, wenngleich auch nicht gänzlich verdrängen konnten. Nach wie vor ist ein Fragebedürfnis existent, das in die philosophische Obhut gehört und vor allem *auch* philosophisch bewältigt werden will. In ein solches philosophisches Rahmengefüge muß auch das Thema Homo Oecologicus eingespannt werden, sofern es darum geht, eine alle Details und Einzelheiten überbietende, diese zusammenbringende *Gesamtansicht* zu liefern.

Solches zu bewerkstelligen, ist nach wie vor eine primär philosophische Aufgabe.

Wenn man feststellt, daß die Gesamtdarstellung des Homo Oecologicus in die Kompetenz der Philosophie fällt, so harrt diese recht allgemeine Auskunft einer Präzisierung. Denn: Die Philosophie ist ein weitläufiges Feld mit vielen Sektoren, Abteilungen und Unterabteilungen. Trotz der Generalisierungsansprüche der Philosophie ist auch sie, wie alle anderen Wissenschaften sonst, durch Differenzierungen und Spezialisierungen gekennzeichnet. Die Philosophie zerfällt in Gebiets- oder Bereichsphilosophien, die Ontologie konkurriert mit der Metaphysik, die Geschichtsphilosophie mit der Praktischen Philosophie, die Ästhetik mit der Staatsphilosophie, der Rechtsphilosophie, der Erziehungsphilosophie und dergleichen mehr.

Die Augen der Philosophen beobachten nicht *alles* auf einmal und zugleich, sondern nehmen selektive Blickstellungen ein, bleiben jedoch der Notwendigkeit unterworfen, das Ganze des Seins mitzudenken, weil dies ihre eigentümliche Dignität und Daseinsberechtigung ausmacht. Dann wäre es aber geradezu fahrlässig, würde sich die Philosophie der ökologischen Krise gegenüber indifferent verhalten, sie könnte vielleicht sogar eine Vorreiterrolle für andere Wissenschaften übernehmen. Hat sie das bislang getan? Hat sie diesen unbedingt einzufordernden „Leistungsnachweis" erbracht? Nur sehr bedingt, kann man darauf antworten.

Einerseits hat die Philosophie durchaus ein Gespür für die ökologische Krise entwickelt, hat sie diese drohende Apokalypse denkerisch „angenommen" und auch gescheite Kommentare verfaßt, andererseits sind Defizite ersichtlich; insgesamt ist sie gegenwärtig noch hinter ihren Möglichkeiten zurückgeblieben.

Von allen philosophischen Teilgebieten scheint die Ethik die größte Anziehung auszuüben, liegt diese, was den rein numerischen Publikationsausstoß angeht, an der Spitze. Die Frage „Was *soll* angesichts der ökologischen Krise getan werden?" bekräftigt die bisherige ethische Diskussionsdominanz. Eine häufig formulierte Zielprojektion ist der Versuch, *eine ökologische Ethik* als jenen Ethiktypus zu installieren, dem quasi die Weichenstellung für das angemessene Moralverhalten im Zeitalter ökologischer Notrufe obliegt. Mit Hilfe einer ökologischen Ethik soll der *mögliche* menschheitliche Selbstmord vereitelt werden, wobei der Hinweis nicht zurückgehalten werden kann, daß solche bislang zumeist rudimentären ethischen Entwürfe inhaltlich durchaus voneinander abweichen und manchmal unvereinbar miteinander sind. Dennoch: Wo sich die Philosophie die möglicherweise geringsten Versäumnisse vorhalten lassen kann, das ist derzeit das Gebiet der Ethik.

Um alle übrigen philosophischen Subdisziplinen ist es weitaus schlechter bestellt, so etwa auch dort, wo ebenfalls eine beträchtliche sachliche Nähe zur Ökokrise besteht, zur *Natur*thematik, die seit Jahrhunderten in der *Naturphilosophie* verhandelt wird; zugestanden: Auch hier ist in der letzten Zeit Bewegung in die Debatten gekommen, wird sie aus der Reserve des Dornröschenschlafs gelockt, dem sie erwiesenermaßen lange verfallen war. Die Naturphilosophie, ein Sammeletikett für unterschiedliche Denkrichtungen, profitiert zweifelsohne von der Popularität, die das Wort Natur in einem breiten öffentlichen Diskurs genießt. Glaubte man zu Beginn der 7. Dekade dieses Jahrhunderts von einer „Rehabilitierung der praktischen Philosophie" sprechen zu können, so schickt sich derzeit die Naturphilosophie an, rehabilitiert zu werden (vgl. Böhme 1992), was ohne die ökologische Krise wohl kaum denkbar wäre.

Alle anderen philosophischen Teilgebiete haben sich, dieses Pauschalurteil ist m. E. unbestritten, bislang recht bedeckt gehalten, auf Sparflamme gekocht und nichts allzu Nennenswertes, erst recht auch keine „großen" Visionen oder Utopien ersonnen. So ist weder die Geschichtsphilosophie noch die politische Philosophie oder die „alte Dame" Metaphysik in Erscheinung getreten, was möglich und sinnvoll wäre.

Mit einiger Spannung darf man deswegen und um so mehr jenen Versuchen entgegensehen, welche eine relativ autonome *ökologische Philosophie* einklagen (vgl. dazu Sachsse 1984). Unlängst ist mit der Forderung nach einer „Philosophie der ökologischen Krise" (Hösle 1991) der Philosophie erneut sehr leidenschaftlich ins Gewissen geredet worden, nichts unversucht zu lassen, diese weltweite Menschheitskrise mit angemessenen philosophischen Mitteln zu bewältigen, was zwangsläufig die Beteiligung aller Regionalphilosophien einschließt.

Die Philosophie hat dazu bislang vor allem *zwei* Hauptangebote unterbreitet: Einmal wird versucht, die ökologische Problematik bereichsspezifisch, z. B. in den Gemarkungen der Ethik oder Naturphilosophie anzugehen, und zum anderen *übergreifend* im Kontext einer *ökologischen Philosophie.* In alledem wird der Mensch auch als Homo Oecologicus thematisiert, in der Ethik beispielsweise als die *moralische* Kreatur, in der Naturphilosophie als *Lebewesen*, als leibbedingtes Geschöpf. Worauf aber auch hier, ganz ähnlich wohl in den empirischen Einzelwissenschaften, verzichtet wird, das ist die Verknüpfung dieser einzelnen Elemente zu einem Gesamtbild. Wo aber wird ein solches Unterfangen durchgezogen? *Auf dem Terrain der Anthropologie, in ihr hat der Homo Oecologicus seine denkerische Heimat.* Homo Oecologicus ist ein Problemfall für die Anthropologie. Weshalb aber? Darauf wird das Folgekapitel eine vorläufige Antwort geben.

3 DER HOMO OECOLOGICUS: EIN ANTHROPOLOGISCHER PROBLEMFALL

Vorab: Was ist Anthropologie? Das ist in der Tat eine schwierige, da hochkomplexe Frage, deren Antworten ebenso bibliothekenfüllend wie uneinheitlich sind. Anthropologie kann mancherlei bedeuten: In einer sehr gängigen Verwendung meint das Wort „Lehre vom Menschen". Offensichtlich, und darüber gibt es keine dieser endlosen Streitigkeiten, ist *der* Drehpunkt einer jedweden Anthropologie *der Mensch*, was oft zu der verbreiteten Redewendung verleitet, daß der Mensch im Mittelpunkt des Interesses stünde.

Gilt das jedoch nicht ebenso für andere Wissenschaften, von denen einige nicht zufällig auch „Wissenschaften vom Menschen" genannt werden? Und gilt nicht für die Philosophie überhaupt, daß sie seit ihren Ursprüngen die Konzentration stets auf den Menschen und das Menschliche gelenkt hat? Ist also nicht der Mensch der Stoff, aus dem sich die Philosophien seit jeher nähren? Warum dann aber eine Anthropologie? Ja, ist es nicht seltsam, daß sich eine Anthropologie auf den Menschen *spezialisiert*, wenn sich in der Philosophie doch alles bzw. fast alles um den und die Menschen dreht?

Von der Beantwortung dieser sich unwillkürlich aufzwingenden Fragen, die nicht wenige philosophische und auch wissenschaftstheoretische Interna voraussetzen und einbeziehen, können wir uns ohne jeden Anflug von Skrupel u. a. deshalb entlasten, da wir dem Homo Oecologicus „nur" seinen Platz zuweisen wollen. Fünf Hauptgründe sind es, die den Homo Oecologicus in den anthropologischen Gesichtskreis bringen:

Seit dem philosophischen Auftakt in der Antike war eines der drängenden Motive des Philosophierens, den Menschen im Tun und Denken auf die Spur zu kommen. Dieses Bedürfnis blieb lebendig und artikulierte sich über Jahrhunderte hinweg neu. Des Protagoras Ausspruch, der Mensch sei das Maß aller Dinge, behauptete sich lange.

Wenngleich zu jener Zeit der Begriff Anthropologie noch nicht lizenziert war, so ging es doch schon damals um die *anthropologische Sache Mensch*, die seither nicht mehr versandet ist, in der Neuzeit umverwandelt wurde und, nachdem ein gewisser Magnus Hundt

1601 Anthropologie als Disziplintitel erdachte, eine Breitenwirkung erzielte, die erstmals in der zweiten Hälfte, mehr am Ende des 18. Jahrhunderts kulminierte. In einer gegenüber der Antike und dem Mittelalter veränderten Frage- und Denkrichtung sorgte die Anthropologie wahrlich für Gesprächsstoff, nicht bloß in akademischen Zirkeln und den „gebildeten" Salons, sie avancierte zu einem Lieblingskind vieler Denker unterschiedlicher Couleur. Einer der kundigsten Wortführer sollte Wilhelm v. Humboldt werden, der seine Zeitgenossen durch hohe Gelehrsamkeit bestach und u. a. durch seinen ›Plan einer vergleichenden Anthropologie‹ (1795) derselben Auftrieb und Konturen zugleich verlieh.

Pestalozzi, dieser engagierte Praktiker und Theoretiker, gab ebenfalls, nach einigen literarischen Vorbereitungen, sein eigentliches anthropologisches Debüt mit dem nicht leicht verdaulichen Opus ›Meine Nachforschungen über den Gang der Natur in der Entwicklung des Menschengeschlechts‹ (1797). War es da eine Sensation, daß der große Königsberger Philosoph Immanuel Kant nicht zurückstehen wollte? Kaum! Seine auf älteren Vorlesungsschriften basierende ›Anthropologie in pragmatischer Hinsicht‹ (1798) wies ihn als anthropologischen Denker aus. Kant wäre nicht Kant gewesen, wäre es ihm nicht gelungen, auch auf diesem Gebiet Maßstäbe zu setzen. Seine in einem Brief an M. Herz geäußerte Absicht, die Anthropologie als eine echte akademische Disziplin einzuführen und aufzuwerten, führte in seiner Darstellung zu einer für die Anthropologie bis auf den heutigen Tag aktuell gebliebenen Scheidung in eine mehr *naturwissenschaftliche* und eine eher *geisteswissenschaftliche* Anthropologie. Kant hat ein wichtiges Kapitel in der Geschichte der Anthropologie verfaßt, mögen auch etliche Details heute überholt sein. Nach Kant erwirbt *die Anthropologie die Exklusivrechte für die Beantwortung der Frage: „Was ist der Mensch?"*, eine der ranghöchsten Fragen, die sich das menschliche Denken überhaupt aufgeben kann – und muß.

1. Vor diese Horizontweite ist auch der Homo Oecologicus zu stellen; *denn er ist als ein Versuch anzusehen, auf die Frage nach dem, was der Mensch ist, zu antworten.* Dadurch erhält der Homo Oecologicus seinen legitimen Ort in einer Anthropologie, die philosophisch verfährt. Ein unvergeßlicher Verdienst Kants ist es gewesen, den Denkbezirk der Anthropologie abzustecken, und einer der Kuriositäten dieser Anthropologie ist, daß Kant ihr zwar die oberste Fragestellung eingebrannt hat, aber darauf selbst nicht explizit antwortete. Es vergingen Jahrzehnte, ehe das am Ende des 18. Jahrhun-

derts Gesäte aufging. Genaugenommen spielt sich das im 1. Drittel unseres Jahrhunderts ab, in diesem Zeitraum schaut eine Anthropologie mit philosophischer Option das Licht der Welt. Es entsteht eine *philosophische Anthropologie* als Teilsektor der Philosophie, sie bringt weitere Motive und Zielstellungen hervor, die für das Projekt Homo Oecologicus belangvoll werden.

2. Die philosophische Anthropologie in diesem Jahrhundert konserviert nicht nur die Kantsche Generalfrage, sondern erklärt diese zu *der* Thematik der Philosophie schlechthin, weil in einer gewissen Weise alle Zentralfragen der Philosophie darin ihren Ausgangs- und Endpunkt besitzen (Scheler). Die Anthropologie ist längst überfällig und erhält ihres fundamentalen Anspruchs wegen vorübergehend den Status einer Königsdisziplin der Philosophie, an der vor allem und zunächst Max Scheler sowie Helmut Plessner mitwirken. Ihre Schriften ›Die Stellung des Menschen im Kosmos‹ (Scheler) sowie ›Die Stufen des Organischen und der Mensch‹ (Plessner), die beide 1928 erschienen, sollten Stiftungsdokumente dieser Anthropologie werden und in der Folgezeit viele andere Denker direkt und indirekt beeinflussen und zur Nachahmung anstiften. Anthropologische Themen standen auf der Prioritätenliste der Philosophie ganz obenan, sie verdrängten vorübergehend alles andere zur Zweitklassigkeit. Worauf aber beruhte die außerordentliche Suggestivkraft der Anthropologie, die zu jener Zeit quasi in der Luft lag?

Ganz gewiß trug dazu der hohe Anspruch, die Position des Menschen im Ganzen der Welt neu zu fassen, bei. Die Stellung des Menschen zu „seiner“ Welt war brüchig geworden, war nicht mehr selbstverständlich, begann sich aufzulösen. Eine große Orientierungsnot griff um sich, die eingelebten Vertrautheiten mit dieser Welt schwanden weitgehend dahin. In einer solchen Situation problematisierte die philosophische Anthropologie mit aller erdenklichen Radikalität das Mensch-Welt-Verhältnis, präziser: *die* Mensch-Welt-Relation. Eben damit, und dies ist unwiederbringlich, ermöglicht sie die Einrahmung für den Homo Oecologicus, denn dessen Notwendigkeit entspringt, wie später darzutun sein wird, dem Spannungsgefüge von Mensch und Welt, das als *gestört* erfahren und reflektiert wird.

Damit wurde das Ziel verschränkt, das in allerlei heterogene Bestände zerspaltete Wissen um den Menschen, das sich, unterstützt durch die spezialistischen Einzelwissenschaften, turmhoch anhäuft, aus dem Nebeneinander zu befreien und auf eine *einheitliche Idee vom Menschen* zu beziehen. Daß die Philosophie, die zu dynamisch verfaßten Wesensgesetzmäßigkeiten des Menschen vorzudringen versucht (Plessner), verschiedene Ansichten vom Menschen produziert, ist wenig verwunderlich, und das eine.

3. Das andere ist, daß sie die Augen für die Notwendigkeit einer *einheitlichen Idee* (Scheler) öffnen will. Auf unseren Gedankengang übertragen und etwas vereinfacht: Der Homo Oecologicus repräsentiert eine spezifische *Idee* vom Menschen, die darauf bedacht ist, die verschiedenen, isoliert gewonnenen Durchblicke auf den Menschen in eine Gesamtschau zu integrieren. Das, was gleichsam an bedeutsamen Einzelbefunden über den Homo Oecologicus bereit liegt, will sie zusammenbinden und verklammern. Wofür die Einzelwissenschaften blind sind, was auch andere philosophische Teilgebiete ausgeklammert haben, das will die anthropologische Sicht unter der Maßgabe eines einheitlichen Homo Oecologicus zur Darstellung bringen.

Wenn es irgendein Darstellungs„medium“ gibt, das den Homo Oecologicus „aus einem Guß“ porträtiert, so ist es die Anthropologie.

4. Eine der herausragenden, die anthropologischen Argumentationen in ihrer Unverwechselbarkeit treffenden Beschäftigungen ist der Umgang mit *Menschen- und Weltbildern*. Auf die Kreation von Menschenbildern, oft in der Gegenüberstellung zu nicht-menschlichen Lebewesen gewonnenen, hat die Anthropologie ein unangreifbares Monopol.

Und das ist alles andere als Zufall, Menschenbilder sind für den Menschen *unhintergehbar*, sie haben, was zuweilen übersehen oder unterschätzt wird, eine ungeheure praktische Bedeutung. Solche unterschiedlich ausfallenden Bilder dienen der *Gestaltung unseres Daseins*, sie werden in unsere *Lebensführung* integriert, mit ihrer Hilfe *entwerfen* wir uns. Als Leitfolie für unser praktisches Handeln sind sie unentbehrlich, so daß Menschenbilder keineswegs theoretischer Luxus sind, der von einer kleinen esoterischen Schar elfenbeinturmverdächtiger Intellektueller gehütet würde. Wie der Mensch sein „täglich Brot“ benötigt, um sich am Leben zu erhalten, so ist er in seiner praktischen Daseinsführung auf Menschenbilder angewiesen, gleichgültig, ob ihm dieses Fakt bewußt ist. Menschenbilder fungieren dem Tun als *Leitbilder*, die der Mensch – nach einem hinterlassenen Ausspruch des Philosophen Ernst Bloch – braucht, um *menschenähnlicher* zu werden.

Die Menschenbilder übernehmen eine *Orientierungsfunktion*, mit der zugleich Vorstellungen von der *Menschlichkeit* entwickelt werden. Zu Leitbildern geronnene Auffassungen vom Menschen sind ethisch aufgeladen, weil sie dazu anleiten wollen, wie die Existenz geführt werden *soll*; sie beinhalten Annahmen vom „richtigen" Leben, auf das hin wir uns gestalten sollen.

Von daher dürfte es einleuchten, daß solche Bilder im Prinzip so alt sind wie Menschen selbst. Die Geschichte der Menschheit ist deshalb auch die permanente Geschichte ihrer Menschenbilder. Zu allen Zeiten lassen sich in den unterschiedlichsten Zeugnissen und Quellen verschiedenster Kulturkreise Menschenbilder aufspüren, sie sind weitaus betagter als die „offizielle" Anthropologie.

Modelle vom Menschen instruieren aber auch darüber, daß und wie sehr in derartige Entwürfe konstruktives, bis ins Utopische reichendes Potential eingeht. Bester Beweis dafür sind die ungezählten Bilder vom „Neuen Menschen". Es scheint eine unausrottbare Verlockung zu sein, Visionen des „Homo Novus" auszuspinnen.

Das Bestehende wird am Bild des „Neuen Menschen" *kritisch* gemessen, das Menschenbild wird zur Richterin der vorherrschenden Verhältnisse, die an einer in der Zukunft liegenden „besseren" Verfassung des Menschseins und der Menschlichkeit bewertet werden, wobei natürlich auch sehr viel Wunschdenken und Sehnsüchte diese divergierenden Konstruktionen vom „Neuen Menschen" beflügeln. Aber man kann es drehen und wenden, wie man will: Die pluralen Versionen des „Homo Novus" *unterstreichen, daß Menschenbilder die Wirklichkeit transzendieren, in das Noch-Nicht ausgreifen und folglich mit utopisch anmutendem Treibsatz ausgestattet sind.* Sie setzen den *wirklichen* Menschen in ein Verhältnis zum *möglichen* Menschen.

Der Homo Oecologicus steht für ein bestimmtes Menschenbild, *das, so meine Schlüsselthese, Karriere im Zeichen der ökologischen Krise macht.* Es sind also spezifische, historisch und gesellschaftlich einmalige Umstände, die Homo Oecologicus Gestalt verleihen und seinen Aufstieg zu einem *Leitbild* bewirken. Der Homo Oecologicus ist demnach nicht bloß irgendein beliebiges Menschenbild, vielmehr ist es ein *relativ* neues Leitbild, dem zugetraut wird, die ökologische Krise so zu wenden, daß ein ökologisches Auschwitz Hirngespinst bleibt. In einem gewissen Sinne wird der Homo Oecologicus dadurch auch zu einem Hoffnungsträger.

Wie ein solcher Mensch konstituiert ist, das soll an dieser Stelle noch nicht „verraten" werden. Hier kommt es nur auf Beweismaterialien für die Verortung des Homo Oecologicus innerhalb der Anthropologie an. Der letzte Gedankenweg brachte an den Tag, daß die philosophische Anthropologie ein Hoheitsrecht für Menschenbildfragen besitzt, und insofern der Homo Oecologicus unschwer eines dieser Modelle abgibt, findet er sein „Zuhause“ in der Anthropologie.

Es wäre allerdings ein Irrtum zu glauben, daß die Anthropologie ganz allgemein und formal über Bilderentwürfe und -modelle bloß spekulieren würde. Sie ist zwar durchaus offen für das spekulative Element, ohne es jedoch überzustrapazieren; sie mißachtet keineswegs die konkreten situativ gebundenen menschlichen Erfahrungen, wie an ihrer Entstehungsgeschichte ablesbar ist. Dieser erfahrungshungrige Spürsinn hat in unserem Jahrhundert zur Konstruktion eines Menschenbildes geführt, das dem Menschen in seiner *Welthaftigkeit* Rechnung trägt. Über alle minutiösen Unterschiede hinaus wird der Mensch als das *Weltwesen par excellence* vorgestellt. Der Mensch ist im tiefsten Herzensgrunde auf Gedeih und Verderb in der Welt verankert, ist ein „Homo Mundanus“. Der Mensch *ist* Welt und *hat* Welt, in der Welt geht er auf. Freilich: Diese Welt tritt ihm nicht als ein starrer monolithischer Block entgegen, begegnet ihm nicht als die *eine* ungeteilte Welt. Realität ist vielmehr das Existieren in mehreren Welten, die *eine Welt* erscheint und bedrängt ihn im Plural, er steht also auf mehreren „Brettern, die die Welt bedeuten“. Überspitzt: *Die Welt ist voller Welten, wie überdies die Alltagsrhetorik widerspiegelt.* Da wird von der Welt der Medien, der Mode, des Sports, der Literatur, der Oper, des Glaubens, des Zirkus usw. gesprochen. Der Mensch macht sich derart ein Bild von der Welt, wonach er in einem Vielerlei an Welten lebt, zwischen denen er hin und her „pendelt“. Immer ist die Weltverwurzelung präsent, der Übergang und die Verbindung zwischen den Sonderwelten markieren den menschlichen Weltaufenthalt und geben ihm z. T. seine Würze.

Dies erkannt und luzide herausgearbeitet zu haben, kann sich die philosophische Anthropologie guten Gewissens anrechnen lassen. In deren Sprechweise werden (man denke hier an Plessner) die „Außenwelt“, die „Mitwelt“ sowie die „Innenwelt“ als lebensbedeutsam definiert. Von hier aus läßt sich überleitungslos an den Homo Oecologicus anschließen. Weshalb?

5. Weil in dem Wort „Oecologicus“ unmittelbar der Weltbezug so impliziert wird, daß die Betonung auf Welt im Sinne von *Umwelt* liegt. Die ökologische Krise ist eine solche des Verhältnisses von Mensch und Umwelt, und der Homo Oecologicus symbolisiert diese Relation in einer speziellen Form. Das Eigentümliche an ihm ist u. a. – die späteren Ausführungen werden dies bekunden –, daß seine Existenz maßgeblich durch die drei Welten des Außen, des Innen

und des Miteinanders geprägt ist, zu denen er sich in besonderer Weise verhält.

Die Außenwelt, die ihm gegenübersteht und deren Teil er zugleich als leibgebundene Kreatur ist, wird ihm problematisch als *Naturwesen*, die Mitwelt als *Wesen* der *Co-Existenz* sowie die Innenwelt als das Innere der Natur, das als *Subjektivität* und *Personalität* erfahren wird. Dieser dreifachen Weltverschränkung zufolge ist Homo Oecologicus auf die Natur, die Gesellschaft und sich selbst verwiesen.

In der ökologischen Krise findet diese Welttriade eine dramatische Zuspitzung, insofern das Verhältnis zur Natur besonders brenzlig wird; aber doch so, daß sie niemals nur ein Naturproblem ist, sie ist ineins ein gesellschaftlich-politisches und individuelles, betrifft den Menschen als *kulturelles Naturwesen* bzw. als *natürliches Kulturwesen*. In der ökologischen Krise geraten diese Welten durcheinander, weshalb der Zwang zu einer *Neuordnung* besteht. Und: Mit der Einsetzung des Homo Oecologicus als Leitbild ist die Hoffnung verbunden, daß eine „rechte" Wiederherstellung der „Weltordnung" gelingen könnte. Das ist kompliziert genug!

Entgegen anderwärts unternommenen und ähnlich gelagerten Versuchen wird hier ein möglichst umfassendes Gesamtporträt des Homo Oecologicus konstruiert, der, gemäß seiner tiefgehenden Weltverstrickung, ein Sonderfall des Homo Mundanus ist. Homo Oecologicus ist ein Geschöpf der Not, er wird aus der Not geboren, nämlich jener flächendeckenden ökologischen Krise. Er tritt an, um die Not zu wenden, er ist also wahrhaft notwendig! Daß er keinen leichten Stand hat, sein Weg ziemlich dornenreich sein wird, verrät ein Blick auf jene Konkurrenten, die ihm das Leben schwermachen werden, da sie Hauptbeteiligte am ökologischen Krisengeschehen sind.

4 DIE NOTWENDIGKEIT DES HOMO OECOLOGICUS UND SEINE RIVALEN

Es könnte sich zunächst die Frage erheben, weshalb ein direkter, unmittelbarer Zugang auf den Homo Oecologicus gemieden wird und statt dessen einige seiner besonders gefährlichen Opponenten porträtiert werden. Ist das nicht ein umwegiges Vorgehen, wird dadurch nicht vielleicht sogar von der Hauptperson abgelenkt? Nein! Diese Befürchtung erweist sich als unbegründet, da sich in der Schilderung der Konkurrenten bereits indirekt wichtige Eigenschaften des Homo Oecologicus erschließen lassen und einsichtig wird, *weshalb er unwiderruflich nötig ist*. Die Charakterisierung der Kontrastbilder legitimiert die Existenzberechtigung des Homo Oecologicus, der, wenn man so will, zu diesen einen *Gegentyp*, eine große *Antithese* bildet.

Welches aber sind die in Verruf geratenen Gegenspieler und was haben sie sich derart zuschulden kommen lassen, daß eine Wachablösung durch Homo Oecologicus unabwendbar wird? Viele, könnte man daraufhin spontan antworten, womit man sicherlich nicht falsch läge. Sind es nicht wirklich zahllose Menschen, die sich an der Natur und Umwelt vergangen haben und diese mehr und mehr verunstalten? Man denke nur an die Heerscharen von stauerprobten Autofahrern, denen auch der „Fünfwegekatalysator“ keine Gewissensreinigung versprechen dürfte. Sie alle sind im engeren und im weiteren Sinne Mittäter und haben nicht den geringsten Grund, aus dem gesicherten Glaskasten mit Steinen zu werfen und die Schuldigen anderswo zu suchen. Diese beliebte Entlastungsstrategie greift nicht.

Die ökologische Krise hat ja das Penetrante an sich, daß sie jedermann tangiert *und* irgendwie von jedermann mitverursacht wird, wobei es natürlich graduelle Abstufungen der Täterschaft gibt – es werden zwar alle, die Menschheit insgesamt, betroffen, aber es können, was die ökologischen Frevelungen und Fehlhaltungen angeht, nicht alle über einen Leisten geschlagen werden, die einen haben mehr gesündigt und sündigen mehr als die anderen und die einen haben andere Motive als die anderen. Wenn z. B. aus purer Armut Wälder in dem Glauben abgerodet werden, dadurch wenigstens vorübergehend das blanke Überleben zu sichern, so wird man dafür eher Verständnis aufbringen als für jene Politiker, die einem gut ausgebauten 100000-km-Straßenverkehrsnetz in einem bevölkerungsarmen Außenrand noch weitere Tausende Kilometer folgen lassen ohne Ansehung der dadurch zu vernichtenden Naturlandschaft.

Differenzierung ist angebracht, man kann nicht *ein* Bild von *der* Menschheit im ganzen zeichnen, das würde eh zu pauschal sein und überflüssige Schieflagen erzeugen. Deshalb erfolgt eine Beschränkung auf solche *Typen*, denen eine ursächliche Beteiligung an der Ökokrise nachgesagt wird. Wer macht den *harten Kern* ökologischer Übeltäter aus? Sondiert man den Täterkreis, dann haben sich, folgt man dem gewaltigen Chor der Ankläger und Anklägerinnen, m. E. im wesentlichen vier *Bösewichte* hervorgetan, die einiges Elementares gemein haben, in vielem blutsverwandt sind, sich aber dennoch *idealtypisch* auseinanderhalten lassen.

Einer derjenigen, der immer wieder Anstoß erregt und als ausgesprochener Umweltfeind verurteilt wird, ist *Homo Faber*. Was aber bringt ihn so ins Zwielicht? Seine schrankenlose, nimmersatte Gier, alles nach seinem Willen *machen* zu wollen. Er ist der typische *Macher*, der seine Befriedigung nur in einem permanenten Machen findet. Diesem Hang wird alles andere, vor allem die ihm gegenüberstehende Natur, untergeordnet. Die gigantischen Feldzüge, die er *gegen* die Natur gestartet hat, sind Legion. Ohne Rücksicht auf Verluste, vorzugsweise auf solche der Natur – das ist seine Lebensmaxime.

Homo Faber *konstruiert* die Natur als ein zu verwandelndes *Material*, mit dem er seine expandierenden menschlichen Bedürfnisse halbwegs stillen kann. Er nutzt die Außenwelt für sich, außermenschliche Ansprüche haben in seinem Denken und Handeln keinen Raum. Was einzig und allein zählt, das ist die menschliche Bedürfnisvielfalt, der alles sonstige weichen muß. Die Legitimationsgrundlage seines Tuns besteht nach seiner Vorstellung darin, daß der Mensch, seit dem „Tode Gottes" (Nietzsche), strahlender Mittelpunkt des Welttreibens ist. Gemäß dieser Ausnahmestellung habe er auch einen Freibrief gegenüber der nicht-menschlichen Natur und nicht-menschlichen Lebewesen, die er zu seinen Zwecken einsetzen und auch zerstören könne. Homo Faber ist der draufgängerische, von kosmischer Solidarität ungepeinigte *Macht*haber, dessen *Herrschafts*gebaren ungebrochen und mitleidslos ist, sein co-existenziales Verhalten ist erheblich unterentwickelt.

Was ihn vor allem vorantreibt und in ständiger Unruhe hält, ist der *Fortschrittsglaube*, kaum etwas ist ihm so zuwider wie vermeintlicher Stillstand. Der Fortschritt ist einer der Höchstwerte, wahrscheinlich ist er sogar sein Leitwert schlechthin, der ihn blind für andere macht, ohne daß er von den geringsten Zweifeln geplagt würde. „Fortschritt ist gut; Fortschritt muß sein, koste es, was es wolle" – auch das ist eine seiner wichtigsten Handlungsmaximen.

Im Fortschrittswahn gelangt dieser „Geist" auf seine Spitze, wobei Machbarkeits- und Fortschrittswahn offenbar ideale Verbündete sind und eine besonders schlagkräftige Liaison bilden. Da auch der Fortschritt auf den Menschen und nur auf den Menschen hin kanalisiert wird, entpuppt sich Homo Faber als ein *multipler Anthropozentriker*. In seinem Denken und Verhalten, in seinen Wahrnehmungen und Reaktionen ist er, nach fast einhelliger Einschätzung, ein unbelehrbarer anthropozentrischer Gewohnheitstäter, dem die Würde und Eigenwertigkeit anderer nicht-menschlicher Lebewesen wie die Fülle der ihn umgebenden Natur kaum etwas bedeuten.

Wahrlich: Der Homo Faber meint es nicht gut mit dem übrigen, was da „kreucht und fleucht". Die Selbstverherrlichung des Menschen durchdringt sein Verhalten bis in seinen Chromosomensatz; er ist *eindimensional* veranlagt, ohne indes uniform sein zu müssen. Homo Faber schlüpft in verschiedene Gewänder.

Glaubt man den Augenzeugen, gebetenen und ungebetenen Zeitauguren, dann sind seine Auftritte als „Homo Technicus" besonders gefahrenvoll und verwerflich. In keiner mir bekannten ökologischen Sündenkartei fehlt die Erklärung, daß auch und nicht zuletzt der technologische Fortschrittsdrang für die Umweltmiseren geradezustehen habe. Damit zieht, in die Semantik der Menschenbilder übersetzt, der Homo Technicus als Ableger des Homo Faber den geballten Zorn auf sich; denn er wird für eine Geißel der Natur gehalten, deren Schutzlosigkeit technisch verzweckt und in die Superlative der High-Tech-Welt verwandelt wird. Der Homo Technicus, dies die feste Überzeugung einer Mehrzahl von Ökokritikern, hintertreibe jeden „Frieden mit der Natur" und sei in seiner arroganten Fortschrittsbesessenheit nicht zu zähmen. Mehr noch: Er tilgt nicht nur Stück um Stück Natur im Namen einer zweifelhaften Technik, sondern er setzt sie zusehends an die Stelle von Natur. Die Technik sei nicht bloß der verlängerte Arm der Natur, sondern vielmehr deren Erzeuger.

Dank der Technik werde der Mensch zum Regisseur der Natur, die Technik *mache* die Natur zum Menschenwerk, so daß in der Konsequenz dieser hybriden Vorstellung Homo Technicus mit unglaublichen schöpferischen Kräften begabt und zum schlechterdings unübertrefflichen Gipfel des Kosmos stilisiert wird, der allen, der Natur inklusive, vorgibt, wohin die Geschicke laufen. Er wird zum Dirigenten der Human- *und* Naturgeschichte – so sieht es Serge Moskovici (1982). Man muß es kaum erwähnen, daß Homo Technicus in den grellsten Farben des Anthropozentrikers gemalt wird, womit Wasser auf die Mühlen derer gegossen wird, die Homo Technicus und mit diesem die Technik überhaupt zu einem Umweltfeindling der allerübelsten Sorte abstempeln.

Dem Homo Technicus wird u. a. seine tiefe Gläubigkeit der Wissenschaft gegenüber angelastet, weil festzustehen scheint, daß erst die Naturwissenschaften seiner Verbreitung den Boden bereitet hätten. Der Glaube an die Macht der Naturwissenschaft besorge den Aufstieg des Homo Technicus. Ohne dies Vertrauen in die Naturwissenschaft wären die Erfolge des Homo Technicus nicht denkbar, die sich, aus der Sicht der ganz in den konventionellen Mustern der Kulturkritik befangenen Kritiker, als Pseudoerfolge, und parteinehmend für die Natur, als wahre Pyrrhussiege herausstellen. Homo Technicus übt, von der Unfehlbarkeit der naturwissenschaftlichen Kenntnisse mehr als überzeugt, selbstredend auch beispielhaften *Rationalitätsgehorsam*, der ihm von der Wissenschaft oktroyiert wird.

Er verherrlicht nämlich nicht nur den Menschen als Techniten, sondern auch die *Zweckrationalität*, die er als Rationalität aller Rationalitäten preist und der er seine ungetrübte Reverenz erweist. Wissenschaftsglaube und eine dezidierte Rationalitätsgläubigkeit ergänzen sich wechselseitig. Homo Technicus wird beschuldigt, Mensch und Natur entfremdet zu haben. Wer, wie Homo Technicus, fortlaufend nach Zerstörung und Umgestaltung der Natur trachte, der löse Empfindungen der Heimatlosigkeit aus. In einer vom „technischen Geist" durchherrschten Welt überkomme den Menschen das Gefühl der *Ortlosigkeit.*

Animositäten gegenüber Homo Technicus sind an der Tagesordnung und finden oft ihren Widerhall in der Technikfeindlichkeit. *Wer sich umweltfreundlich gibt, der trägt oft genug Technikfeindlichkeit zur Schau.* Umgekehrt ist ähnliches anzutreffen: *Der Technikfreundlichkeit korrespondiert eine Umweltfeindseligkeit*, die Homo Faber und Homo Technicus symbolisieren. Daß diese nicht die einzigen Antagonisten des Homo Oecologicus bleiben, darüber werden die nachfolgenden Porträtbeschreibungen Aufschluß geben, die sich zunächst dem Homo Oeconomicus zuwenden.

Weshalb aber ausgerechnet diesem? Weil er, einer landläufigen Meinung zufolge, ein besonders hartgesottener Umweltschädling ist. Wieso kommt es jedoch dazu? Weshalb erhält dieser Typus –

mit den Augen der Umwelt geschaut – nur geringen Vertrauenskredit?

Läßt man einmal auf sich beruhen, daß Homo Oeconomicus seit vielen Jahrzehnten als Fiktion, als Abstraktion und, direkt oder indirekt, wegweisendes Menschenbild der Wirtschaftswissenschaften fungiert, wo er bestimmte, nicht zu unterschätzende Theoriefunktionen erfüllt (vgl. Schmölders 1972) und in unterschiedlichen Gewändern einherstolziert (vgl. Kirchgässner 1991), so kann es wenig Sinn machen, womöglich dessen Ausprägungsvielfalt zu rekonstruieren und in ein Klassifikationsschema zu bringen. Was hier interessiert, ist nicht der Homo Oeconomicus der Wirtschafts- oder Sozialwissenschaften, ist auch nicht die Frage, ob und wie dieser Homo Oeconomicus zu seinem Halbbruder, dem „Homo Sociologicus" (vgl. Weise 1989) steht, was diese trennt und verbindet. Vielmehr geht es jetzt um den „Jedermann" Homo Oeconomicus, der, unabhängig von hochgestochenen wissenschaftlichen Zuschreibungen, im Alltag agiert und der sich idealtypisch folgendermaßen darstellen läßt:

Zunächst einmal ist Homo Oeconomicus, gleich dem Homo Technicus und Homo Faber, unwiderruflich in einen physischen Naturzusammenhang verwoben, aus dem er sich schlechterdings nicht herauszukatapultieren vermag. Auf die Stoffe der Natur ist und bleibt er angewiesen, sie benötigt er für seine Existenzsicherung und Bedürfnisbefriedigung. Entgegen älteren Anschauungen, der Mensch müsse sich, in mehr passiver Attitüde, den Gegebenheiten der Natur anpassen, schlimmstenfalls ausliefern, ist Homo Oeconomicus darauf aus, die Natur seinen ureigenen Bedürfnissen anzupassen; er unterwirft sich nicht willenlos den vermeintlichen Geschicken der Natur (allenfalls noch in den sogenannten unvermeidlichen Naturkatastrophen), sondern manipuliert diese, definiert sie als Mittel für seine Zwecke. Er wird zum Bestimmungsgrund der Naturstoffe und -kräfte, indem er über sie zu verfügen sucht. Homo Oeconomicus folgt gleichsam dem zwanghaften Trieb, Naturmaterialien, aber auch künstlich geschaffene Produkte zu verbrauchen, zu verzehren.

Ihm liegt sehr viel, wenn nicht alles, an seinem eigenen Wohlergehen, das in der Bedürfnishierarchie an ganz oberer Stelle plaziert wird. Sein Verhältnis zur Natur, zur Gesellschaft und zu den Mitmenschen wird wirtschaftlich definiert. Das wiederum schließt für Homo Oeconomicus einen spezifischen Wertekanon ein, der sein Tun steuert.

Wer mehr oder minder alles und jedes unter dem Aspekt der Wirtschaftlichkeit betrachtet, der fragt immer nach dem *Nutzen*. Homo

Oeconomicus schenkt daher den Nützlichkeitswerten eine ganz hohe Bedeutung. Wo solchermaßen Nützlichkeitserwägungen eine Leitrolle spielen, da wird scharf zwischen Vor- und Nachteilen gewichtet, da werden Bilanzen angestellt, die Gewinne und mögliche Verluste miteinander aufrechnen. Ein vom Primat der Nützlichkeit geschultes Verhalten sorgt sich wenig um Wahrheitsprobleme und Mitmenschlichkeit, sondern ist auf Gewinnmaximierung und Verlustminimierung bedacht.

Der *Gewinn* erscheint als weiterer Höchstwert, das *Profitstreben* ist dem Homo Oeconomicus als zweite Natur eingebrannt. Der Markt, die Preise sind es, dem seine Wachheit, sein Nachdenken und seine Sorge gelten, weshalb Homo Oeconomicus auch eine besondere Rationalität auszeichnet, welche die „Grundlage" seines erfolgreichen wirtschaftlichen Handelns bildet. Die mitmenschlichen Interaktionen werden zum Zwecke diverser Tausch-Transaktionen gestiftet, die sein rationales Handeln abstecken.

Hauptkriterien seiner Rationalität sind neben den Nutzeffekten die richtige Wahlentscheidung, Optimierungsaspekte sowie der Einsatz angemessener Mittel für angestrebte Zwecke. *Homo Oeconomicus stützt sich also wesentlich auf seine Zweckrationalität.* Daß dabei überhaupt das Geld eine Art Heiligsprechung erfährt, ist konsequent. Homo Oeconomicus ist offenbar der monetäre Zeitgenosse schlechthin. Geld hat zwar auch eine eigene „Philosophie" (Simmel 1989) und sogar eine selbständige Poesie, ganz gewiß aber eine Sprache, nämlich die der Preise. Er identifiziert sich über monetären Profit, der ihm neben Ansehen auch Macht sichern hilft, die er gegen die äußere Natur wie gegen Menschen richten kann.

Die Ausbeutermentalität des Homo Oeconomicus, mit welcher den Naturrohstoffen rabiat zu Leibe gerückt wird, ist zweifelsfrei eine Hauptursache der ökologischen Krise. Darüber besteht bei allen Nachdenklichen Konsens. Der „Wirtschaftsmensch" liegt in einer ständigen Konkurrenz mit der Natur und seinen Mitmenschen, dabei angetrieben und gleichsam genährt von seinem Egoismus. Die anderen, die Co-Existenz bedeuten ihm relativ wenig. Und falls er sich dann doch hin und wieder zur Kooperation bequemen sollte, so nur notgedrungen oder deswegen, weil dadurch letztlich sein Ego profitieren könnte.

Nach allem, was über den „reinen" Homo Oeconomicus in Erfahrung gebracht werden kann, ist dieser mit Konkurrenzhärte und Gewinnsucht ausgestattet.

Homo Oeconomicus gegenüber ist äußerste Skepsis angebracht,

was im übrigen sein Schicksal zu sein scheint, seitdem er in der Neuzeit zu existieren begonnen hat (vgl. dazu Schüßler 1988). Homo Oeconomicus ist eine, so würden es Umweltsympathisanten bezeichnen, „persona non grata", ein Urteil, welches auch dadurch zustande kommt und sich verschärft, daß wir es bei ihm zu oft mit einem verschwenderischen Verbraucher zu tun haben – und das ist durchaus wörtlich zu nehmen.

Er verschlingt mehr als der Umwelt guttun kann. Er gebärdet sich als expansiver Konsument, desinteressiert an Bescheidung. Für die „Grenzen des Wachstums", wie sie der „Club of Rome" (1972) anmahnt, ist Homo Oeconomicus weitgehend taub. Er beugt sich dem und steigert den Konsumzwang, ohne sich darüber klar zu werden, daß dieser Konsumterror sich mehr und mehr gegen ihn selbst wenden kann. Die Folgen seines Tuns können ihm anscheinend wenig anhaben, sie liegen außerhalb seines Gesichtskreises, wie dies unschwer der Genießer, eine besondere Variante des Homo Oeconomicus, demonstriert. Denn Homo Oeconomicus wägt nicht nur Nutzen ab, kalkuliert nicht nur messerscharf, um seine Vorteile zu suchen, er konsumiert auch des Genusses wegen und geht achtlos über die Frage hinweg, wie viele Konsumgüter für den Genuß zur Verfügung stehen.

Vor einem Dasein im Überfluß schreckt er nicht zurück, und auch die Kurzlebigkeit der Konsumartikel ist kein Maßstab, erst recht nicht der damit verbundene Abfall, der einer „Wegwerfgesellschaft" eigentümlich ist. An das Genießen ist sehr oft die Lust gekoppelt, häufig hängt die Erfüllung der Genußsucht von der Lustmaximierung ab. Auch dabei scheren sich derartige Abkömmlinge des Homo Oeconomicus nicht sonderlich um die Naturressourcen. Das lustvoll getönte Konsumieren wird zur Triebfeder des Handelns und die berufliche Arbeit oftmals nur als ein notwendiges Mittel angesehen, um die vornehmlich in der Freizeit zu stillende Konsumlust auszuleben. Die Suche nach genußbringenden Abenteuern in der Freizeit hat Vorrang vor der disziplinierenden beruflichen Tätigkeit. In der von beruflichen Zwängen befreiten „Mußezeit" jagt er einigermaßen erfolgreich ideellen und materiellen Konsumwünschen hinterher.

Der genußsüchtige Homo Oeconomicus kultiviert sein Selbst durch Konsumgenuß. Er ist das, was er ist, durch das, was er konsumiert. Das Konsumieren, das Ge- und Verbrauchen, sollen ihn der allseits herbeizitierten „Selbstverwirklichung" und „Authentizität" näherbringen.

Homo Oeconomicus pflegt, wenngleich nicht stets, so doch auch nicht selten einen *hedonistischen Lebensstil*, was allererst durch die Überflußproduktion gewährleistet wird. Die Tugend der Sparsamkeit, eine herausragende Eigenschaft des „alten" Homo Oeconomicus, geht zwar nicht gänzlich verloren, aber macht sicherlich nicht das Zentrum seines Charaktermusters aus. Er wirtschaftet und stellt nüchterne Kalkulationen an, um sich spontan, unmittelbar und augenblicklich an den erworbenen Gütern zu ergötzen, ohne sie, kleinkrämerisch und pedantisch-buchhalterisch, für alle Zeiten zu horten. Das Erleben des Augenblicks und die schnelle Befriedigung sind für den Hedonisten unumstößliche Bedingungen gelingender Selbsterfüllung, die sich überhaupt nicht mit jener asketischen Motivation vertragen, wie sie der Puritanismus vorgeschrieben und auch vorgelebt hat.

Die hedonistische Lebensform, erzeugt in einer Wirtschaftsgesellschaft des Überflusses, bemächtigt sich auch manch eines Homo Oeconomicus, der wiederum ab und an in die Maske des Narzißten schlüpft. *Narzißmus ist eine Sonderprägung des Hedonismus*, deren Anhängerschaft beständig wächst; in ihrer starken Selbstbezüglichkeit und den erfindungsreichen Selbstinszenierungen *brauchen* jedoch die genußsüchtigen Narzißten den anderen wie die Luft zum Atmen.

Die Streubreite des Homo Oeconomicus ist, wie diese wenigen Anmerkungen belegen wollten, nicht eben eng. Homo Oeconomicus hat etliche Ableger und „imposante" Repräsentanten, die allesamt das eine verbindet, ihr wenig respektvoller, ja gleichgültiger Umgang mit dem Naturzusammenhang, in dem sie doch unaufkündbar stekken. Das Verhältnis des Homo Oeconomicus zur Natur ist, darin dem Homo Faber wesensverwandt, äußerst konfliktbeladen.

Diese Tatsache hat sich mittlerweile herumgesprochen, weshalb es nicht unterbleiben konnte, dem Homo Oeconomicus, zumindest theoretisch, Zügel anzulegen. Je mehr sich die Einsicht behauptet, viele Verhaltensweisen des Homo Oeconomicus würden die ökologische Krise in einen noch tieferen Strudel hineinziehen, desto häufiger werden von allen möglichen Seiten ethische Stoppschilder aufgestellt. Ein gegenwärtiger Diskussionstrend besteht in moralisierenden Zurichtungsversuchen des Homo Oeconomicus, der u. a. durch eine ökologisch ausgerichtete Wirtschaftsethik gebremst werden soll – etwa derart, daß diesem eigennützigen Konsumenten Ökosteuern auferlegt werden, die er als Richtschnur in sein wirtschaftliches Handeln integrieren und zum Gegenstand seiner Kosten-Nutzen-Rechnungen machen soll. Das heißt, die ökonomische Rationalität soll sich durch Beachtung ökologischer Bewertungen ändern. Ob dadurch der verschwenderische Raubbau tatsächlich gebrochen werden kann, bleibt abzuwarten.

Außerdem wird Homo Oeconomicus nahegelegt, anstelle seines ausgeprägten Egoismus mehr auf altruistische Kooperation zu setzen, sein Mitgefühl gegenüber Mensch und Natur zu aktivieren. Auch die moralisch motivierte Empfehlung, bei allem Konsumieren das Anrecht ungeborener Generationen auf Verbrauch und Verzehr zu wahren, soll die Expansionsgelüste des Homo Oeconomicus eindämmen, ebenso wird eine Verknüpfung von ökonomischer und ökologischer Rationalität propagiert. Eine als dringlich eingestufte Veränderung der Konsummuster wird von einer Harmonisierung zwischen Ökonomie und Ökologie abhängig gemacht, Einfachheit und Genügsamkeit werden Homo Oeconomicus als Basiselemente eines neuen umweltverträglichen Lebensstils ans Herz gelegt. Wird er sich jedoch von all diesen Ratschlägen und Appellen beeindrukken lassen?

Ziemlich gewiß ist dagegen, daß Homo Oeconomicus in seinen derzeitigen Verfassungen ebenso wie der Homo Technicus oder Homo Faber wesentlicher Promotor der ökologischen Krise ist; sie sind allesamt, soll das Schlimmste abgewendet werden, zu überwindende Gestalten und, mit Blick auf die Zukunft der Menschheit, antiquiert. Erforderlich sind daher Gegenspieler, Antagonisten, die andere Lebensformen bevorzugen, mit denen der Ökokrise wirksam begegnet werden kann.

Es ist evident, daß sich schemenhaft derartige Modelle vom Menschen, und zwar quer durch sämtliche Ökodiskurse, abzuzeichnen beginnen, ohne daß sie bereits in ein markantes Profil zusammengezogen worden wären. Diese Lücke soll im folgenden begrenzt aufgearbeitet werden. Dabei ist es Absicht, Homo Oecologicus als Menschenbild aus der Taufe zu heben. Mit ihm betritt ein *relativ neuartiges* Wesen die Menschenbildlandschaft, dessen gediegene Konstitution nunmehr genauer unter die Lupe zu nehmen ist.

5 DIE KONSTITUTION DES HOMO OECOLOGICUS

5.1 Vorbemerkungen und Voraussetzungen

Seitdem Menschen den Erdplaneten bevölkern und sich mit dieser Gattung Verstand und Vernunft in aufregenden Evolutionsprozessen herausgeformt haben, so etwas wie Geist und rationale Kulturen entstanden sind, werden Menschen von dem Bedürfnis umhergetrieben, zu ergründen, was es mit ihnen auf sich hat, woher sie kommen, wohin sie gehen, wie sie zu überirdischen Mächten stehen und welches ihr Ort in der Welt ist. Immer wieder von dieser Neugier und zuweilen quälenden Wissensbegierde gefesselt, befragen Menschen sich selbst auf das hin, was sie sind. Ohne Übertreibung läßt sich sagen, daß Menschen gleich welcher Herkunft und gleich welchen Geschlechts und welcher Nationalität ein bohrendes und tief sitzendes Interesse daran haben, sich über sich selbst zu verständigen. Diese Selbstverständigungsprozesse sind, daran kann schwerlich gerüttelt werden, für das menschliche Denken und Tun *existenziell*. Es hat ganz so den Anschein, als könnte sich der Mensch nur dadurch in der Welt orientieren, daß er beharrlich sein Selbstverständnis prüft.

Die nicht anstrengungsfreie Reflexionsarbeit an und über sich selbst ist zuhauf belegt, spätestens seit literarische Quellen herangezogen werden können, aber auch das nicht schriftlich fixierte Gespräch, die Kommunikation kreist beständig um ein Verstehen und Verstehenwollen, um das Selbst der Menschen. Manche Aktivitäten, mehr laienhaft wie auch ausgesprochen professionell, verfolgen als ihren Hauptzweck kaum anderes als die Ergründung des menschlichen Selbstverständnisses. Die Dichtung, die Prosa gleichermaßen wie die Poesie, die bildenden Künste, die Religion, die Wissenschaften, allen voran die Philosophie, sie alle und andere mehr werden kontinuierlich von den, wenn man so will, „anthropologischen Trieben“ angestachelt, mehr über dieses „Eigentliche“, „Wesensmäßige“ und „Wurzelhafte“ der Spezies Mensch herauszufinden.

Noch immer haben Kants in den 70er Jahren des 18. Jahrhunderts aufgeworfene Fragen „Was kann ich wissen?“, „Was soll ich tun?“, „Was darf ich hoffen?“, „Was ist der Mensch?“ ihre Gültigkeit. Die

Antworten darauf sind Legion und unüberschaubar, sind untrügliche Zeichen für die Suchbewegung des Menschen, sich selbst näherzutreten, tiefer in sich einzudringen, die Geheimnisse der menschlichen Existenz zu entschlüsseln, so daß am Ende vielleicht das herauskommt, was der Mensch in seinem innersten Inneren ist. Aber bereits das impliziert schon eine *bestimmte* Auffassung vom Menschen, nämlich die, daß der menschliche Intellekt in der Lage sei, endgültig und mit einem Höchstmaß an Gewißheit, kanonisch zu fixieren, was er denn nun sei. Es handelt sich nur um eine Menschen*sicht*, die keinesfalls generalisierbar ist.

Auf die Frage „Was ist der Mensch?“ ist freilich schon vor Kant recht unterschiedlich geantwortet worden: in der Antike anders als im Mittelalter und dort wiederum verschieden von der Renaissance. Das 19. Jahrhundert hat andere Antworten bereitgehalten als das 20. und in fernöstlichen Denkkreisen fallen sie anders aus als in europäischen. Der Wunsch, dem Selbst des Menschen näherzurücken, ist zwar von einer beträchtlichen Daueraktualität und Konstanz, nicht jedoch die Antworten, die sich wandeln, also zeit- wie kulturabhängig sind, indes auch hier und da Gemeinsamkeiten hervortreten – z. B. die, daß *Modelle* und *Bilder* vom Menschen entworfen werden, die vor Augen stellen sollen, was denn nun die Essenz des Menschseins ist.

Folglich leben wir Menschen auch in einem bunten, teilweise verwirrenden *Bilderkosmos.* Die von Menschen-Geist und -Phantasie ersonnenen Bilder sind in der Tat nicht an der berühmten einen Hand abzuzählen, vielmehr reichlich gesegnet, und auch hier nur um den Preis gröbster Vereinfachungen systematisierbar (vgl. z. B. Hampden-Turner ^{2}1983 sowie Meinberg 1988). Es wäre müßig und schier aussichtslos, einen vollständig archivierten Überblick über derlei Modelle zusammenzustellen. Das ist allerdings auch gar nicht nötig; hier ist vielmehr der Verweis anzubringen und wichtig, daß Homo Oecologicus genau in dieser Traditionslinie steht. Warum?

Weil auch er die *Modellierung* eines Menschen darstellt, es der zaghafteste Versuch ist, der stattlichen Zahl bestehender Bilder jenes hinzuzuaddieren, das sich einer bestimmten geschichtlichen Erfahrung verdankt und in der Ökokrise Wurzeln schlägt. Nichts wäre er ohne die „nackten“ ökologischen Verwüstungen. Folglich kann ihm auch nicht der Vorwurf gemacht werden, er sei Gespinst theoriewütiger Anthropologenhirne, eine dieser Elfenbeinturmerfindungen. Statt dessen gilt: Homo Oecologicus ist ein Menschenmodell, dessen Geburt aus dem Geist einer, eben der ökologischen Krise erwächst, und zugleich ist er als Gegenentwurf zu all den Menschenbildern zu betrachten, die, direkt oder indirekt, die ökologischen Verwüstungsfeldzüge heraufbeschworen haben.

Homo Oecologicus ist deshalb auch ein *Modell*, das aufzeigen will, *wie* dieser ökologischen Bedrohung *möglichenfalls* beizukommen ist, wie ein Dasein gestaltet werden *könnte*, das, wenn es schon nicht diese Krise gänzlich ungeschehen macht, wenigstens die Exzesse kappt. Homo Oecologicus ist nicht nur ein schlichtes Menschenbild unter anderen, er wird vielmehr mit *leitbildhaften* Zügen ausgestattet, ohne daß von ihm das „Heil" oder die „Rettung" dieser Welt zu erwarten wäre. So weit reicht der Optimismus nicht! Aber immerhin ist es eine uralte überlieferte Gewißheit, daß *Leitbilder* Voraussetzung und Orientierungspunkte für das Rechte abgeben. Homo Oecologicus *könnte* eine solche Leitrolle übernehmen, sofern er hinreichend Akzeptanz und Ausstrahlungskraft findet.

Homo Oecologicus ist zugegebenermaßen ein Idealtypus, einer bestimmten *Idee* des Menschen verpflichtet, und als solcher dennoch unentbehrlich. Denn erfahrungsgesättigt ist auch dies: Die Wirklichkeit, was immer sie ist, und wie immer sie konstruiert sein mag, braucht einen „idealen Gegenpart", an dem sie allererst gemessen und beurteilt werden kann, der Defizite als diese überhaupt zu enttarnen imstande ist. Auf Homo Oecologicus übertragen: Er verkörpert das *qualitativ andere* zum Bestehenden und *kann* dadurch zur *Richtschnur* der Verbesserung werden.

An diesem Punkt angelangt soll „nur" noch eine elementare Voraussetzung skizziert werden, die den Rahmen abgibt, innerhalb dessen Homo Oecologicus' feingliedriges Profil zur Darstellung kommt. Homo Oecologicus ist danach unaufhebbar mit der Welt verschränkt, er ist mundan verfaßt, wahrhaft „Welt"mensch. Er lebt in der Welt, um ihn herum ist Welt, sie ist sein Haus (oikos), das er als Heimat, Geborgenheit und Vertrautheit wie auch als Bedrohung, Heimatlosigkeit und Gefahr empfinden kann. Homo Oecologicus ist also in der Welt verankert, er ist durch seine mundanen Bezüge konstituiert – und zugleich wird ihm dieses „In der Welt-Sein" (Heidegger) zum großen Problem, weil er erfährt, daß, ganz simpel geredet, mit dieser Welt etwas nicht in Ordnung ist, die rechte Passung mit ihr fehlt.

Wenn die Ökokrise etwas symbolisiert und unbestechlich vorführt, dann doch dieses, daß die Welt aus den Fugen zu geraten droht und zunehmend als unbehaust erlebt wird. Die „Heile Welt"-Idylle ist längst anachronistisch geworden, dagegen kommt – durchaus gediegen – die Kategorie des Weltschmerzes zu neuen, unverhofften Ehren. Die Welt, ökologisch geschändet und blindwütigen Plünderungsaktionen schutzlos ausgeliefert, *schmerzt* wahrhaftig. Dagegen will Homo Oecologicus aufstehen, er ist, mit Verlaub gesagt, *Widerstandskämpfer*, zu dem er aus Sorge um „seine“ Welt wird und wozu er eines besonderen Naturells bedarf.

Aber: Was ist „seine“ Welt? Welt ist ein übermäßig abstrakter Begriff und ein ebenso abstraktes Phänomen, dem der Mensch in dieser Abstraktion niemals begegnet. Mit *der* Welt als Welt wird er nirgends fühl- und spürbar konfrontiert, sondern nur gedanklich-ideell in seinen Konstruktionen, wie auch in konkreteren Welten, in sogenannten „Lebenswelten“, welche die eine „große“ Welt gleichsam zerkleinern und aufspalten. Die Berufswelt ist z. B. eine solche Lebenswelt oder die Welt des Sports, die Theaterwelt, die Finanzwelt und dergleichen mehr – sie und zahlreiche andere sind Weltkonkretisierungen; in diesen Welten hält man sich auf, zwischen ihnen pendelt man, nimmt man Übergänge vor, so daß der Weltaufenthalt identisch ist dem Sich-Bewegen in pluralen Welten. Auch Homo Oecologicus ist, etwas salopp formuliert, ein *Welt-Multi*, und die Art und Weise, wie er mit der Welt, genauer den Welten umgeht, macht seine ihm eigene, nur ihm zukommende Konstitution aus.

Die Tatsache, daß Menschen in einer Diversität von Welten ihr Dasein austragen, enthält einen ganz wichtigen Hinweis darauf, daß der Homo Mundanus, der wir ursprunghaft und unentrinnbar sind – also nicht bloß der Homo Oecologicus –, *offen* für die Welt ist. Die Weltzugehörigkeit bedeutet Festlegung, aber auch genauso Offenheit. Dies hat bereits, ziemlich am Anfang der abendländischen Reflexionsgeschichte, Platon unübertrefflich in seinem berühmten „Höhlengleichnis“ (vgl. dazu das 7. Buch in Platons Staat) quasi als Gesetz ausgesprochen. Die „Höhle“ als ein Ort des Wohnens ist danach nicht hermetisch abgeschottet und zugangslos zu allem anderen verschlossen, sondern enthält eine Öffnung, die es, wiewohl unter Schmerzen, erlaubt, i. w. S. mit der Welt zu kontaktieren, was nicht wagnisfrei geschehen kann. Die Welt, so die sich nach Platon nahelegende Deutung, steht dem Menschen offen und will gewagt sein. Die philosophisch-gleichnishafte Darstellung trifft einen wesentlichen Kern des hier Gemeinten.

Der „Welt“mensch, folglich Homo Oecologicus, ist u. a. durch seine Offenheit charakterisiert, die, unter näheren Augenschein genommen, durchaus ambivalent ist. Einmal konnte erst infolge dieses Nicht-Festgelegtseins die ökologische Krise entstehen und sich so frappierend ausweiten, und zum anderen ist nur infolge dieser „Weltoffenheit“ (Scheler) auch eine Abhilfe des Krisenzustandes zu erreichen. Denn diese Plastizität meint auch, daß es gegenwärtig und künftig ganz andere Möglichkeiten des Handelns geben kann. Die Idee des Homo Oecologicus soll doch auch „beweisen“, daß die Weltoffenheit anders „genutzt“ werden kann, andere *Welt-Verhältnisse* als die weithin vorherrschenden zumindest denkmöglich sind, die sich auf die Innen-, Außen- und Mitwelt beziehen.

Dabei betont die Innenwelt die singuläre psychische Subjektivität. Die zweite ist diejenige, die um dieses Subjekt *herum* gelagert ist, ist das „Draußen“, welches das „Drinnen“ umgibt und auch als „äußere“ Natur, Um-Welt i. w. S. bezeichnet wird. Und die dritte unterstreicht die Sozialität und Kulturrealität. *Das* gegenwärtige Weltproblem besteht in der Schieflage dieser Welten zueinander. Die Ökokrise entspringt, so interpretiert, massiven Brüchen dieser Welten, deren Relationen zueinander sind in Unordnung geraten, und Homo Oecologicus will Möglichkeiten einer neuen Welt-Ordnung anzeigen. Folglich ist die Ökokrise keine rein naturwüchsige, sondern in erster Linie eine kulturell-soziale.

Was bedeutet das jedoch für die Konstitution des Homo Oecologicus, von dem wir bislang nur relativ pauschal wissen, daß er ein Weltwesen ist? Was hat es aber mit dessen Natur im genaueren auf sich? Dies zu beantworten ist um so drängender, als in allen Ökodiskussionen die Natur als das Schlüsselwort erscheint. Der Ökodiskurs ist über weite Strecken ein Naturdiskurs, wobei unter allen Umständen die „Naturvergessenheit“ (Altner 1991) aufgehoben werden soll. Welche Konsequenzen hat das für Homo Oecologicus? Kann, muß man ihn nicht per se als *Naturmenschen* bestimmen? Ja, ist er nicht vielleicht *der* Naturmensch par excellence? Was ist aber überhaupt ein Naturmensch? Diese Fragen werden uns fortan beschäftigen, um Detailliertes über die Verfassung des Homo Oecologicus zu erfahren.

5.2 Homo Oecologicus – Ein „Naturmensch“? Reminiszenzen zur Herkunft des Homo Oecologicus

Zu glauben, die Bezeichnung „Naturmensch“ sei ein Begriffsneuling, wäre falsch; richtig ist dagegen: Die Idee „Naturmensch“ besitzt eine vielfach bezeugte Vergangenheit, allerdings kommt es nicht von ungefähr, daß diese Konstruktion in den gegenwärtigen ökologischen Notzeiten wieder vermehrt ins Gespräch gebracht wird. Daß beinah unabläßlich an Bildern von Naturmenschen gewoben wurde, rührt daher, daß der Bezug des Menschen zur Natur existenziell ist. Bei aller vorläufigen Undifferenziertheit des Terminus Natur gilt: Aufgrund der konstitutionellen Verankerung des Menschen in der Natur bestehen seit Jahrhunderten Modelle, Ideologien und Mythen über den Naturmenschen.

Die Vorstellungen vom Naturmenschen sind wandelbar; wie die Menschheit und auch die Natur ihre mehr oder minder spannungsvolle Geschichte haben, so auch der Naturmensch, auf den man, vielfältig schillernd, in den Werken der Dichtkunst, der Religion, der Mythologie, der Philosophie und auch innerhalb der Wissenschaften stoßen kann.

Einmal angenommen, Homo Oecologicus sei *eine* besondere Variation des Naturmenschen, dann ist unanzweifelbar, daß er keine „creatio ex nihilo" ist. Umgekehrt trifft zu: Homo Oecologicus ist eine Vorgeschichte geschrieben worden, er hat ein Stammbuch, also Vorfahren. Nur welche? Darüber könnte, soll aber nicht länger gerätselt werden.

Von den vielerorts kursierenden Bildern fällt hier die Wahl auf einen ebenso prominenten wie umstrittenen Urheber, der spezifische Gestalten vom Naturmenschen geprägt hat, die nach wie vor, über mehr als zwei Jahrhunderte hinweg, transportiert werden und auch für die Gegenwart lehr- und hilfreich sein können: Rousseaus Modelle vom Naturmenschen.

Um sogleich einem schwer ausrottbaren Einwand zu begegnen: Die Hinwendung zu Rousseau erfolgt nicht aus antiquarischen und musealen Beweggründen, sondern aus primär sachlichen. Zwar soll demonstriert werden, daß Homo Oecologicus historische Vorbilder hat, aber vor allem soll der Nachweis erbracht werden, daß insbesondere die Rousseauschen Versionen bei aller Inaktualität jedoch auch eine ganz beachtliche Aktualität besitzen. Er hat Naturmenschen gezeichnet, deren Konstitution unter *systematischen Gesichtspunkten* für Homo Oecologicus hoch bedeutsam sind. Rousseau hat ein *Paradigma* modelliert, über das sich, eingedenk aller möglichen Kritik, gerade auch heute noch nachzudenken lohnt. Jedenfalls kann durch die punktuelle Einbeziehung des Rousseauschen Denkmodells das Verständnis für und von Homo Oecologicus allemal vertieft werden. Was aber bedingt im einzelnen diese Zeitlosigkeit Rousseaus?

Um einstieghaft einen Hauptgedanken vorwegzunehmen, der

eine, vielleicht sogar die Zentralabsicht seines weitgreifenden Œuvres überhaupt darstellt: Rousseau geht es, wie allen „Klassikern“ des neuzeitlichen Denkens, um die *Bestimmung des Menschen*. Seine politischen, pädagogischen, philosophischen und soziologischen Bemühungen beziehen ihre enorme Motivationskraft aus der immer wieder neu aufbrechenden Frage nach den Zielen, der Herkunft und Zukunft des Menschen. Wenn Rousseau nach seinem Tode ein solchermaßen, in vielem unvergleichbar begehrter Dialogpartner geblieben ist und wahrscheinlich auf längere Sicht auch noch bleiben dürfte, so verdankt er diese ungebrochene Nachfrage vorrangig seiner Suche nach einer dem Menschen angemessenen Verfassung.

Der weite Denk- und Argumentationsradius, der seinem Schaffen zugrunde liegt, hat seit je ganz unterschiedliche Interessenvertreter angelockt. An Rousseau können sich wahrlich die Geister scheiden, hat er doch – so will es scheinen – nichts unversucht gelassen, neben und mit seinen ingeniösen Einfällen und Wahrheiten auch viel Widersprüchliches und Inkonsequentes mitzuliefern. Rousseau hat ein recht zwiespältiges Werk hinterlassen, das sowohl eine Reihe bemerkenswerter Anschlüsse für die Gegenwart bereithält, aber nichtsdestoweniger auch etliche Ungereimtheiten enthält.

Diese Janusköpfigkeit soll hier nicht diskutiert werden, vielmehr dessen Attraktivität, die er dadurch gewinnt, daß der *Naturgedanke* unwiederbringlich in dessen Bestimmungsversuch des Menschen eingelassen ist, die Natur zu einer anthropologischen Führungskategorie aufsteigt. Genau darin liegt die Schnittstelle mit Homo Oecologicus, der ebenfalls als ein *Versuch* anzusehen ist, so nach der Bestimmung des Menschen zu fragen, daß dabei die Natur zu einem Schlüsselwort gerät.

Was außerdem eine Parallele zu Rousseau gestattet, ist die Krisenerfahrung. Homo Oecologicus ist nämlich nur vor dem Hintergrund der ökologischen Krise zu begreifen, in der eine Entfremdung zwischen Mensch/Menschheit und Natur manifest zu werden scheint. Dieser Zustand resultiert auch daraus, daß in die Natur kein immanentes Telos (= Ziel der Vollkommenheit) hineingelegt wird bzw. werden kann. Eine ganz ähnliche Denkfigur findet sich bei Rousseau, der die Natur quasi entteleologisiert, weshalb sie – konsequenterweise – auch für vielerlei Zwecke, z. B. für solche des Beherrschens und der Herrschaft, „freigesetzt“ werden kann. Rousseau versucht Möglichkeiten menschlicher Existenzformen zu entwerfen, die die Wahrscheinlichkeit erhöhen, krisenhafte Situationen zu bewältigen. Dieser Impetus steckt erklärtermaßen in der Figur des Homo Oecologicus.

Weiterhin konnte Rousseau die Einsicht befestigen helfen, daß Natur mehr ist als Natürliches. Unzweideutig läßt sich aus Rousseaus Schriften buchstabieren, daß das, was Natur ist, in Interpretationsvorgängen ermittelt wird. Die Natur selbst sagt uns nicht, was sie von sich her ist; sie ist eine Deutungskonzeption, eine *Konstruktion*, die bei Rousseau auf intensiven Imaginationsleistungen beruht.

Wo Natur ein *Interpretationskonstrukt* ist, da werden, wie bei Rousseau, die empirischen Gegebenheiten übersprungen, da meldet sich recht unverhohlen das „metaphysische Bedürfnis" (Schopenhauer) zu Worte. In Rousseaus noch zu erläuterndem Bild des Naturmenschen gehen das Sein übersteigende metaphysische Annahmen ein, wovon auch das Homo-Oecologicus-Modell nicht gänzlich freigehalten werden kann.

Rousseauistisch gefärbt sind aktuelle Ökodiskurse teilweise auch dadurch, daß in ihnen permanent *Naturverlust* beklagt wird. Die einen erzürnen sich über den allmählichen Tod der Wälder, die anderen beunruhigt der Rückgang der Artenvielfalt, fast alle bejammern den Raubbau an der Natur und erfahren diese nur noch als Verlust derselben und stimmen daher, häufig genug in trotziger Abwehrreaktion, den Slogan „Zurück zur Natur!" an. Dabei ist es unerheblich, daß dieser Imperativ häufig fälschlich Rousseau in den Mund gelegt wird, wichtiger ist, daß der Gedanke des Naturverlustes in Rousseaus Denkgebäude einzementiert worden ist. Das Verlustaxiom führt schnurgerade zum Konterfei des Naturmenschen, den Rousseau in seinem 2. Discours porträtiert, in dem er auf die Preisfrage der Akademie Dijon „Welches ist der Ursprung der Ungleichheit unter den Menschen und ist sie durch das Naturgesetz gerechtfertigt?" (1755) antwortet. Während Rousseau im 1. Discours für die Beantwortung der damaligen Preisfrage, „ob die Künste und Wissenschaften zur Läuterung der Sitten beigetragen hätten" (1750), ausgezeichnet wurde, ging er mit seinem 2., ungleich anspruchsvollerem Discours leer aus, ohne daß er dadurch freilich seine potentiellen Leser verprellt hätte – im Gegenteil!

Der unprämierte 2. Discours beinhaltet zu einem gut Stück die Schilderung des Naturmenschen, genauer: des „natürlichen Wilden" als eines Sonderexemplars des natürlichen Menschen. Warum aber führt Rousseau überhaupt diesen Typus ein und wie beschreibt er ihn?

Zur ersten Hälfte der Frage: Rousseau diagnostiziert eine Krise, die im *Abfall* des Menschen von der Natur wurzelt. Gradmesser dieses scharfen Urteils ist die Auffassung, daß der Mensch, die Menschheit dazu bestimmt seien, die *Natur zu verwirklichen*. Das Individuum sowie die Gattung Mensch hätten, so Rousseaus Monitum, die Ursprungsnatur *verloren*. Rousseau meint, daß seine Zeitgenossen in einem eklatanten Mißverhältnis zur Natur stünden, da sie ihre eigentliche Bestimmung verwirkt hätten. Die Verfehlung der rechten menschlichen Daseinsform ist es, die Rousseau zwingt, auf die ursprüngliche Natur zu reflektieren. Und diese Nötigung fällt für ihn mit dem Rückgang auf die Ursprungsnatur zusammen, auf sie lenkt er zurück, um die meilenweite Entfernung des modernen Menschen vom „l'état naturel“ zu taxieren.

Rousseau bewertet die Modernitätskrise von der Vergangenheit aus, von einem Naturzustand, der als *Nullpunkt der Entwicklung* konzipiert wird. Mit Hilfe dieser Retrospektive können seiner Meinung nach die Augen für jene schädliche Naturdekadenz geöffnet werden, an der der neuzeitliche Mensch laboriert. Der Rückgriff auf die Geschichte der Menschheit verfolgt die einzigartige Intention, aufzuzeigen, was der Mensch einmal gewesen ist, sein könnte, aber nicht ist.

Doch Vorsicht: Man sollte Rousseaus Historiographie des Naturzustandes nicht zu wörtlich nehmen, erst recht nicht mit den strengen Blicken des gelehrten Historikers studieren, denn der Genfer Bürger gesteht freimütig, daß seine Recherche rein *hypothetisch* sei, er maßt sich nicht an, „große“ Wahrheiten zu verkünden, die sich nicht stichhaltig überprüfen lassen. Der im Naturzustand existierende l'homme naturel hat so, wie ihn Rousseau skizziert hat, mit an Sicherheit grenzender Wahrscheinlichkeit niemals gelebt; er ist eine *Fiktion*, gleichwohl eine ganz und gar notwendige, weil nur dadurch der moderne Mensch wachgerüttelt werden und ein echtes Bild von seiner wahren Bestimmung erhalten kann.

Was ist das aber für ein Mensch, dieser Naturmensch, von dem der Imaginationskünstler Rousseau im zweiten Discours berichtet? Damit kommen wir zum zweiten Teil der Frage, der sich, frei von Skrupeln, mit einer Grobcharakteristik zufriedengeben kann. Der Naturmensch repräsentiert einen Typus Mensch, der, Rousseaus Credo folgend, am Beginn der Geschichte die wahre Natur realisiert hat. Voraussetzung dafür war u. a., daß dieser Mensch unabhängig von irgendwelchen gesellschaftlichen Institutionen und Reglementierungen in Freiheit existieren konnte. Die Unabhängigkeit ist eine conditio sine qua non für die Erfüllung der wahren Existenz im Naturzustand.

Außerdem ist l'homme naturel das genaue Gegenteil von einem Herdenmenschen, der sich am wohlsten in Rudeln und Genossenschaften fühlt. Der Rousseausche Naturmensch ist ein *Einzelgänger*, der auf sich selbst angewiesen ist, auch in brenzligen Situationen ist er auf sich gestellt, z. B. dann, wenn er gegen die Unbilden der äußeren Umgebung anzugehen hat. Er ist Muster eines „Einzelkämpfers“, da seine Ursprungssituation einer Kampfsituation analog ist, insofern im Naturzustand *physische Ungleichheit* waltet. Allerdings stattet Rousseau seinen „natürlichen Wilden“ so aus, daß er solche Widrigkeiten, die ihm die Umgebung sowie die Geschlechtsgenossen aufzwingen, mehr oder weniger bravourös zu meistern fähig ist.

Der „wilde Mensch“, wie Rousseau „seinen“ Naturmenschen auch benennt, wächst ohne Sprache, ohne Krieg auf und lebt in einem vormoralischen Zustand, wobei die von der physischen Ungleichheit abzugrenzende *moralische Ungleichheit* durch Eigentum und Arbeitsteilung entsteht. Die Menschen werden somit in Abhängigkeiten verstrickt, wodurch eine Welt erzeugt wird, die l'homme naturel fremd ist. Das heißt jedoch nicht, daß dieser Typus frei von sämtlichen Moralgefühlen wäre; immerhin kennt er das „natürliche Gefühl“ des *Mitleidens*, das auch zur Erhaltung der menschlichen Gattung beiträgt.

Dieses natürliche Gefühl, das an die allerdings begrenzte Fähigkeit des Sichhineinversetzens in andere Menschen gebunden ist und daher Einbildungskraft erfordert, schließt bei Rousseau nicht nur den Blick auf die Co-Existenz ein, sondern meint mehr noch die *Leistung* des Ichs, sich gegen das Leiden überhaupt zu wappnen und zu stärken. An diesem Mitgefühl liegt es u. a. auch, daß im vormoralischen l'état naturel nicht blutrünstige Barbarei und das zügellose Chaos triumphieren.

Das Mitleiden-Können *hemmt* den Naturmenschen, den anderen Bösartiges anzutun. Die (Mit-)Leidensstärke und Leidensempfindungen, die für Rousseau keine Sache des Verstandes sind, verhindern gewalttätige Exzesse, sie sind Garanten für eine „natürliche“ Existenzsicherung. Freilich: Leiden bedingt nicht unwillkürlich Leidenschaftlichkeit.

Der „Wilde“ ist zwar in der Lage, zu leiden, mitzuleiden, aber er ist kein Mensch der „großen“ Leidenschaften, die ihn fortziehen und bedrängen, unerfüllbare Wünsche und übersteigerte Sehnsüchte aufkommen lassen. Im Einklang damit steht, daß seine Begierden nicht sonderlich ausgeprägt sind, sein Temperament wird von seiner Natur bestimmt und seine Begierden verschwinden augenblicklich, sobald seine Bedürfnisse gestillt sind. Der Mensch im Naturzustand fühlt nichts anderes als seine *wahren Bedürfnisse*. Das System der Bedürfnisse ist intakt, bar aller „falschen“, d. h. unnatürlichen von gesellschaftlichen Einrichtungen eingeflößten; Bedürfnisse bedrohen den Naturmenschen nicht. Der „inneren Stimme der Natur“ gehorchend, wird er nicht zwischen den falschen und wahren Bedürfnissen so hin und her gerissen, daß sein Ich notwendig im Zustand der Zerrissenheit ausharren müßte.

So kommt es, daß der „wilde Mensch“ sehr ausgeglichen ist, nicht von inneren Gleichgewichtsstörungen gepeinigt wird. Er ruht in sich selbst und vertraut, da seine Leidenschaften nur dürftig entwickelt sind, ganz der Selbstliebe (amour de soi-même), die, anders als die Eigenliebe (amour de propre), existenzerhaltend wirkt. Die den Naturmenschen durchdringende Selbstliebe baut auf, derweil die Eigenliebe zerstört. Dem „natürlichen Wilden“ ist die Dissonanz zwischen Eigen- und Selbstliebe wesensfremd, so daß er in einem (beneidenswerten?) inneren Gleichgewicht leben kann und eigentlich unanfällig für Disharmonien ist, die – nach Rousseau – auftreten, je weiter sich die Menschheit aus dem Naturzustand wegbewegt hat. In dem Moment, wo Menschen vergesellschaftet werden und Zivilisationsdefekte auftreten, genau da zerbricht die „innere Natur“ des Ursprungsmenschen, der bei Rousseau auf der Stufe des Kindes bleibt. Die Entfremdung zwischen dem „Innen“ und „Außen“ der Natur nimmt ihren Lauf, die Verwirklichung der Natur, als *die* Bestimmung des Menschen, wird zur bloßen Chimäre. Die Gesellschaftlichkeit, basierend auf einem unablässigen, knochenharten, egoistischen Konkurrenz- und Wettbewerbsstreben, korrumpiert Menschen. Oder – das ist die Botschaft des 2., ansatzhaft auch des 1. Discours – *Naturverlust bedeutet letztlich Selbstverlust des Menschen.* Der „Geist der Geselligkeit“ (Rousseau) zerstört die „natürlichen Neigungen“ und destruiert in einem die Natur des Selbst.

Vielleicht wird, an diesem Argumentationsscheitel angekommen, klarer, weshalb Rousseau so sehr viel daran liegt, auf den l’état naturel und damit auf den Naturmenschen zurückzulenken. Von dessen Folie her wird m. E. recht gut verstehbar, warum die Frage nach der Bestimmung des Menschen nur über die Natur einer Beantwortung zugeführt werden kann. Deshalb hat Rousseau heute nach mehr als 200 Jahren, zumindest in einigen grundsätzlichen Partien seines Werkes, nicht den geringsten Staub angesetzt.

Zweifelsfrei ist, daß die Konstitution des Homo Oecologicus durch Anspielungen auf Rousseau durchsichtiger wird. Der 2. Discours, in dem sich Rousseau die Mühe gemacht hat, über die Funktion des Naturmenschen Einblicke in die Verfassung des Menschen zu erzielen, ist in einem gewissen Sinne auch *fundamental* für die Figur des Homo Oecologicus, weil er einer Reihe von Konstitutionsproblemen ausgesetzt ist, die Rousseau in einer wahrlich kritischen gesellschaftlichen Lage formuliert hat. Dazu gehören u. a. diese: Rousseau instruiert, wenn auch nicht widerspruchsfrei, über die Kompliziertheit und Komplexität des *Naturproblems;* sein bleibendes Verdienst besteht u. a. in der Scheidung in „innere“ und „äußere“ Natur, was mit Blick auf die heutige Ökokrise bedeutet, daß selbige in ihrem Ausmaße und in ihrer Wurzel überhaupt nicht angemessen begriffen wird, wenn sie auf das bloß „Äußere“ der Natur, das „Draußen“ begrenzt wird. Er macht einsichtig, wie diese Differenz in innere und äußere Natur mit dem Bedürfnissystem des Menschen aufs engste zusammenhängen. Rousseau untermauert zugleich, daß und wie sehr das Naturproblem ein *Gesellschaftsproblem* ist, eine sozial-kulturelle Dimension besitzt. Seine massive Kultur- und Gesellschaftskritik dient nichts anderem als der *Wiederherstellung* der rechten Natur, was durch die Kontrastierung von Natur- und Gesellschaftsmensch an Schärfe gewinnt.

Unlöslich wird das *Fortschrittsproblem* an das Naturproblem geschlossen. Weshalb? Jedes Fortschreiten vom Naturzustand weg hin zur Zivilisierung erkauft sich der Mensch mit schweren Verlusten. Auf eine Formel gebracht: *Fortschritt ist ohne Rückschritt nicht zu haben,* womit Rousseau vom Grundtenor das vorweggenommen hat, was u. a. Adorno/Horkheimer fast 200 Jahre später *auch* unter ›Dialektik der Aufklärung‹ (1947) verstanden haben. Fortschrittsoptimismus ist nicht die Rousseausche Haltung. Allerdings verfällt er deswegen weder in abgrundtiefen Pessimismus noch in fatalistische Resignation. Er *glaubt,* daß eine gewisse Wiederherstellung des Naturverlusts im Bereich des Möglichen liegt, und er hat Überlegungen darüber angestellt, wie diesem Dilemma partiell beizukommen ist.

Seine größte Hoffnung setzt er dabei auf die *Erziehung*, kraft deren die Schädigungen kompensiert und quasi repariert werden sollen. Indes bedarf es dazu eines *neuartigen Erziehungsprojekts,* das Rousseau in seinem berühmten Werk ›Emile‹ vorstellt, mit dem ebenfalls Seiten in Rousseaus „Natur“kapitel aufgeschlagen werden. Es lohnt sich auch hier ein kurzes Verweilen.

Läßt man einmal die Streitfragen und Feinheiten der Rousseau-Exegeten links liegen und bekümmert sich nur insoweit um „Emile“, als er dem Naturbegriff neue Markierungen schenkt, die den Homo Oecologicus indirekt berühren, dann dürfte u. a. das Folgende thematisch weiterführen:

Zunächst bestehen ersichtliche Gemeinsamkeiten und Motivüberschneidungen, Wiederholungen, aber auch Umorientierungen zwischen dem 1. und 2. Discours sowie ›Emile‹ (1762), der im gleichen Jahr erschienen ist wie dessen politische Hauptabhandlung, der ›Contrat Social‹. Diese sachliche Nähe wird verbürgt durch die Naturthematik, die Gesellschafts- und Kulturkritik wird zweifelsfrei überwölbt durch die Frage nach dem „Wozu?“ und „Wohin?“ des Menschen.

Im ›Emile‹ problematisiert Rousseau die Frage nach der Bestimmung unter dem Aspekt des Weges. *Wie* findet „Emile“ den geeigneten Weg in die ihm angemessene Existenzform? Das herauszufinden ist es, was Rousseaus Denken hier in Atem hält.

Rousseau spielt gleichsam *eine* Möglichkeit der Daseinsgestaltung durch, dessen Protagonist „Emile“ ist, der genau wie der „wilde Mensch“ im 2. Discours ein *fiktives* Gebilde ist, dem keine Wirklichkeit zukommt. Und wie l'homme naturel in der zweiten Preisschrift wird „Emile“ als Naturmensch präsentiert. Anders als jener ist „Emile“ Produkt eines Erziehungs- und Bildungsganges, das war der Wilde nicht, er war nicht erziehungsbedürftig.

Welche Art der Erziehung ist es, die „Emile“ zu dem *macht,* der er *wird*? Die stenographische Antwort darauf: Die *natürliche Erziehung* ist die gesuchte *neue*, die gleichzeitig einen „Neuen Menschen“, nämlich „Emile“ hervorbringt, der sich von den Fesseln der Entartung befreien kann. Die natürliche Erziehung ermöglicht es nach Rousseau, aus der Sackgasse und den Irrwegen der damaligen Zeit herauszukommen, in der die „politisch-öffentlich-allgemeine“ mit der privat-häuslichen unheilvoll vermengt waren. Die Vermischung dieser Erziehungsweisen hat die Menschen daran gehindert, in ihre „wahre Existenz“ zu finden; statt dessen trug sie dazu bei, die menschliche Bestimmung zu unterlaufen; *und* was herauskam, das war „l'homme double“, der gespaltene Mensch.

Um hier Abhilfe zu schaffen, gibt es bei Rousseau *nur* eine Lösung – entweder die Existenz des „citoyen“ zu wählen, der über die politisch-öffentliche Erziehung „gelenkt“ wird, oder die Existenz des „homme“, der „natürlich“ erzogen wird. Im ›Emile‹ entscheidet sich Rousseau für die *natürliche Erziehung.*

Kennzeichnend für die Erziehung ist u. a. die Vorstellung, daß sie dreier „Lehrmeister“ bedarf: nicht nur, wie traditionell und landläufig eingeschliffen, des „Erziehers“, sondern auch der „Dinge“ und vor allem der „Natur“. Die drei Lehrmeister müssen aufeinander abgestimmt werden, da ansonsten Widersprüche auftreten, welche Selbstübereinstimmung unmöglich machen. Rousseau unterschätzt indes nicht die Schwierigkeiten, die Natur, worunter er in diesem Kontext das i. w. S. psychische Dispositionsgefüge des zu Erziehenden begreift, zu beeinflussen. Über den „Lehrmeister Natur“ läßt sich nicht beliebig verfügen, hier stößt jede Erziehung, sei sie noch so „natürlich“, an ihre Grenzen. Die „Erziehung durch die Menschen“ ist vertrauter, mit höherer Gewißheit und Sicherheit ausgestattet, sie ist nach Rousseau weit eher in den Griff zu bekommen, so daß in seiner Utopie einer neuen Erziehung der Erzieher eine Schlüsselposition einnimmt.

Sich dem „Gang der Natur“ unterwerfen, der „Ordnung der Natur“ folgen, wie es von der natürlichen Erziehung gefordert wird, damit „Emile“ seine eigentliche Bestimmung als Naturmensch verwirklichen kann, das ist eine beispiellose, grandiose Herausforderung an den Erzieher. Er und nur er ist es, der den *Plan der Natur* entziffert und daraufhin seine Erziehungsmaßnahmen abstellt; er ist es, der die „natürliche Umwelt“ darbietet und steuert, ohne daß es der „Emile“ bemerkt, und an ihm, dem Erzieher ist es, die gesellschaftlich produzierten negativen Einflüsse von „Emile“ fernzuhalten.

Rousseau staffiert den Erzieher mit einer beträchtlichen *Machtfülle* aus und verstrickt umgekehrt „Emile“ in ein Abhängigkeitsnetz. Es ist ein purer Mythos, der seit unzähligen Generationen von Rousseau-Enthusiasten verbreitet wird, wenn Rousseau zum Vorbild einer „freien“ Erziehung und zum Propagandisten des Erziehungsmodells vom „Wachsenlassen“ glorifiziert wird. Die „natürliche Erziehung“, an deren Ende der reife Naturmensch stehen soll, der sich selbst von der Natur zu emanzipieren vermag und mit sich in Harmonie lebt, steht und fällt mit der Lenkung und Leistung des Erziehers, der Natur imaginiert. Dessen Verantwortungsgefühl entscheidet letztendlich darüber, inwieweit „Emile“ wirklich zu sich selbst finden kann, auf sich hin freigelassen wird.

Der Naturmensch „Emile“, der fernab ihn korrumpierender gesellschaftlicher Einwirkungen auf dem Land aufwachsen und dort seine praktischen Erfahrungen machen soll, entfaltet sich, verglichen mit dem „Wilden“ in Rousseaus 2. Discours, weniger unabhängig und muß, ob er will oder nicht, das Risiko eingehen, Opfer des Erziehers zu werden. Erziehung, auch das verbirgt sich in Rousseaus

Utopie einer natürlichen Erziehung, kann jederzeit scheitern, baut auf schwankendem Boden. Der Naturmensch ist Resultat subtil geplanter Lenkungsprozesse. Das muß ohne jede Sentimentalität, die Rousseau oft genug „angedichtet“ wird, ernüchternd festgehalten werden.

Welcher Brückenkopf läßt sich daher zum Homo Oecologicus schlagen? Mehrere! Zum ersten: *Der Naturmensch schafft sich nicht selbst*, er ist auf Hilfe und bestimmte pädagogische Eingriffe angewiesen, die in der Macht derer stehen, die erziehen bzw. Einfluß auf die Entwicklung nehmen. Fremdbestimmung und Selbstbestimmung schließen sich dabei nicht aus. Zum zweiten: Für die Gestaltwerdung des Naturmenschen sind Identitätsprobleme konstitutiv. Zum dritten: Natur fungiert dieser Spezies als *Norm*. Das Verhältnis des Menschen zur Natur ist so beschaffen, daß Naturauffassungen *orientierend* wirken sollen. Vom Erziehungsziel heißt es bei Rousseau, daß es die Natur sei. Die Natur wird normativ besetzt und als das ausgewiesen, was noch nicht ist, aber sein soll. Die Wertvorstellungen der Natur, beispielsweise die, daß das Natürliche das Heile und Unversehrte sowie das Erlösende sei, werden zu festen Orientierungsmarken, wovon aktuelle Ökodebatten überzeugen können. Die vielen gutgemeinten Ratschläge ebenso wie die eher halbherzigen Empfehlungen einer „natürlichen Lebensweise“, mit denen wir heutzutage auch außerhalb der Reformhäuser und Gesundheitsmagazine überhäuft werden, gehen wie selbstverständlich davon aus, daß das Natürliche eine Norm ist; sie bedienen sich, unbewußt, eines Argumentationsmusters, das Rousseau bahnbrechend vorexerziert hat – unter dem Eindruck einer Modernitätskrise, die, wiewohl gesellschaftlich, kulturell und politisch gewandelt, auch Homo Oecologicus auf den Plan ruft.

Rousseaus Naturmenschen, der „natürliche Wilde“ sowie der „Emile“, lassen ganz wichtige Rückschlüsse nicht nur über die Herkunft von Homo Oecologicus zu, sondern auch über dessen „Bauplan“, der z. T. aus Rousseaus Interpretationen herausskelettiert werden konnte und nun in seinen aktuellen Dimensionen auseinanderzufalten sein wird.

5.3 Homo Oecologicus zwischen Kultur und Natur – Über den Zusammenhang von Kultur und Natur

Rousseau hat ein für allemal plausibel gemacht, daß der „Naturmensch“ zugleich ein Kulturmensch ist. Diese Erkenntnis, zwar auch von anderen Denkern der Neuzeit ausgesprochen, ohne jedoch annähernd an die Rousseausche Suggestivkraft heranzureichen, ist hernach zu einem Allgemeingut geworden und *eine* Erklärung dafür, weshalb dem Franzosen kontinuierlich, bis zur Überschwenglichkeit reichende Reverenzen zuteil wurden. In die ökologische Krise verwickelte Menschen erfahren hautnah diese doppelte Befindlichkeit als Natur- *und* Kulturwesen. Homo Oecologicus, den wir als ein Geschöpf dieser Krise zu bestimmen versuchen, beglaubigt diesen Tatbestand originär. Er kann nämlich gar nicht anders existieren; er ist, um ein Sartre-Wort abzuändern, zu dieser Doppelexistenz *verurteilt* – und zwar fundamental bis in seine tiefsten Poren, kognitiven Strukturen und Gefühlslagen hinein.

Bemühen wir noch einmal die Weltkategorie, so dürfen wir auch sagen, daß Homo Oecologicus „Bürger“ einer Natur- und Kulturwelt ist, die ihm den Rahmen seiner Handlungsmöglichkeiten vorgeben. Daraus folgt, daß Homo Oecologicus unter den gegenwärtigen Bedingungen als Kultur-Natur-Wesen zu porträtieren ist: zunächst als Kultur- und dann als Naturmensch. Freilich vereinfacht dieses Nacheinander den Sachverhalt, denn: Der Mensch ist nicht zuerst Kulturwesen und dann Naturwesen bzw. umgekehrt und auch verhält es sich nicht so, daß Menschen einmal „nur“ als Kulturwesen und ein andermal „rein“ als Naturwesen agieren. In Wahrheit läßt sich beides nicht auseinanderreißen. *Natur und Kultur gehören unwiderruflich zusammen.* Allein aus darstellerischen, theorietechnischen Gründen muß eine solche idealtypische Trennung vorgenommen werden.

Warum im Naturmenschen Kulturelles *eingeschlossen* ist und weshalb im Kulturellen Natürliches pulsiert, davon hat Rousseau eine Ahnung gegeben. Aber seine Denkmittel reichten noch nicht aus, um diese anthropologische Befindlichkeit befriedigend zu erklären, was nicht als Kritik mißverstanden werden sollte. Dem 18. Jahrhundert, einem höchst aufregenden, weil einflußreichen und ungebremst elanvollen mit einer bemerkenswerten Dichte an zeitüberlegenen Einsichten und Vermutungen, welches der Neuzeit, das darf ohne Pathos festgestellt werden, eine wirkliche anthropologische Hochblüte bescherte, fehlte es noch an Instrumentarien und auch einzelwissenschaftlichen Resultaten, um die Zusammengehörigkeit von

Natur und Kultur *tiefer* anzusetzen. Dies mit breiterer Akzeptanz getan zu haben, blieb der philosophischen Anthropologie in unserem Jahrhundert vorbehalten, auf die deshalb federstrichartig eingegangen werden muß.

Ihr ist es in der Hauptsache zu verdanken, neues Licht auf die *Verfassung des Menschen* insgesamt geworfen zu haben. Sie war von der Motivation beseelt, dem *Geheimnis* Mensch dadurch näher auf die Spur zu kommen, daß sie, entgegen dem Spezialistentum der Einzelwissenschaften, nicht *etwas* am Menschen, seine Lungenfunktion beispielsweise oder seine soziale Klassenzugehörigkeit oder seine Intelligenzentwicklung und dergleichen zu erforschen suchte, vielmehr den Menschen als ein *Kompaktes* und *Ganzes*, als *eine Lebenseinheit* betrachtete. Von einem derartigen Vorsatz angetrieben, den „ganzen Menschen" in die Blickbahn zu nehmen, wäre es schon reichlich inkonsequent gewesen, wäre man nicht diesem Verflechtungszusammenhang von Natur und Kultur im Menschen nachgegangen.

Die deutschsprachige philosophische Anthropologie dieses Jahrhunderts kann mit gutem Recht von sich behaupten, einen so breiten Zutritt auf das Phänomen Mensch gefunden zu haben, daß dadurch überhaupt erst die theoretische Basis für die, nennen wir es einmal so, Verschmelzung von Natur- *und* Kulturmensch gelegt werden konnte. Ohne andere Denker dieser Ära, die der Philosophie in den 30er Jahren eine eigentümliche anthropologische Wende gaben, hintansetzen oder in ihrer Bedeutung schmälern zu wollen, sind es, neben Scheler, Cassirer, Bollnow u. a. mehr, Plessner sowie Gehlen gewesen, die in allererster Linie eine große Breitenwirkung erzielten. Diese beiden Namen stehen für zwei verschiedene Konzepte vom Menschen, was ein Indiz dafür ist, daß die philosophische Anthropologie eine vielgliedrige Strömung gewesen ist, die sich eigentlich nur im Hauptbestreben, die „Ganzheit" Mensch zu rehabilitieren, auf einen gemeinsamen Nenner bringen läßt.

Kommen wir zu Plessner, der in seinem beachtlich breitgefächerten Œuvre und seiner ungewöhnlich langwährenden Wissenschaftlerlaufbahn (vgl. dazu Plessner 1980) am Anfang seiner Karriere ehrgeizig genug war, nach *Wesensgesetzen* des Menschen zu fahnden. Und in der Tat war diese Suche nicht ohne Erfolg. Eines der drei „anthropologischen Grundgesetze", die den Menschen in seinem Sein und Werden konstituieren, führt mitten in das Verhältnis von Natur und Kultur hinein, hat dieses zum ausdrücklichen Gegenstand. Ziemlich am Ende seines anthropologischen Hauptwerkes ›Die Stufen des Organischen und der Mensch‹, erstmals 1928 abgefaßt, indirekt aber vorbereitet in seiner ›Ästhesiologie der Sinne‹ (1923), formuliert er das *„Gesetz der natürlichen Künstlichkeit“*, das, stark vereinfacht, zum Ausdruck bringen soll, wie sehr der Mensch als *natürliche* mit physischer Disposition und Trieben ausgerüstete Kreatur in einer künstlich gestalteten Welt, eben einer Welt der Kultur lebt.

Der Mensch ist ineins ein natürlich-physisches und ein künstlich-kulturelles Geschöpf. Natur und Kultur können daher nicht gegeneinander ausgespielt werden, sondern stehen in einem interdependenten Verhältnis, sie wirken gegenseitig aufeinander ein, beeinflussen sich wechselseitig und bilden eine Interaktion. Das „Natürliche“ am Menschen steht im Bann des „Künstlichen“ und das Kulturelle formt sich wiederum nur in den Bahnen, die das „Natürliche“ zuläßt. Das, was die Menschen für das „Natürliche“ halten und als solches auszuweisen suchen, ist „natürlich“ *nur* im Hinblick und von der Warte der Kultur aus.

Für Plessner ergibt sich diese Gesetzmäßigkeit aus der Stellung des Menschen zur Welt, die er, hierin äußerst originell, als „exzentrische Positionalität“ definiert. Damit schreibt Plessner dem Menschen eine eigentümliche Weltlage zu, gemäß der es der Mensch vermag, aus seinem Zentrum herauszutreten, „außer sich“ und zu sich selbst abständig zu sein. Er kann zum anderen nicht nur Regisseur seiner selbst, sondern auch sein eigener Zuschauer werden. Weiter versteht Plessner darunter eine Existenzform, die durch Vollzug, Expressivität und Leiblichkeit charakterisierbar ist, aber auch durch die Vergeblichkeit, ein restloses inneres Gleichgewicht und eine restlose Klarheit über sich selbst zu gewinnen.

Durch diese, im Vergleich zu allen anderen Lebewesen, einzigartige exzentrische Weltposition wird der Mensch zum „schöpferischen Lebensgrund“, zum kulturtragenden und -erhaltenden Wesen. Seine „Natur“, die exzentrische Positionalität, stiftet *notwendig* Kultur – oder: Aus der biologisch-naturalen Verfassung geht die Kultur wesensmäßig hervor. Das ist die Quintessenz aus Plessners Gesetz der natürlichen Künstlichkeit, das von Gehlen gewissermaßen radikalisiert, auf jeden Fall zugespitzt wird.

In seinem anthropologischen Hauptwerk ›Der Mensch. Seine Natur und seine Stellung in der Welt‹ (1940), das zu *dem* anthropologischen Bestseller dieses Jahrhunderts avancieren sollte, bestimmt Gehlen den Menschen primär als *handelndes Wesen*, das, hierin eine altbewährte Tradition fortsetzend, allerlei organisch-physiologische Mängel aufweise. Vom Tier aus geschaut, sei der Mensch organisch primitiv, nichts anderes als ein defizitärer Sonderling; die Menschen seien gleichsam physiologisch frustriert, von der „Natur" stiefmütterlich bedacht worden, und dieser defekten Organausstattung wegen tituliert Gehlen den Menschen, in erklärter Entlehnung eines Herder-Wortes, als chronisches *„Mängelwesen"*.

Das klingt wenig verheißungsvoll. *Wie* ist es dann aber möglich, daß ein physiologisch dermaßen minderbemitteltes Wesen, dieser einmalige „Sonderentwurf der Natur" (Gehlen) überhaupt lebensfähig ist? Was erhält ihn lebend? Die *Kultur*! Das ist die bündige Antwort Gehlens. Der kulturelle Schöpfergeist sichert die Existenz, gewährleistet das Überleben. Und Kultur ist für Gehlen die ins „Lebensdienliche" umgearbeitete, bewältigte und veränderte Natur. Der Mensch/die Menschheit, *will* er/sie denn sein/ihr Leben erhalten, *muß* die Natur verändern und umgestalten, *kann* sie nicht im Rohzustand belassen. Die mangelhafte physiologisch-natürliche Mitgift wird gleichsam durch die Kultur, durch die „Zweite Natur" kompensiert.

Die „Zweite Natur" des Menschen (ein etwas unglücklich gewählter Begriff) ist demnach der *Lebensgarant* des Menschen, wovon u. a. die vielfältigen Institutionen zeugen, die den Fortbestand der Menschheit sicherstellen. Was für das Tier die Umwelt ist, das bedeutet dem Menschen die kulturelle Welt, die durch die „Zweite Natur" geschaffen wird.

Eindringlicher und radikaler als Plessner betont Gehlen den Stellenwert der „Zweiten Natur" gegenüber der „Ersten Natur", da er annimmt, daß diese Zweite Natur für die menschliche Existenzweise die wesentliche sei. Die künstlich geschaffene Welt, die „nature artificielle" (Sorel), ist der Ersten überlegen, weil letztere von Deutungen und Konstruktionen der Zweiten Natur abhängig ist.

Die Erste Natur kann nur durch die Zweite interpretiert, verstanden und konstituiert wie kategorial erfaßt werden. Die Zweite Natur liefert uns die Möglichkeit, uns ein Bild bzw. Bilder und Modelle von der Ersten zu machen. Wenn dem so ist – Zweifel daran sind wohl keine anzubringen –, dann tritt die Erste Natur tatsächlich in eine Abhängigkeit zur Zweiten. Andererseits kann aber auch nicht verkannt werden, daß die Reichweite, überhaupt das Entfaltungsspektrum der Zweiten Natur wiederum von der Ersten mitbedingt wird. Die Zweite Natur schöpft aus der Ersten, ohne daß diese in dem erkannt und verstanden werden könnte, was sie von sich her und in ihrem Sosein dem Wesen nach ist.

Gehlen hat, von anderen Denkvoraussetzungen und einem anderen Menschenbild als Plessner ausgehend, zu erklären versucht, weshalb der Mensch von Natur aus ein Kulturwesen ist, warum Natur und Kultur so ineinander verschachtelt sind, daß die Kultur in die Natur und die Natur in die Kultur hineinreicht. Dabei stellt sich heraus, daß Natur *gedeutet* wird; die Kultur erlaubt Modellentwürfe von Natur, sie gibt uns die Instrumente an die Hand, um uns die Natur, die äußerlich uns umgebende wie auch die innere, aufzudekken, und zwar in der Gewißheit, daß wir diese nicht in ihrem „An-sich-Sein" zu erfassen imstande sind. Und noch etwas: Um sich in dieser Weise bestimmen zu können, ist der Mensch auf andere Lebewesen angewiesen, denn erst durch eine derartige kontrastierende Gegenüberstellung erfährt der Mensch mehr über sich selbst. Die Gattung Mensch gewinnt durch Kontrastierung mit anderen Lebewesen ihre Identität.

Hinter diese Errungenschaften der philosophischen Anthropologie kann kein Versuch einer Anthropologie der ökologischen Krise zurückfallen. Homo Oecologicus kann nicht anders konzipiert werden als aus der sich wechselseitig bedingenden Natur- und Kulturzugehörigkeit. Natur *und* Kultur sind *die* zwei Seiten ein- und derselben Kreatur. Homo Oecologicus ist Doppelgänger, der, Gehlen nachgesprochen, in und mit der Ersten sowie Zweiten Natur lebt, die ein höchst spannungsreiches Verhältnis, bis hin zu bedenklichen Inkongruenzen, eingehen können.

Von dieser anthropologischen Grundeinsicht her soll nun die eine Hälfte des Homo Oecologicus, die *„kulturelle"*, und anschließend die andere, nämlich die *„natürliche"*, in Augenschein genommen werden. Mithin wird Homo Oecologicus zunächst als Kulturwesen und dann als Naturkreatur vorgestellt.

5.4 Homo Oecologicus als „Kulturwesen"

Die philosophische Anthropologie, hier nur soweit rekapituliert und minigespiegelt wie gerade erforderlich, hat u. a. auch das Gespür dafür geschärft, wie sehr der menschliche Weltaufenthalt ein Prozeß und Resultat des *Deutens* ist. Kultur beruht auf zahllosen, immer neu einsetzenden, generell nie zum Abschluß kommenden Interpretationsakten. Als Kulturwesen verfaßt, lebt Homo Oecologicus in einer bereits vorgedeuteten, symbolträchtigen Welt (Cassirer bestimmt den Menschen als „animal symbolicum"), einer Welt voller Konstruktionen, Modellbildungen, Sprachregelungen, Mythen, Theorien, in einer interpretativ präparierten Welt. Homo Oecologicus ist – anders als der Rousseausche „natürliche Wilde“ – nicht der Nullpunkt und Ausgangspunkt der Entwicklung, nein: Er ist umgeben und hineinverflochten in eine Welt kulturgeprägter Zeichen, Einrichtungen und Symbole, die bereits ohne sein Zutun vorhanden sind.

Die enorme Prägung des menschlichen Existenztyps durch die Kultur begegnet uns auf Schritt und Tritt so dominant, daß kaum darüber nachgedacht wird, weil es eine Selbstverständlichkeit darstellt. Beinah alles und jedes scheint kulturbedingt zu sein, Ausdruck, Vollzug und Werk schöpferischer Leistungen und Betätigungen, die sich u. a. in überdauernde Kulturgüter niederschlagen. Und immer wieder bestätigt sich das eine: Der Mensch ist als Geschöpf und Schöpfer der Kultur phantasiereicher Deuter, spitzfindiger Interpret. Von einem solchen Schlage ist auch der Homo Oecologicus, der sich auf das Auslegen verstehen muß, um in der Welt bestehen zu können.

Daß die Kultur in ganz hohem Maße von Deutungsvorgängen *getragen* wird, untermauert das für den Homo Oecologicus so überaus relevante Verhältnis zur Natur. Die äußere, ihm gegenüberstehende Natur kann, wie es u. a. die philosophische Anthropologie einsichtig begründet hat, *nicht direkt* erkannt werden, der Mensch ist nicht in der Lage, um ihr „Wesen“, ihr „An-Sich“ zu wissen. Was er dagegen vermag und wovon er schon reichlich Gebrauch gemacht hat, ist die interpretative Auseinandersetzung mit der Natur, die Beschäftigung als *Naturhermeneutiker*. Der Homo Oecologicus ist dieser Naturinterpret und muß es sein, da die Ökokrise gebieterisch nach – möglichst angemessenen – *Naturdeutungen* verlangt, an denen bislang fürwahr kein Mangel herrscht und auf die er sich gezielt einzulassen hat.

5.4.1 Homo Oecologicus als Naturdeuter

Bei solchem Tun wird er relativ rasch zu der Einsicht gebracht, daß eine konkurrierende Vielheit von Naturdeutungen besteht, und er wird ebenso schnell herausfinden, daß es ein *Deutungsmonopol* in Sachen Naturdeutung gibt, das *wissenschaftliche*; die *naturwissenschaftliche Interpretation* hat allen anderen den Rang abgelaufen, ihre Definitionsmacht ist momentan noch ungebrochen. Der ungetrübte Siegeslauf des naturwissenschaftlichen Bildes von der Natur ist bereits Ende des 16., Anfang des 17. Jahrhunderts durch einen Denker vorbereitet worden, der heute manchen ein Dorn im Auge ist, da er als einer der Erzväter des Anthropozentrismus gilt, jener schreckenbringenden Einstellung, welche die Ökokrise mitverursacht hat.

Der „Angeklagte“ heißt Francis Bacon (1561–1626), der zum experimentellen Umgang mit der Natur aufforderte, um ihr möglichst sämtliche Geheimnisse abzulauschen und für das Wohl der Menschheit zu nutzen. Damit hat er prinzipiell einer Auffassung den Boden bereitet, die von der später einsetzenden naturwissenschaftlichen Forschung legalisiert worden ist: Die Natur wird dem Menschen gegenübergestellt und zu dessen grenzenlosen Experimentierfeld und unausschöpflichen Laboratorium erklärt. Der von Descartes' Erkenntnistheorie aufgebrachte Dualismus von „res cogitans“ und „res extensa“, die Aufspaltung in Subjekt und Objekt, verschärft dieses den Naturwissenschaften eigentümliche Naturbild.

Die Natur als das andere des forschenden Subjekts soll für die Zwecke des Menschen *beherrscht* werden, die Natur wird, erkenntnistheoretisch und d. h. im Namen der Wissenschaft, zur freien Verfügungsmasse des Menschen. Die Natur wird als Objektbereich des Menschen *konstruiert*, womit der res cogitans, der denkenden Substanz eine Höherwertigkeit gegenüber der äußeren Natur zugesprochen wird. Anders: Die Kultur, die wissenschaftlich konzipierte, steht über der Natur; es wird eine Kultur-Natur-Hierarchie errichtet, die den Menschen ermächtigt, die von ihm abgetrennt gedachte Natur zu bezwingen. Die Natur wird durch die Wissenschaft von der Natur instrumentalisiert, für Herrschaftsgelüste des Menschen freigegeben.

Symptomatisch für diese naturwissenschaftliche Interpretationsweise ist die Vorstellung eines „Ideenkleides“, das die Natur umhüllt, und gemäß dieses ideellen Gewandes glauben Descartes, Galilei u. a. namhafte Theoretiker der damaligen Zeit, daß die Naturwissenschaften in der Mathematik ihr Fundament haben müßten. Mit deren Assistenz sollen der Natur allgemeingültige Gesetzmäßigkeiten abgezwungen werden.

Was allgemeingültig ist, das geht über das bloß subjektive Empfinden und Dafürhalten hinaus, es ist objektiv. Die Naturwissenschaften deuten Objektivität in die Natur hinein, die durch Mathematisierung und Berechenbarkeit herausgeholt werden soll. Natur wird auf das *reduziert,* was sich an ihr messen, quantifizieren und mit experimentellem Aufwand auf möglichst exakte Gesetze bringen läßt.

Die Natur wird in quantitativ meßbare Größen zerlegt – und es wird der Anschein erweckt, als sei dies das wahre Gesicht der realen Natur. In Wirklichkeit handelt es sich bei dieser die Objektivität und

Mathematisierbarkeit verherrlichenden Naturwissenschaft um eine Konstruktion, die eine immer mehr ihrer Ursprünglichkeit beraubte künstliche Natur hat entstehen lassen. Danach sind Zweifel ausgeschlossen: Die Naturdeutung ist besonders erfolgreich geworden, hat alle anderen in den Schatten gestellt und die Entgegensetzung von Mensch und Natur, die in der Ökokrise schmerzhaft als Entfremdung wahrgenommen wird, wissenschaftlich, dem „Geist der Objektivität" unterworfen, besiegelt.

Allerdings darf nicht verschwiegen werden, daß innerhalb der Naturwissenschaften auch andere Stimmen zu hören sind, z. B. der Standort der *Relativitätstheorie,* die dem Objektivitätsideal abschwört und, bescheidener im Anspruch, statt dessen die Unschärfe aller menschlichen Erkenntnisse hervorhebt und dadurch sämtliche Wahrheitsdogmatiker verschreckt. Wissen ist unsicher, schwerlich allgemeingültig. Einsteins Relativitätstheorie belehrt darüber, daß jede Naturdeutung suspekt erscheinen muß, die vorgibt, diese *objektiv* real zu erfassen. Die von der exakten Naturwissenschaft ermittelten Gesetzmäßigkeiten, dies seine Interpretation, seien in Wahrheit gar keine objektiven Naturgesetze, vielmehr Anschauungen, die uns Menschen über die Welt aufzuklären versuchen.

Infolgedessen präsentieren derlei Gesetze auch nicht *die* Natur, sondern eine instrumentell-experimentell zugerichtete. Die objektiven Naturwissenschaften beobachten, vom Standpunkt der Relativitätstheorie aus, nicht die objektive reale Natur, sondern die Ergebnisse ihrer Meßinstrumente. Die Erkenntnisse über die Natur werden fast ununterscheidbar von den physikalischen Apparaturen, mit denen sie ermittelt werden. Das „Natürliche" an der Natur kann vom technischen Vorgehen nicht trennscharf auseinanderdividiert werden, Naturwissenschaft und Natur driften immer weiter auseinander, was Heisenberg einmal zu der berühmten Feststellung veranlaßt hat, daß der Mensch in der modernen Naturwissenschaft nur noch sich selbst gegenüberstehe. Die Natur wird in den Naturwissenschaften immer wehrloser und entbehrlicher, hat sie es doch in der Hauptsache mit „ihren" Naturkonstruktionen zu tun.

Es kann nicht verheimlicht werden, daß angesichts der Naturzerstörung, die von Kritikern vielfach als unmittelbarer Ausfluß den „objektiven" Naturwissenschaften angelastet wird, neue Modelle für die naturwissenschaftliche Forschung in der Absicht auf einen Paradigmenwechsel offeriert werden. Dahinter steht eine Deutung des Naturgeschehens, wonach die Natur, anders als mechanistisch-technizistisch ausgelegt, als ein „offener" Evolutionsprozeß interpretiert wird, den eine eigene Dynamik auszeichnet und in die der Mensch selbst einbezogen wird. Der Mensch wird als Teil eines *offenen Systems* gesehen, von dem er geformt wird und das er selbst deutet. Dieser „offene" naturwissenschaftliche Ansatz geht auf eine Neubegründung der Stellung des Menschen gegenüber der Natur aus, die er in und nicht außerhalb der Natur zu fixieren hat. Der Mensch ist Teil eines umgreifenden Naturzusammenhanges, von dem her er die Natur und sich selbst zu verstehen hat.

Dabei schwingen die Hoffnung und der Glaube mit, daß eine solche Neuvermessung des Mensch-Natur-Verhältnisses den vermeintlichen Destruktionsprozessen der alten Naturwissenschaften Paroli bieten wird. Was kann der Homo Oecologicus aus diesen äußerst gerafft dargebotenen Naturdiskursen für Schlußfolgerungen ziehen? Unter anderem diese:

Die Naturwissenschaften dominieren seit langem die für das menschliche Verhalten maßgebende Naturdeutung. Das gilt insbesondere für die mechanistisch-technizistische Interpretation, welche dem Menschen die äußere Natur als das Nicht-Menschliche entgegenstellt, über das verfügt werden kann, muß und soll. Natur gerät so zu einem unvollendeten Projektionsfeld menschlicher Herrschaftsansprüche. Wenn diese Deutung Absolutheitscharakter annimmt, dann entsteht die Gefahr der Ideologisierung, die – wer wollte das guten Gewissens bestreiten? – nach wie vor sehr wirksam ist. Nicht zufällig regt sich Opposition gegen diese Deutungsdiktatur bei den Kritikern, die einen Kausalzusammenhang zwischen dieser naturwissenschaftlichen Interpretation und den ökologischen Verwüstungen herstellen.

Die naturwissenschaftlich gefärbten Naturkonzepte sind auch ein Lehrbeispiel dafür, daß die wissenschaftlichen Theorien mit *Naturbildern* operieren, die der Forschung vorausliegen, ihrerseits aber nicht wissenschaftlich, erst recht nicht exakt beweisbar sind, sondern den Status von metaphysischen Annahmen und i. w. S. des Wortes von Weltanschauungen haben, die sich mit der Natur an sich und wie sie konkret erfahren wird nicht decken.

Die Kritik am klassisch-konventionellen Naturverständnis der Naturwissenschaften macht unmißverständlich klar, daß es nicht nur rivalisierende Naturbegriffe gibt, sondern auch wandelbare, zeitabhängige.

Darin bestärkt u. a. durch die Relativitätstheorie kommt immer deutlicher zum Vorschein, daß den wissenschaftlichen Deutungsversuchen, aber auch denen anderer Institutionen (Religion oder Kunst) keine absolute Gewißheit bescheinigt werden kann. Die einzige Verläßlichkeit ist die fehlende Gewißheit, die gegenwärtig in den Unklarheiten und Unschärfen der Naturdiskurse zu beobachten ist. Das Verstehen von Natur ist zur Utopie entrückt. Auch damit muß der Homo Oecologicus leben!

Endlich wird ihm aufgehen, daß nicht nur in den Naturwissenschaften, sondern in den Wissenschaften überhaupt sowie in anderen Deutungsinstanzen ein Pluralismus an Interpretationsmustern über die Natur zu verzeichnen ist, der es – glücklicherweise! – Gurus schwermacht, sich als solche zu profilieren. Unabhängig von der effektivsten Deutungshochburg, den Naturwissenschaften, dürfen andere nicht übersehen und vorschnell zu den Akten gelegt werden.

Der Homo Oecologicus wäre schlecht beraten, würde er von vornherein *einem* Naturkonstrukt den Bonus erteilen, ohne Alternativen sorgfältig geprüft zu haben. Von ihm muß vielmehr erwartet werden, daß er die kulturabhängige und relative Interpretationsvielfalt zur Kenntnis nimmt, diese, wo nötig, kritisch läutert und habitualisiert. Daß er dabei der von der Naturwissenschaft initiierten mechanistischen Auffassung zuspricht, ist mehr als unwahrscheinlich. Sein Handlungsmotiv ist darauf bedacht, das Mensch-Natur-Verhältnis für beide Seiten erträglich zu gestalten und die Entfremdung zwischen Naturmensch und Kulturmensch möglichst in der Überzeugung zu minimieren, daß eine Versöhnung zwischen ihnen das zwar Anzustrebende ist, die aber bestenfalls annäherungsweise erreichbar ist. Die kulturelle Konstitution des Homo Oecologicus, die in der Deutungsfähigkeit eine unverzichtbare Basis hat, hält ihn existenziell zur *Naturhermeneutik* an und provoziert ihn, solchen Deutungen den Vorrang zu geben, die eine gedeihliche Mensch-Natur-Relation in Aussicht stellen.

Der unter (Natur-)Deutungszwang stehende Homo Oecologicus wird nämlich verinnerlichen und zum Handlungsgebot erheben, daß eine Verstümmelung der äußeren Natur identisch ist mit der Selbstverstümmelung des Menschen – genau dagegen versucht er Front zu machen.

Eine wesentliche Bedingung dafür ist die Auseinandersetzung mit Naturbildern, die sich dort als fruchtbar erweisen dürfte, wo sie den naturwissenschaftlichen Umkreis verläßt und andere Deutungsmedien heranzieht – etwa durch die Erinnerung an mythisch genährte Bildkomplexe, wie sie seit alters bestehen und in verschlungenen Traditionslinien weitererzählt worden sind. Diese reden zumeist diffus von Natur, über das Widerständige, Unheilvolle und Bedrohende und Schicksalhafte, aber auch über das Segensreiche und Faszinierende der Natur, über deren geheimnisumwobene kosmische Kräfte.

Da ist dann, auf einer ganz anderen Reflexionsstufe angesiedelt, die Philosophie, die sich frühzeitig in der Antike der *Physis* annahm, das Staunen über die Natur so weit trieb, daß sich, im Zuge der Spezialisierung, eine *Naturphilosophie* etablierte, die, bereits im Keim ihres Entstehens, vielfältige Naturdeutungen erzeugte. Der Naturphilosophie wurde im Konzert der neuzeitlich-modernen philosophischen Teilgebiete ein fester Platz eingeräumt, auch wenn sie, konjunkturellen Aufschwüngen und Schwächungen unterliegend, selten die erste Geige spielte. Gegenwärtig jedoch ist sie auf dem besten Weg, verlorengegangene Reputationen wettzumachen, ein Comeback steht ins Haus (vgl. dazu Böhme 1992).

Die Naturphilosophie schickt sich an, im Zeichen der Ökokrise Karriere zu machen. Es steht auf einem ganz anderen Blatt, ob sie potent genug ist, auf die Naturzerstörung mit überzeugenden Deutungsmustern zu antworten. Eines ist allerdings ziemlich sicher: die, wenngleich nicht unkritische, derzeitige Hofierung der Schellingschen Naturphilosophie, die nicht nur bei romantischen Ökokritikern gute Karten hat, wobei im wesentlichen zwei seiner Ideen rezeptionsfreudig aufgenommen werden: einmal die Differenzierung in „natura naturata“ und „natura naturans“, in die *hervorgebrachte* Natur, die die Natur von dem Produkt her betrachtet, und in die *hervorbringende*, eine Sichtweise, die der Natur erzeugende Kräfte unterstellt.

Schellings naturphilosophisches Interesse gehört gerade der „natura naturans“, während die Naturwissenschaften „bloß“ Augen für die „natura naturata“ hätten. Zum anderen berufen sich nicht wenige auf Schelling, die ein ganzheitliches Naturverständnis vertreten, von einer Einlagerung des Menschen im Naturganzen ausgehen und öfters dem Traum eines versöhnten Mensch-Natur-Verhältnisses nachhängen.

In dieser die Natur als offenes und allumfassendes Geschehen interpretierenden Blickrichtung berührt sich diese Art der Naturphilosophie – bei Schelling sogar expressis verbis – mit der Poesie, die ebenfalls seit ihren Anfängen die Mensch-Natur-Relation unzählige Male variiert hat. Die *Naturlyrik* bildet bezeichnenderweise ein *eigenes* Genre, ist auf ihre Weise Anwältin und Deuterin der Natur mit vielen differenzierten Tönen. Die Naturlyrik verweist ebenso phantasievoll wie metaphernreich auf die essentielle Zusammengehörigkeit von Mensch und Natur, indem sie einen unübersehbaren Bilderkosmos von der Natur kreiert. Dabei schiebt sich relativ oft jene ganzheitliche Betrachtungsperspektive in den Vordergrund, die den Menschen als von der Natur „umschlungen“ (Goethe) deutet; der Mensch ist *ein,* wiewohl herausgehobenes, Glied der Natur und mit allem verknüpft, was dort kreucht und fleucht. Ganzheitliches Denken, Sentimentalisches bis hin zu naiven Rührseligkeiten, Elegisches wie auch Staunen, Entsetzen, Furcht und Bedrohung, Überschwengliches, Apokalyptisches haben gleichermaßen ihren Ort in der Naturlyrik – und selbstredend fehlt das pointiert *Ästhetische* nicht.

Die Lyrik weckt bewußt den Sinn für die Naturästhetik, und darin ist sie unentbehrlich, eben dadurch unterscheidet sie sich von den naturwissenschaftlichen Zugriffen auf die Natur, die diese apparativ vermessen und qua Operationalisierungsstrategien entsinnlichen. Die Naturästhetik will hingegen die Sinne schulen, sie versinnlicht, spricht Gefühle und Empfindungen an, will diese aufschließen, bringt andere als wissenschaftlich zubereitete Qualitäten ins Spiel. Das verbindet die Lyrik wiederum mit der Kunst überhaupt. Die künstlerische Darstellung artikuliert besondere Naturverständnisse, die, im Vergleich zu den naturwissenschaftlichen, ganz gewiß nicht minderwertig sind, sondern „anderes“ an der Natur zur Sprache bringen wollen, das in der zerstörerischen Ökokrise verlorengegangen ist bzw. unterzugehen droht, die Idee von der „natura naturans“.

Allerdings sollte dies nicht zu dem voreiligen Schluß verleiten, dadurch nun ein völliges Verstehen der Natur zu ermöglichen. Das wäre ein Irrglaube; denn in alldem konstruiert der Mensch die Natur und distanziert sich so von deren Ursprünglichkeit. Je mehr erklärt, gedeutet und elaboriert wird, um so mehr schwindet die ursprüngliche Natur dahin und bleibt in ihrem Sosein verborgen.

Viel wäre gewonnen, wenn der Homo Oecologicus diese Gewißheit aushalten und sich sogleich für den Deutungspluralismus offenhalten würde, da dies möglichenfalls *ein* Weg ist, einen diktatorischen und selbstherrlichen Umgang mit der Natur zu meiden.

5.4.2 Homo Oecologicus im Spannungsfeld der Technik

Die ökologischen Desaster sind – man müßte schon mit Blindheit geschlagen sein, um dies nicht zu erkennen – auch das Produkt einer entfesselten Technik. Die Technik sei denn auch, so glauben nicht bloß notorische Schwarzseher und Apokalyptiker, die *potentielle* Totengräberin der Menschheit. Wie auch immer: Technik ist, bei allen regionalen und nationalen Differenzen, weltumspannend und in den sogenannten Industrieländern zur vorläufigen Blüte gelangt. Die Existenz eines „technischen Zeitalters" ist für viele ebenso unbestritten wie die Tatsache, daß der ökologische Frevel auf dem „Geist" der Technik beruht.

Das ist ja schließlich auch die Ursache dafür, warum der Homo Oecologicus gezeugt werden muß; denn er soll, folgt man meiner Argumentation, der Tyrannei des Homo Technicus trotzen; Homo Oecologicus entspringt, wie einleitend als These gefaßt, nicht zuletzt dem Unbehagen gegenüber jenen Spezies des Homo Technicus und Homo Faber, die, von einer Machbarkeitsmentalität durchformt, ökologische Schandtaten am Fließband produzieren. Dagegen rührt sich die Opposition des Homo Oecologicus.

Bedeutet das dann aber zwangsläufig auch, daß Homo Oecologicus ein Technikfeind ist und in den seit Jahrhunderten bestehenden Chor derer einstimmt, welche die Technik in Bausch und Bogen ablehnen, obwohl sie – manchmal mehr als scheinheilig genug – bereitwillig Nutznießer technischer Erfindungen sind und dennoch die Technik der Un-Kultur zugehörig denunzieren? Die Beantwortung dieser „Gretchenfrage" geht wiederum an die Adresse des Homo Oecologicus als eines Kulturwesens; denn Technik ist eine durch und durch *kulturelle Leistung* der Menschheit, sie ist nicht, wie ganz verschiedene Technikgegner einreden wollen, das andere der Kultur. Richtig ist dagegen: Technik ist Kultur und jede Kultur hat ihre Techniken, die Technikkritik, an die man sich auch schon seit vielen Jahrzehnten hat gewöhnen können, da sie von einem ehernen Standardarsenal zehrt, tritt in Kleidern der *Kulturkritik* auf – nicht nur dort, wo sie das romantisch verklärte „Zurück zur Natur!" begehrt oder die Technik als das Fremde, das „wahre Sein" des Menschen Zerstörende anklagt.

Meine Ansicht geht nun dahin, exemplarisch Technik als ein äußerst *komplexes Kulturphänomen* zu bestimmen, das über das künftige Schicksal der Menschheit nicht nebensächlich, sondern hauptrangig entscheiden wird. Homo Oecologicus steht im Spannungsfeld der Technik, mit der er sich wirklich auf Gedeih und Verderb auseinandersetzen muß, er hat überhaupt keine andere Alternative. Warum?

Zunächst resultiert die Notwendigkeit der Technik aus der gediegenen, bei anderen Lebewesen nicht nochmals auftretenden anthropologischen Befindlichkeit des Menschen, die Gehlen aus der schon erwähnten defizitären Naturausstattung hervorgehen läßt. Kontrastierend mit Tieren gebricht es dem Menschen an der *Instinktsicher-*

heit, ist die äußere Organausstattung unvollkommen und so spezialisiert, daß er dieses vermeintliche Handicap durch die Erschaffung von Technik kompensiert. Womit Tiere von der „Ersten Natur“ bedacht worden sind, das fehlt dem Menschen, und er macht diese anthropologische Lücke durch Technik wett, ohne die er nicht überleben könnte. Was den Tieren als das „Natürliche“ mitgegeben wird, das *ersetzt* der Mensch durch das Künstlich-Kulturelle auch in Form von Technik, die ganz tiefgründig die Zwitterhaftigkeit des Menschen als Natur- und Kulturwesen durchzieht.

In und durch Technik macht sich der Mensch zum Kulturschöpfer. Technik wurzelt im griechischen Wort „technazein“, was schaffen und fabrizieren bedeutet und eine bestimmte Könnerschaft voraussetzt. Techne ist eine Kunst, die auf die Herstellung von Mitteln zur Erreichung bestimmter Zwecke geht. Technik hat instrumentellen Charakter und wird äußerlich sichtbar in vielerlei Werkzeugen, Geräten und Apparaturen, worunter die *Maschine* eine *beispielhafte Symbolkraft* besitzt – nicht nur im zurückliegenden „Maschinenzeitalter“, das die Maschine als Revolutionärin einer neuen Menschheitsetappe feierte. Die Maschine versinnbildlicht nach wie vor populär die Technik, die in unserer Gegenwart im Computer einen neuen Heiligen gefunden hat, der trotz häufiger Virusanfälligkeit umschwärmt und vergöttert wird.

Die Maschine wie die Technik überhaupt wird zur *Natur des Menschen*, mißt nur, wenn der Mensch sein Sein z. B. von der Maschine her deutet. Das Modell der Maschine wurde und wird, wenngleich eher rückläufig, auf den Menschen projiziert und in ein Menschenbild gegossen, von dem her Handlungen gemessen und Aktionen bewertet werden. Durch technisches Verhalten wird in die äußere Natur eingegriffen, insoweit natürliche Stoffe und Energien durch Anwendung von Instrumenten i. w. S. umgeformt werden, wobei sehr oft die *Bedürfnisse* des Menschen ausschlaggebend sind. Rechnet man diese Bedürfnisse zur „inneren Natur“ des Menschen, dann ereignet sich durch Technik eine Wechselwirkung zwischen „innerer“ und „äußerer“ Natur, wobei nicht immer zwischen „wahren“ und „falschen“ Bedürfnissen geschieden werden kann, wie Rousseau, noch in der Attitüde des Schiedsrichters agierend, weismachen wollte. Für Rousseau waren die „natürlichen Bedürfnisse“ zugleich die befriedigendswerten „echten“. Wenn aber, wie die philosophische Anthropologie spätestens erkannt hat, selbst die „natürlichen“ Bedürfnisse immer schon künstlich-kulturell überformt sind, dann läßt sich kein sicheres Kriterium dafür angeben, welche Bedürfnisse natürlich „gutartig“ (= „wahr“) und welche „bösartig“ (= „falsch“) sind.

Was Rousseau jedoch hellsichtig bewußt geworden ist, ist die unwiederbringliche Einsicht, daß ein unausgewogenes Bedürfnissystem den Menschen und die Menschheit zerstören kann. Und es dämmert immer mehr, daß disproportionale, zur Auswucherung neigende Bedürfnisse, die scheinbar nur noch um ihrer selbst willen artikuliert werden, die Ökokrise mitverursacht haben. Und niemand wird leugnen wollen, daß dieser Bedürfnisüberschuß, der ganz verschiedene Wurzeln und Auslöser hat, durch die Technik erheblich potenziert worden ist. Die Technik erweist sich als Bedürfniskatalysator.

Mit der Technik wollte und will sich der Mensch aus der Abhängigkeit von der Natur befreien, so daß Technik zur „Gegennatur“ (Ropohl) wird. Allein: Diesen unermüdlichen und unersättlichen Emanzipationsakten haftet eine eigentümliche Dialektik an: einerseits das Verlangen des Menschen, sich nicht der Natur zu unterwerfen, sondern sie für das eigene Wohlergehen zu überlisten, andererseits aber – und diese Erfahrung wird häufiger denn je gemacht – scheinen die Menschen immer mehr ihrer List zum Opfer zu fallen. Das technische Verhalten ist *janusköpfig*. In dem machtvollen Willen, die Natur zu traktieren, umzuformen, wo immer es nur geht, wird der Bogen überspannt. Die Ökokrise zeigt es unumwunden: Die Natur schlägt zurück, gerade auch deswegen, weil sie durch Technik so unbarmherzig manipuliert und geknebelt wird. Das heißt aber auch, daß sich die Technik gegen die Menschen wendet, sie löst sich von ihnen ab und verselbständigt sich, folgt den Gesetzen der Techno-Logik.

Die Ökokrise ist, etwas pathetisch ausgedrückt, auch ein Merkmal dafür, daß die ursprünglich in dem gut gemeinten Vorsatz angetretene Technik, den Menschen von aller Naturabhängigkeit zu befreien, umschlägt in Unfreiheit gegenüber der Technik, der Mensch verliert zusehends die Herrschaft über die Technik. Der Täter wird zum Opfer, er büßt seine Stelle als Subjekt gegenüber der Natur ein, er gerät unter deren Mühlsteine und wird zum Objekt. Der fortschreitende Verselbständigungsprozeß der Technik, ihre Besitznahme und Machtausübung, für die der Mensch selbst die Lunte gelegt hat, ist drauf und dran, die Menschheit zu überrollen.

Der Triumphzug der Techno-Logik wird *das* kulturelle Problem der nächsten Jahre sein, das im Angesicht der ökologischen Krise zur Zerreißprobe der Menschheit überhaupt wird. Die mit der Technik verbundenen Glücksverheißungen haben sich bedrohlich ins Gegenteil verkehrt, auch wenn vielerorts der Technikenthusiasmus ziemlich ungebrochen als Ideologie und Mythos fortwirkt.

Der Herrschaftswille der selbstbezüglichen, egoistischen Techno-Logik hat eine Notsituation eintreten lassen, die nur kulturell gelöst werden kann und zugleich auch vergegenwärtigt, wie technisches Tun mit anderen kulturgeprägten Handlungen verstrebt ist. Versteht man, was legitim ist, die Technik als *einen* Kulturbereich, so ist dieser mit anderen Kultursystemen verquickt, wovon es insbesondere zwei solcher Kulturgebiete sind, die den Verlauf und das Fortschreiten der Technik mitbestimmen: die Wissenschaft und die Wirtschaft.

Nach landläufigen Vorstellungen bilden Wissenschaft und Forschung die Grundlage für die Technik, die das anwendet, was die Wissenschaft „ausgedacht“ hat. Das Schicksal der Technik ist daher an die Wissenschaft geknüpft, aber umgekehrt gilt genauso, daß der Fortgang der Wissenschaft von technischen Neuerungen abhängt. Letzteres wird oft übersehen, Technik und Wissenschaft sind wechselseitig aufeinander angewiesen. Entscheidende – methodische – Schrittmacherdienste werden dabei von dem Experiment geleistet, das einer unstillbaren Experimentierfreudigkeit entstammt. Das Experiment hat den Technikgigantismus unserer Tage nicht bloß wohlwollend begleitet, sondern überhaupt erst möglich gemacht. Im Gefolge davon ist es zu der schon anderwärts herausgestellten *Verkünstlichung der Natur* gekommen, die zu einem einzigartigen Experimentierfeld entartet ist. Der Drang, möglichst alles dem Experimentieren, der Technisierung „freizustellen“, läßt sich offensichtlich nicht nennenswert beschneiden, wie die jüngsten Höhenflüge der *Gentechnologie* andeuten. Man glaubt, nun endlich einen alten Menschheitstraum erfüllen zu können, die künstliche gentechnologisch manipulierte Herstellung des Menschen, ganz nach dem Bilde des Menschen. In dieser Neuschöpfung des Menschen kulminiert alles bisher Dagewesene an Experimentierbereitschaft und technologischer Verfügungsmacht.

Solche Aus- und Eingriffe wären allerdings unmöglich, würde die Technik nicht mit einer anderen Kulturpartnerin liebäugeln, der *Wirtschaft.* Der hybride Technikwahn wäre ohne Unterstützung der Wirtschaft nicht finanzierbar, wobei auch hier ein gegenseitiges Interessengemenge vorhanden ist: Die Technik benötigt zur Realisierung ihrer hochtrabenden Pläne potente Geldressourcen, und die Wirtschaft kann wiederum von technisch erzielten Neuerungen profitabel gestärkt werden. So wäscht, um es lax zu formulieren, eine

Hand die andere, arbeiten sich Technik und Wirtschaft beiderseitig zu – das Beispiel *Rüstungsindustrie* mag stellvertretend für andere und ähnliche stehen. Die mit den Maßstäben der Vernunft nicht mehr nachzuvollziehende technologische Aufrüstung, die Heerschar von Waffentechnologien, die etwa während des Golfkrieges telegen präsentiert wurde und Krieg endlich *auch* als ein nicht alltägliches Fernsehspektakel decouvrierte, ist nur möglich durch den Pakt von Wissenschaft, Kapital und Technik.

Dieses Beispiel ist nicht zufällig gewählt, weil es sehr drastisch verdeutlicht, wie sehr diese Art der Industrie, Industrieforschung und -technologie die Umwelt belasten. Denn die Millionen und Abermillionen gehorteten, längst vom technischen Fortschritt eingeholten Sprengköpfe und alles atomare Arsenal warten, rostansetzend, darauf, vernichtet zu werden und die Bewohnbarkeit der Erde noch mehr zu gefährden.

Wissenschaft und Ökonomie sind Bündnispartnerinnen der Technik und wie diese kulturelle Erscheinungen. Ganz offensichtlich ist jedoch nicht jede Kultursphäre so eingerichtet, daß sie automatisch die Konsequenzen bestimmter Handlungen einkalkuliert. Die Technik wird auch deshalb unter starken Beschuß genommen, weil sie sich zu wenig bzw. gar nicht um die Verwendung ihres „Outputs" bekümmert. Ihr wird die Entbindung von einem anderen Kultursystem, der Moral nämlich, vorgeworfen. Die Technik, die das menschliche Handeln teilweise radikal verändert hat, wird der Verantwortungslosigkeit geziehen, und ebenso flugs wird nach einer Moral gerufen, die über die Folgen der Technik nachdenkt und das betreibt, was heutzutage allerorten betrieben werden soll: *Technikfolgenabschätzung*.

Die Läuterung der Technik soll also durch Moral geschehen, die im Kulturganzen einen Tragpfosten darstellt, ohne die Gewißheit zu haben, daß moralische Expertisen, Ideale und aufmunternde Appelle wirklich dem „Geist" der Technophilen widerstehen können. Unbenommen ist dagegen die kulturelle Komplexität der Technikproblematik, die den Homo Oecologicus *substantiell* herausfordert. Wodurch aber kann er diesen Herausforderungen begegnen?

Worauf es ihm ankommen muß, ist die Einsicht, daß die Technik, im Verein mit der Wissenschaft, eine *kulturelle* Deutungsmacht ist, die über unsere Zugangsweisen zur Welt entscheidend befindet. Daher *muß* Homo Oecologicus, seinem „Überlebenstrieb" gehorchend, den Sinn der Technik befragen, der von der Technik selbst nicht vorgegeben wird. Einmal mehr hat er sich als Deuter zu betätigen und auch als Widerständler, der nicht bereit ist, alles hinzunehmen, was ihm die Technik „vorsetzt“.

Allerdings, er wird wachsam genug sein, um die Parole „Zurück zur Natur!“ angesichts einer nicht mehr rückgängig zu machenden weltumfassenden Technologie als das zu enttarnen, was es ist, ein intervallmäßig wiedergekäuter Anachronismus.

Dieses Motto weckt zweifellos Wehmut, stellt aber keine ernstzunehmende Lösung dar, seitdem gewiß ist, wie sehr die dort gepriesene Natur auch technisch, d. h. künstlich gestaltet ist. Das Natürliche an der Natur und das Technische sind bisweilen gar nicht mehr säuberlich auseinanderzuhalten, sie sind unentwirrbar miteinander vermischt. Der Mißbrauch der Technik, der jederzeit möglich ist und auch stattfindet, kann nicht durch antiquierte Formeln und Maximen gestoppt werden, wahrscheinlich auch nicht durch ein Immer-Mehr an technologischen Projekten. Die Negativfolgen der Technik lassen sich nicht technologisch auffangen und abfedern.

Geboten ist ein *Einstellungswechsel* gegenüber der Technik, der u. a. auch den Irrtum auszumerzen hätte, daß der Mensch ein *Störfaktor* der Technik, gleichsam ein unliebsamer Betriebsunfall derselben sei. Ein Technikverständnis, das der Natur in der Manier von Eroberungsfeldzügen entgegentritt, diese zu einem Sortiment an Vorräten zusammenschrumpfen läßt und mit Hilfe ihrer Interventionen ehemals intakte Ökosysteme versehrt, kann nicht ad infinitum triumphieren. Eine solche eindimensionale Technik darf nicht verlängert werden, sondern es geht um die Befreiung von einer derartigen Technik. Das erfordert Mut. Ob Technik mit Folgerichtigkeit den Menschen verroht, wie Karl Jaspers geglaubt hat, und die Ökokrise noch erweitert, das hängt von einem Bewußtseinswandel ab, den Homo Oecologicus wahrscheinlich dadurch vollziehen kann, daß er im ursprünglichen Sinne *Kulturmensch* wird – indem er nicht nur seine Seele pflegt (vgl. die ursprüngliche Bedeutung von „cultura animi“), sondern auch die Natur – und zwar so, daß er sie kraft seiner Erfindungsgabe pfleglich behandelt, daß sie nicht von einer rücksichtslosen Herrschaftslogik, sondern eher von einer dienenden, coexistenzialen Moral „gelenkt“ wird, welche die Natur technisiert – z. B. in Gestalt von Umwelttechnologien –, aber nicht um den Preis der Entmenschlichung.

In summa: Homo Oecologicus katapultiert sich nicht aus der Technik heraus – das wäre absolut tödlich; er verherrlicht sie aber auch nicht. Sondern er versucht, sie so zu *humanisieren,* daß sich die *unverzichtbare* Verkünstlichung der Natur an moralischen und ästhetischen Prinzipien messen lassen muß. Ehe diese ausführlicher beschrieben werden, soll noch eine fußnotenartige Anmerkung zur Stellung der Wissenschaften in hochpluralistischen Gesellschaftsformen vorgeschoben werden. Denn, so wurde gesagt, Technik und Wissenschaft arbeiten Hand in Hand.

Nicht nur von einem „technologischen Zeitalter" wird geredet, dessen uneingeschränkte Rechtfertigung unsere letzten Ausführungen jedoch anzweifeln konnten, zugleich ist die Charakteristik unserer Gesellschaft als „Wissenschaftsgesellschaft" (Kreibich) vertraut. Damit will gesagt sein: *Die Wissenschaft ist Entwicklungsmotor, die Produktivkraft der Gesellschaft.* Die Wissenschaft, oft als die eigentliche unvergleichliche Hochform menschlicher Rationalität gepriesen, ist es, von welcher weitgehend der Fortbestand der Gesellschaft abhängig gemacht wird. Die vielberufene *Verwissenschaftlichung*, die sowohl die Natur wie auch die Gesellschaft umfaßt, also alles und alle angeht, was auf dieser Erde, aber auch außerhalb von ihr im Weltraum beispielsweise geschieht, kennzeichnet die Ausnahmestellung der Wissenschaft in unserer Gesellschaft. Kaum etwas scheint sich den wissenschaftlichen Zugriffen entziehen zu können; fast alles, mit dem wir in unserem Lebensalltag in Berührung kommen, ist vermittelt durch wissenschaftliche Erkenntnisse.

Erlaubt das jedoch den Schluß, daß sich eine durch hochgradigen Pluralismus gekennzeichnete Gesellschaft wirklich und unabwendbar dem Wissenschaftsprimat zu beugen hat? Argumentiert man hier ähnlich wie bei der Technikproblematik und dem des „technologischen Zeitalters", dann ist die Antwort schnell gefunden: Nein! Die Wissenschaft ist nur eine Kulturprovinz von anderen und muß, wo sie totalitär und monopolistisch wird, sehr kritisch und mit Argusaugen betrachtet werden. Auch nicht-wissenschaftliche Kulturgebiete haben ihre Eigenrechte sowie Leitungs- und Orientierungspotentiale. Warum sollte also die Wissenschaft um jeden Preis diese unumschränkte Leitfunktion übernehmen, wo doch auch ganz andere und zusätzliche Rationalitätsformen existieren, die außerwissenschaftlich verankert sind und daher nicht „schlechter" und „wertloser" als jene sein müssen? Hat nicht gerade unsere Auseinandersetzung mit der naturwissenschaftlich *gedeuteten* Natursicht erhellen können, wie einseitig die wissenschaftliche Wahrnehmung sein kann, so daß geradewegs andere Blickwendungen notwendig sind?

Den Gedanken fortgesponnen: Der interne Blick in das Wissenschaftsgefüge klärt alsbald darüber auf, daß die Wissenschaft *die* Wissenschaften sind und keine starr gezurrte Einheit im strengen Sinne bilden. Den Wissenschaften ist seit den frühesten Anfängen der Pluralitätskeim in ihre Disposition codiert worden, was neuzeitlich die konventionellen Gebietseinteilungen in Natur-, Geistes- und Sozialwissenschaften bestätigen. Aber auch innerhalb einer Einzelwissenschaft, z. B. der Soziologie, prallen die unterschiedlichsten Konzepte auf- und gegeneinander, wechseln Dissens und Konsens. Pluralität ist die Regel, Wissenschaften sind nicht bloß ein beispielloses „Neugierdeunternehmen“ (Fink), sondern auch ein grandioses Pluralitätsunternehmen. Von dieser Pluralität wird folglich auch das Wahre betroffen, welches die Wissenschaften erkennen wollen.

Die Wahrheitskonzeption, auf die sämtliche Wissenschaftlerinnen und Wissenschaftler dieses Globus den Treueeid ablegen würden, ist nicht existent. Das Wahre ist ebenso vielfältig wie die von der Wissenschaft erforschte Wirklichkeit, die, worüber nicht allein der „Konstruktivismus“ instruiert, sondern auch die neuerdings an Reputation zulegende Chaosforschung, ganz unterschiedlich konstruiert und strukturiert werden kann und nichts von jener Homogenität an sich hat, die ihr häufig unterstellt wurde.

Dies hat u. a. auch zur Folge, daß die Wissenschaften dem Absolutheitsdenken gegenüber allergisch werden. Die Gleichzeitigkeit des Ungleichzeitigen, die Resistenz älterer Errungenschaften wie die Entstehung neuer, sich stets überholender Erkenntnisse charakterisieren die Wissenschaftssignatur. Eine stark ausdifferenzierte pluralistische Gesellschaft wird sich zudem gegen die Überwucherung durch Wissenschaft sträuben müssen.

Der Homo Oecologicus muß daher weder der Technik noch der Wissenschaft und ihren Rationalitäten unbedingt und kategorisch die Stange halten, in einer „offenen“ und dynamischen Gesellschaft hat er auch die Möglichkeit, andere Orientierungsträgerinnen zu Rate zu ziehen, was zur Abwendung der Ökokrise von Vorteil sein *könnte.*

5.4.3 Die Moral des Homo Oecologicus

Vorspann

Der Homo Oecologicus ist von Grund auf ein „natürliches“ Kulturwesen, er ist Natur und Kultur in einem und zugleich. Dasjenige, was in allen Gesellschaften dieser Erde als eine tragende Stütze von Kultur fungiert, ist die *Moral*, die für menschliche Praxis unentbehrlich ist. Wenngleich nicht jede Betätigung in jedem ihrer Augenblicke und Situationen moralisch ist, so kann schwerlich deren sich in Normen, Werten, Regeln niederschlagender moralischer Charakter verkannt werden. Immerfort werden moralische Werturteile gefällt, die eine Handlung als „gut“, eine andere als „böse“ qualifizieren.

Die ökologische Krise, die selbst ja eine Wertung mit hohem moralischen Gehalt bezeichnet, schärft ganz dramatisch den Blick für die Moralität menschlichen Tuns – und zwar in zwei Richtungen: Zum einen wird diese Krise als Folge menschlichen Fehlverhaltens, als ein (moralisches!) *Übel* der gegenwärtigen Menschheit aufgefaßt und zum zweiten wird weithin unterstellt, daß diese Krise durch eine moralische Bewußtseinsveränderung therapiert werden müsse. Eine „falsche“ Moral stürzt danach die Menschheit in die Krise – und eine „richtige“, „angemessene“ Moral soll sie aus dem Sumpf ziehen. Die Moral spielt offensichtlich das Zünglein an der Waage.

Von der Medizin weiß man seit den Tagen des Hippokrates, daß Krisen zweischneidig sein können; sie können durch adäquaten Mitteleinsatz den Patienten gesunden lassen oder aber auch todbringend sein. Mit einem ähnlich gelagerten Phänomen hat man es bei der ökologischen Krise zu tun; denn auch sie *kann* ins Gesunde, Positive, aber auch in das Tödliche, Negative gewendet werden. Fast alle Zeitkritiker, Auguren und Zukunfts„forscher“ sind, was selten genug vorkommt, der einhelligen Meinung, daß die Rettung aus dieser Krise, die ökologische Gesundung der Gattung Mensch entscheidend von einer neuen Moral bzw. allgemeiner von veränderten moralischen Haltungen abhängig ist.

Wenn sich Homo Oecologicus als Krisenentschärfer bewähren *will*, was er ja tunlichst soll, dann *muß* er, gemäß dieser Argumentation, eine *spezifische* (eben heilbringende!) Moral aufbringen.

Von daher liegt es nahe, den Homo Oecologicus als Homo Humanus zu porträtieren – und: *Indem der Homo Oecologicus als moralisches Wesen vorgestellt wird, rührt man an dessen Substanz überhaupt.* Denn das Moralische ist nicht irgend etwas, das dem Homo Oecologicus zugeschrieben, anempfohlen und vorgeschrieben wird, sondern es hat ihn ganz und gar zu durchstimmen, es ist – in bildlicher Redeweise – sein Herz, das seine Daseinsgestaltung „steuert“. *Homo Oecologicus gewinnt seine Identität entscheidend durch seine Moral, über die er sich existenziell definiert.*

Was aber ist das für ein Moralverhalten, das ihn prägen soll? Vermutlich kann es doch nicht irgendein x-beliebiges sein? Sehr wahrscheinlich wird es eine besonders hochstehende Moralform sein, die zu praktizieren unbeirrbare Einstellungen voraussetzt, langen Atem nötig macht und wirklich *erworben* werden muß. Würde es sich nämlich um eine leicht, d. h. recht mühelos und bequem einzuübende Moral handeln, dann stünde es sicherlich „besser“ um die Menschheit, wäre die ökologische Krise kein Alptraum.

Ehe darauf direkt geantwortet wird, erfolgt eine mehr indirekte, jedoch nicht vom Weg abschweifende Notiz, die einmal mehr Terminologisches betrifft, dann aber auch ins Engere, ins Sachliche hineinweist. Im folgenden werden wir ständig mit zwei Grundkategorien operieren, der Moral und der Ethik, die beide aufeinander hingeordnet sind.

Während die Moral eine auf spezifischen Werten und Normen fußende Praxis, ursprünglich die *Sitte* meint, die die konkreten Handlungsmuster ordnet und gestaltet, ist die Ethik jene Instanz, die über die Moral nachdenkt. Die Ethik ist die Reflexion, die Theorie der Moral – eigentlich müßte man sagen: der *Moralen*, weil sich eine Vielfalt von Moralpraktiken herausgebildet hat. Weder die Moral noch die Ethik sind für sich singulär verfaßt, die Normalität ist der moralische und ethische Pluralismus, der u. a. aus der Kulturmannigfaltigkeit hervorgeht. So viele Kulturen, so viele Moralen und Ethiken, ohne daß daraus notwendig auf einen ins Beliebige gehenden Relativismus zu schließen wäre.

Eng benachbart ist den Begriffen der Moral/Ethik das *Ethos*, dem originären Wortstamm von Ethik, der zunächst Gewohnheit und Brauch bedeutet, dann aber ein durch Übung und Einsicht zur Gewohnheit gewordenes Handeln nach Grundsätzen und Wertungen umfaßt, mit denen das Gute realisiert werden soll. Jeder moralisch Agierende besitzt ein Ethos, etwas, das dem zumeist in der Wissenschaft aus der Mode gekommenen Wort Charakter nahekommt. Zudem ist Ethos heute an die berufliche Tätigkeit geknüpft. Der Arzt, die Lehrerin, die Richterin oder auch der Metzger, der Krankenpfleger, der Bäcker, sie alle folgen einem bestimmten Berufsethos.

Also: Die Ethik befaßt sich mit der Moral *und* dem Ethos, aber auch mit der Moralität und der Sittlichkeit. Während die Moral das konkrete Tun bezeichnet, liegt die *Moralität* auf einer abstrakteren Stufe, sie ist das *Prinzip*, der *Sinnanspruch*, an dem sich die Praxis bemessen lassen muß. Das heißt auch und zugleich: Über die Abweichungen von der zu sollenden Moral befindet maßgeblich die jeweilige Vorstellung von Moralität, durch die sich im übrigen auch Ethiken unterscheiden lassen. Im Vergleich zur Moralität ist Sittlichkeit wiederum das Konkrete, nämlich die praktizierte Lebensform, die sich in Sitte und Institutionen formt, die Sittlichkeit hat ihren Grund im empirischen Leben, sie ist davon, anders denn die Moralität, nicht abgehoben, ihr Boden ist ein *lebensweltlicher*, wie die Moralphilosophie eines Aristoteles bis hin zu Hegel und neueren Ansätzen zeigt.

Mit Ethik, Moral, Ethos, Moralität, Sittlichkeit, dem „Guten" und „Bösen" ist das Begriffsfeld umrissen, das fortan tonangebend sein wird. Moral/Ethik stellen eine besondere Sphäre des Menschseins dar, für die in jahrhundertelanger Tradition sogar ein ureigener Begriffsapparat erstellt wurde. Die Moral hat eine eigene, nur ihr zukommende Sprache (vgl. dazu Hare 1972). Moral/Ethik antworten auf die bedrängende, klassisch so formulierte Frage: „Was soll ich tun?", die, nimmt man Kants Spuren auf, in die alles übergreifende Frage einmündet: „Was ist der Mensch?" Wer sich in der Ethik/Moral orientieren will, der tut dies danach immer vor einem anthropologischen Hintergrund. Bilder des Menschen *stehen* in einem nur zu auffälligen Ordnungsgefüge mit der Ethik/Moral. Und beide: die Ethik wie auch die Anthropologie als „Menschenbildanthropologie", konvergieren, trotz ihrer unvermeidlichen Allgemeinheit, im Aspekt der *Lebensführung*.

„Wie *soll* ich mein Leben führen?", das ist die eminent praktische Frage, auf die auch Homo Oecologicus eine Beantwortung sucht – und es ist diese Fragestellung, die seit unzähligen Generationen stets aufs neue die Ethik zu Reflexionen unterschiedlichster Art angetrieben hat. Davon gibt im übrigen schon die antike Philosophie mannigfache Rechenschaft ab, und bereits dort hat sich herausgestellt, daß über das „richtige" und angemessene Moralverhalten trefflich gestritten wurde, unvergeßlich die „Streithähne" Platon sowie die Sophisten, aber auch Aristoteles. Der geniale Schüler Platons hatte keine Scheu, diesen zu attackieren und eine Ethik zu entwerfen (insbesondere nachzulesen in dessen ›Nikomachischer Ethik‹ als seiner ethischen Hauptschrift), die in der Erfahrungswelt der Polis wurzelt und sich nicht mit der metaphysischen Ideenlehre seines Meisters Platon vereinbaren läßt.

In der griechischen Philosophie blüht bereits eine abwechslungsreiche ethische Streitkultur, die sich dem Gedanken einer öden ethischen Monolandschaft aufs heftigste widersetzt. Nicht Uniformität, sondern ethische Pluralität ist bereits *das* Signum antiker Ethik, die sich in der Neuzeit, vornehmlich auch in der Gegenwart verschärfte und einer gewissen Unübersichtlichkeit Platz gemacht hat, weshalb ständige Ordnungsversuche angebracht sind (vgl. dazu Pieper 1993).

Jedoch kann es hier überhaupt nicht Sache sein, sich auf interne Fachdiskussionen einzulassen, etwa über transzendentalphilosophische Letztbegründungen der Moralen und Ethiken zu räsonieren oder aber metaphysische Höhenflüge zu starten oder akribische Sprachanalysen anzustreben oder eine neuerliche ehrerbietende autoritätsgläubige Exegese der großen Moralphilosophen Kant, Hegel oder Schopenhauer und Nietzsche zu betreiben – auf all das kann und muß hier verzichtet werden. Es ist „nur“ um die vordergründige *Moralbeschreibung* des Homo Oecologicus zu tun, wiewohl *eine* Trendanzeige nicht gänzlich verschwiegen werden sollte, weil sie schnurgerade zum Homo Oecologicus überleitet.

Die neuzeitliche Ethikdiskussion, so stellten wir u. a. fest, steigert, im besonderen in diesem Jahrhundert, das von der Antike vorgegebene ethische Pluralitätsangebot beträchtlich, ohne daß dadurch das griechische, dann aber auch das römische Erbe in toto für alle Zeiten begraben worden wäre bzw. werden könnte. Was sich in den Wandlungen und Umorientierungen u. a. wesentlich ausgebreitet hat, ist die Zunahme an *speziellen Ethiken,* an *Sonder- und Bereichsethiken.* Fast alle menschlichen Handlungsfelder haben ihre relativ autonome(n) Ethik(en): das ärztliche Tun ebenso wie das juristische, das Wirtschaften nicht minder als das Sexualverhalten, das Sporttreiben und Spielen ebenso wie das erzieherische oder religiöse Handeln. Bezeichnend ist nun, daß seit ungefähr zwei Jahrzehnten die an sich als langweilig und spröde sowie einfallslos abgetane, da häufig bloß Traditionelles wiederkäuende Ethik rehabilitiert wird und sich eines kaum zu erwartenden Zuspruchs erfreuen kann.

Allüberall wird nach möglichst *neuen* Ethikdiskursen gelechzt, der Ethikbedarf scheint ins Unermeßliche zu wachsen, längst ist er über das Stadium der geduldigen und papierenen Feiertagsdeklarationen hinaus. In ökonomischer Diktion: *Die Ethik boomt – nach wie vor unaufhörlich.* Bewährte und angehende Wirtschaftsmanager müssen sich vermehrt ethischen Grundkursen unterziehen, die immer wieder einmal geforderte, längst überfällige Reformierung des Medizinstudiums will die medizinische Ethik zum Prüfungsfach machen, kurzum: Die Ethik legt, wovon sie vor 30 Jahren kaum zu träumen wagte, an Reputation mächtig zu, sie ist im Kanon der akademischen Disziplinen, aber auch außerhalb dieser, wieder „wer“.

Und kein schwer zu hütendes Geheimnis ist es, daß die Ethik gerade im Zeichen der ökologischen Krise aufblüht und reaktiviert wird. Die unaufhaltsam anschwellende „Ökoliteratur“ ist zu einem ganz hohen Prozentsatz ethisch ambitioniert, in ihr wimmelt es nur so von flammenden Appellen und Forderungen. Das Bestreben, die Ökokrise auf ihre ethischen Achillesstellen hin zu durchleuchten, ist an der Tagesordnung und beschränkt sich keinesfalls auf die Ethik als einer philosophischen Disziplin. Aber auch dort, also in den Gemarkungen der Philosophie, ist die Umweltkrise seit einigen Jahren zu einem ethischen Dauerthema avanciert, das es immerhin fertiggebracht hat, der Philosophie eine neue Sonderethik zu bescheren, die *ökologische Ethik,* die zuweilen auch unter den Titeln *Umweltethik, naturnahe Ethik* oder *Bioethik* firmiert.

Dieser Typus wird von dem Bemühen angetrieben, das *Mensch-Natur-Verhältnis* ethisch auszuloten und angemessen zu begründen. Die Natur im Sinne des Nicht-Menschlichen wird ausdrücklich in diese Ethik einbezogen, und vieles spitzt sich in die Frage zu, ob die Natur wie die Menschen/Menschheit ein moralisches Eigenrecht beanspruchen kann und darf. In der ökologischen Krise driften bekanntlich Mensch und Natur so meilenweit auseinander, daß vielfach geglaubt, gehofft und argumentiert wird, nur ein „richtiges" Moralverhalten könne diese Risse kitten. Der ökologischen Ethik obliegt folglich die Antwort auf die Frage, wie man sich angesichts der ökologischen Krise moralisch integer verhalten soll.

Es wäre schon mehr als wundersam, würde die ökologische Ethik, von vielen als eine Lebensretterin der Menschheit auserkoren, auf den mißlichen Krisenzustand einmütig, frei von Dissens antworten. Nein: Wunder gibt es auch in der Ethik nicht, selbst keine kleinen! Die Diskussionslage ist vielmehr kontrovers – und zwar bereits fundamental in der Auffassung, ob denn die ökologische Ethik zu Recht einen Sonderstatus in Anspruch nehmen könne, nämlich als Bereichsethik zu fungieren wie die medizinische Ethik, Wissenschaftsethik und andere mehr oder ob die Umweltproblematik nicht als *ein* Sektor in die allgemeine Ethik zu integrieren sei.

Die einen meinen, daß die ökologische Krise dermaßen viele neuartige Themen aufwerfe, denen man nur durch eine eigenständige Ethikform gerecht werden könne, während die anderen darin lediglich Problemerweiterungen der „alten" Ethik erblicken. Und unter denen, die für eine relativ selbständige ökologische Ethik votieren, lassen sich ebenfalls verschiedenartige, *pluralistische*, zum Teil gegeneinander gestellte Standpunkte ausmachen.

Wählt man als Unterscheidungskriterium die Beantwortung der Generalfrage, inwieweit der Natur im Sinne des Nicht-Menschlichen eine moralische Eigenwertigkeit zukomme, so reicht das Spektrum von der Überzeugung, daß ausschließlich der Mensch ein moralisches Eigenrecht genieße (= „anthropozentrische“ Position), bis hin zu dem Glauben, dies allem, was sich in der Welt befinde, auch dem Anorganischen, zu attestieren (= „holistische Position“). Zwischen diesen beiden Extremen können weitere Ansätze lokalisiert werden, die prinzipiell leidensfähigen Kreaturen moralische Anrechte gewähren wollen (= „pathozentrische“ Position) bzw. sämtlichen Kreaturen ein moralisches Recht einzuräumen gedenken, allein auf Grund der Tatsache, daß sie leben (= „biozentrische“ Position). Daß sich innerhalb dieser Positionierungen nochmals Differenzen auftun, braucht kaum weiter ausgeführt zu werden.

Wichtiger ist die Tatsache, daß eine ökologische Ethik unmittelbar mit der Moral des Homo Oecologicus zusammenhängt, der – gemäß unserer These – als Geschöpf der ökologischen Krise eine bestimmte Moral zu internalisieren hat, mit der er sich gegenüber Anfechtungen wappnen kann, die zugleich das Ihrige dazu beitragen soll, die ökologischen Sündenfälle möglichst erfolgreich abzuwenden. Die Moral verweist auf die „innere Natur“ des Menschen, die offenbar von der „äußeren“ nicht abspaltbar ist. *Innere und äußere Natur stehen in einem engen Bezug. Die innere moralische Natur hat dafür zu sorgen, daß die Beschädigungen der äußeren Natur gestoppt und begradigt werden.*

Welche Moral kann aber mit einiger Aussicht auf Erfolg der Umweltkrise trotzen? Das ist die Gretchenfrage, mit der Homo Oecologicus konfrontiert wird.

Prämissen einer co-existenzialen Moral

Das derzeitige Angebot an Ethikkonzepten ist nicht eben gering, die ökologische Krise hat – ethische! – Besorgnis geschürt, ohne daß man jedoch so vermessen sein könnte, einen Ansatz zu verabsolutieren und als der Ethik Weisheit letzten Schluß zu bewerten. Davor sollte man sich tunlichst hüten und außerdem hätte eine solche *Superethik* etwas Gewaltsames an sich, würde sie sich doch zum unangreifbaren Maßstab für alle anderen machen und dadurch auch ein Oktroi auf diese ausüben.

Die hier zu skizzierende co-existenziale Moral/Ethik ist von derartigen Allmachtsansprüchen sternenweit entfernt, sie ist sich vollauf bewußt, daß sie nur *eine* von vielen anderen Möglichkeiten darstellt. Dennoch, was keineswegs im Widerspruch dazu steht, ist sie überzeugt, daß das Praktischwerden dieser Moral auf jeden Fall schadensbegrenzend zu wirken vermag.

Wenn Homo Oecologicus ein *Leitbild* für vernünftiges menschliches Agieren sein will, dann *muß* er moralisch kompetent sein, wobei der co-existenzialen Moral zugetraut wird, dies zu leisten. Was hat es im genaueren mit ihr auf sich? Dazu vorab fünf Hauptprämissen:

Die erste: Die ökologische Krise lehrt mancherlei über das menschliche Verhalten, weshalb sie auch *anthropologisch* so interessant ist. Sie kann u. a. den Blick dafür schulen, daß Menschen äußerst zwiespältige Wesen sind. Auf der einen Seite wird die Natur liebevoll gehegt und gepflegt, auf der anderen Seite wird sie gnadenlos ausgebeutet. Mal werden Tiere als Haustiere verhätschelt und fürsorglich behandelt, werden z. B. Hunde als Lebenspartner bezeichnet, mal werden Tiere gedanken- und skrupellos im Überfluß vernichtet. Auf eine allgemeinere Ebene gehoben, verbirgt sich hinter diesem Exempel eine tiefe *Ambivalenz* des/der Menschen, die durch sein/ihr Dasein hindurchgeht, ihn/sie *konstitutionell* trifft. Der Mensch geht nicht nahtlos in der Welt auf, er muß sich zu ihr verhalten und dieses Verhalten ist von Grund auf ein merkwürdig schillernd-ambivalentes.

Für die Moral bedeutet das u. a. auch: Der Mensch kann um das Gute wissen und doch konträr dazu handeln, er kann zu einsichtsvollem Umweltbewußtsein auffordern und dafür plausible Argumente benennen und im gleichen Atemzug umweltschädigend agieren. Der Mensch ist also immer nur der *Möglichkeit nach* ein moralisch unbestechliches Wesen, er ist stets gefährdet, sich in den Fallstricken des *Bösen* zu verfangen. Logischerweise wird man sich schwertun, Homo Oecologicus von dieser Ambivalenz freizusprechen. Aber: Als Leitbild fungierend, versucht er im Wissen um diese seine Gebrochenheit das moralisch Gute anzustreben, wo immer es nur geht.

Die zweite: Das Substantiv *„Co-Existenz“* besagt zentral, daß der Mensch ein *Lebewesen* im wahrsten Sinne des Wortes ist. *Existieren meint Leben, und Leben meint „leiben“.* Menschen sind leibgebunden. Die allerelementarste Auszeichnung des Menschen ist die, daß er ein Lebewesen ist, das einen Anfang und ein Ende hat. Eigentümlich ist, daß er sich, als Kulturgeschöpf, auch zum Leben verhalten muß: Er kann es, einer Spruchweisheit gemäß, als das „höchste Gut“ ansehen, und dann wird er es wahrscheinlich schonend behandeln, sich inständig um dessen Unversehrtheit bekümmern – genauso denkbar ist aber auch, daß mit dem Leben rücksichtslos umgegangen wird, bis hin zur völligen Mißachtung. Das Leben kann einen Höchstwert darstellen, zugleich als wert-los degradiert werden. Leben kann aufgebaut *und* vernichtet werden; man kann es so geringschätzen, daß es vorzeitig, auf „unnatürliche Weise“ beendet wird, man kann es auch über Gebühr „künstlich“ verlängern oder aber man kann das eigene Leben dem Fortleben anderer opfern.

Das Entscheidende bei alledem ist: Die Co-Existenz verweist ursprünglich auf das Leben, demgegenüber man sich in vielfältiger Form verhalten kann und muß, womit auch ethisch bedeutsame Wertungen einherspielen. Nicht zufällig genießt der Begriff der *Lebensführung* einen der höchsten ethischen, aber auch pädagogischen Rangplätze. Wir Menschen sind dazu verurteilt, unser Leben führend in die Hand zu nehmen.

Auf Homo Oecologicus geschaut, ist sich dieser seiner Lebensführung voll bewußt. Ohne weiteren Pointen vorgreifen zu wollen, nimmt er einen ganz entschiedenen Standpunkt dem Leben gegenüber ein; denn er will nicht bloß überleben, er ist bemüht, *gut zu leben.* Und dazu gehört, daß Homo Oecologicus das Leben liebt; er ist ein *biophiler Mensch.*

Dies schließt wiederum ein Zweifaches ein: *Für Homo Oecologicus gibt es generell keine unwerten Lebensformen. Das Leben an sich erscheint ihm als werthaftes, dem Achtung entgegengebracht werden muß.* Homo Oecologicus weiß sich unaufhebbar in ein Naturgeschehen verwoben, er teilt die „Natürlichkeit“ mit anderen nichtmenschlichen Lebewesen, die er ebenfalls achtet, weil sie, wie er, Kreaturen sind.

Als biophiles Wesen konstruiert, gesteht Homo Oecologicus demnach auch nicht-menschlichen Geschöpfen Lebensbedürfnisse zu – freilich in der festen Gewißheit, daß der Mensch, zur Vernunft begabt wie kein anderes Lebewesen außer ihm, trotz seiner Verstrikkungen in den Naturprozeß der „natürlichen“ Natur keine Ethik entreißen kann. Prinzipien wie die der Moralität können nicht aus der Natur herausdestilliert werden, sie entspringen vielmehr der Menschenvernunft und nur der Mensch ist zur Moralität befähigt. In diesem spezifischen Sinne ist und bleibt Homo Oecologicus Anthropozentriker.

Die dritte: Das Schlüsselwort Co-Existenz hat Verweisungscharakter in eine noch andere Richtung, die dem Präfix „Co-“ innewohnt. *Leben, Existieren bedeuten danach Mit-leben, in Gemeinschaften, Sozietäten, Verbänden, Völkern, Nationen leben. Co-Existenz verweist elementar auf den und die anderen.* Das Ich verdankt sich stets anderen, das Leben wird geschenkt. Ego ist nicht der originäre Schöpfer des eigenen Lebens, zu dessen Gestalter es dann werden muß und soll. Ego ist aufgrund von Alter. Ich ist ein *Geschöpf* der Co-Existenz, immer steht das Ich in Beziehung zu den anderen – und das lebensüberdauernd, selbst nach dem Tode sind es andere, Blutsverwandte oder Freunde, welche die Erinnerung an das besondere Ego wachhalten, so daß, wie die Alltagssemantik es ausdrückt, Ego in anderen fort-lebt.

Umgekehrt „begleiten" andere Ego im Diesseits. In das Ich geht stets Überindividuelles, Allgemeines, eben Co-Existenziales ein. Das individuelle Ich ist auch, mag es sich manchmal noch so exzentrisch oder egozentrisch gebärden, „allgemeines" Ich. Das Ego ist auf das Dasein von Alter angewiesen, nicht nur um die „ersten Schritte ins Leben" unternehmen zu können, sondern überhaupt, um sich als dieses einmalige Ich wahrnehmen, sehen und befinden zu können.

Dieser Gedanke der Co-Existenz setzt sich in Homo Oecologicus fest. Wie und auf welche Weise dies Konsequenzen für sein Moralverhalten hervorbringt, das wird wenig später beispielhaft durchdekliniert werden müssen.

Die vierte: Wo solchermaßen die Co-Existenz zum Drehpunkt wird, ist es unausbleiblich, daß sich bestimmte ethische Phänomene in den Mittelpunkt schieben, u. a.: Solidarität, Mitverantwortung, Kooperation, Toleranz, Rücksichtnahme und dergleichen mehr; sie alle zwecken darauf ab, Co-Existenz ethisch auszulegen, was ein generell unabschließbares, offenes, immer wieder neu zu bewältigendes Unterfangen ist. Zweifelsfrei ist Co-Existenz selbst ein Leitwert, der multipel gebaut ist, weil er aus mehreren Prinzipien, Ideen und Maximen zusammengestückt wird.

Die Parteinahme für eine co-existenziale Moral geschieht nicht erfahrungsunabhängig, wird nicht aus irgendeinem abstrakten ethischen System abgeleitet, sondern entstammt *reflektierten Erfahrungen und Interpretationen der Co-Existenz, des Lebens mit anderen.* Und wenn Homo Oecologicus nahegelegt wird, sich diese Form des moralischen Tuns zu eigen zu machen, so nicht, um Übermenschliches von ihm einzufordern. Viele Ethiken stellen schier unerfüllbare Erwartungen an den Menschen und sind daher in gewisser Weise unmoralisch. Davor schützt sich die co-existenziale Moral von allem Anfang an.

Die fünfte: Es wäre Ignoranz und Arroganz, würde so getan, als sei die co-existenziale Moral etwas völlig Neuartiges, bisher nie Dagewesenes und Durchreflektiertes. Das ist sie wahrlich nicht! Da in kaum einem anderen Bereich wie dem der Ethik/Moral so vieles konventionell ist, kann auch die hier favorisierte sich bestimmter

Traditionen nicht entledigen – und sie will es auch nicht, zumal die Fortschrittskategorie auf Ethik/Moral schwerlich anwendbar ist. Zwar eignet dieser Ethik eine Dynamik, aber sie entwickelt sich nicht in einem schwindelerregenden Tempo, sie co-existiert auch mit der Vergangenheit und scheut sich überhaupt nicht, dies klipp und klar zu bekennen.

Wenngleich der Terminus technicus einer „co-existenzialen Moral“, respektive „Ethik der Co-Existenz“ m. W. bisher nicht in der ethischen Nomenklatur geführt wird, so ist die Vorstellung von der Co-Existenz längst geläufig, und vor allem ist auch die Annahme des Biophilen mit seinen moralischen Konsequenzen nicht unvertraut. Letzteres steht – wohlgemerkt von der Grundidee her, nicht jedoch in der Durchführung – in einer Traditionslinie, die u. a. durch den Theologen, Philosophen, Arzt und Friedensnobelpreisträger (1953) A. Schweitzer prominent geworden ist, der in der Gegenwart eine Renaissance erfährt. Daß dies keine Laune des Zufalls ist, sondern Methode hat, dürfte schon mit Hilfe einer *punktuellen* Zusammenschau ebenso einsichtig werden wie die berechtigte Zuordnung seiner Konzeption zu einer co-existenzialen Ethik/Moral, da diese zugleich über das bislang Ausgeführte an Transparenz und Anschaulichkeit gewinnen kann. Mit anderen Worten: *Schweitzers Ethik, eingeschmolzen in eine Philosophie der Kultur, die er zu großen Anteilen während der Wirren des Ersten Weltkrieges niedergeschrieben hat, enthält Bestimmungsstücke jener Moral, die Homo Oecologicus auszuformen hat,* wobei man nicht unausgesprochen lassen sollte, daß Schweitzer, wie vor ihm Rousseau u. a., kulturkritisch ansetzt.

Nach ihm befindet sich die Kultur in einem desolaten Zustand, ist sie im Niedergang begriffen. Seine offenherzige und kompromißlose Diagnose führt die Verfallserscheinungen der Kultur auf den Moralzerfall zurück. Wo immer eine ehedem relativ intakte Moral auseinanderbricht, da wird die Kultur an ihrem empfindlichsten Nerv getroffen; denn für Schweitzer entspringt Kultur aus der Moral/Ethik. Eine Moral, die aus den Fugen gerät, bringt die jeweilige Kultur an den Rand des Abgrunds bzw. ruiniert diese überhaupt.

Wird, wie hier geschehen, die Ökokrise primär als eine Kulturkrise interpretiert, so ist die Parallele zu Schweitzer ersichtlich. Am Ausgangspunkt steht jeweils eine Krise des modernen Menschen, die sich im letzten als eine solche der Moral offenbart. Auf diese Krise wird mit dem Versuch reagiert, ein gewandeltes Moralbewußtsein und diesem entsprechende Praktiken zu fordern. Den Kulturgebrechen soll mit einer neuen Moral beigekommen werden. Der Ist-Zustand wird am Bild einer noch nicht existenten, gleichwohl „besseren" Welt gemessen.

Nach Schweitzer (1990) resultiert der drohende Kollaps der Kultur, der Moral und Wertsysteme aus der mangelnden moralischen Initiative des einzelnen, der sich von der Gesellschaft das ethische Zepter aus der Hand nehmen ließ. Der einzelne hat sich zuwenig gegen die gesellschaftlichen Gängelungen gewehrt – mit dem niederschmetternden Ergebnis, daß er immer unfreier wurde, statt aufzubegehren, wurde der bequemere Weg der Gedankenlosigkeit gewählt. Der gesellige Verkehr, der Umgang mit anderen Menschen, eine hektischer werdende „zerstreute" Lebensart ließen dazu die Mitmenschlichkeit verkümmern, die seit je Indiz von Humanität ist. Wo die Menschenwürde regieren sollte, da machte sich flächenbrandartig Inhumanität breit. Welche Moral/Ethik kann aus solchen Irrwegen herausführen? Schweitzer fragt ganz ähnlich, wie wir es mit Blick auf die ökologische Krisensituation tun, und er beantwortet sie teilweise ganz im Sinne einer co-existenzialen Moral. Weshalb?

Die biophile Ehrfurcht, Fürsorge und erweiterte Verantwortung als Kernelemente einer co-existenzialen Moral

An der Spitze seiner Ethik steht die immer wieder variierte Auffassung vom *unbedingten Willen zum Leben. Schweitzers Ethik hat den sie bestimmenden Urgrund im Leben selbst.* Hinter das Leben kann schlechterdings keine Ethik zurückgehen. Das Lebendige ist für sich genommen wertvoll und verdient Achtung sowie Respekt ohne Ansehung der Kultur- und Gattungszugehörigkeit.

„Ich bin Leben, das leben will, inmitten von Leben, das leben will" (330). Nicht nur demonstriert dieser ethische Hauptsatz unbeugsamen Lebenswillen, sondern er drückt durch die Formulierung „inmitten" zugleich die co-existenziale Konstitution aus. Dem Leben entspringen moralische Ansprüche und Zumutungen. Dem moralisch anständigen Menschen ist das Leben „heilig", er bejaht und schützt es, indem er es erhält und fördert, im Lebenswillen schlummert die „Sehnsucht" nach Weiterleben. Deshalb muß ihm die von den unseligen Euthanasiedebatten herrührende Distinktion in „wertes" und „unwertes" Leben, die gegenwärtig der australische Ethiker Singer aufflammen läßt, suspekt erscheinen. Unmoralisch handelt derjenige, der Leben schädigt und vernichtet, ihm fehlt es an dem, was Schweitzer die *Ehrfurcht vor dem Leben* nennt.

Diese Ehrfurcht bildet für Schweitzers Ethik, die nichts daran findet, Tugendkataloge und Pflichtenlisten aufzustellen, ohne in transzendentalphilosophischen Haltungen einzementiert zu werden, das Zentrum. Was er beabsichtigt, ist die Festlegung *eines sittlichen Grundprinzips*, das sich allem Relativismus gegenüber sperrt und „absolute“, d. h. wohl *universale* Geltung beanspruchen kann. *Die Ehrfurcht vor dem Leben ist das gesuchte Prinzip des Ethischen, das, entgegen anderen, die Wirklichkeit des Menschen tangiert und nicht kühn über diese hinausfliegt.*

Schweitzer kommt es auf den *empirischen* Menschen an, der sich mit der Wirklichkeit auseinandersetzt, nicht irgendein transzendentales Subjekt ist sein Adressat. Folglich verwirft er erfahrungsungesättigte Ethiken, „ethischer Idealismus“ ist ihm verpönt, da er durch Weltverlust erkauft wird. Zwar muß und kann ein ethisches Grundprinzip *allgemein* sein, aber trotzdem muß es jeden einzelnen „innerlich“ bewegen und an ganz Elementares rühren, muß es ihn, im heutigen Psychologenjargon, „betroffen“ machen. Nur so kann es Wirksamkeit entfalten und handlungsleitend werden. Schweitzer glaubt, daß das Ehrfurchtsprinzip diese Voraussetzungen erfüllt.

An der unbedingten Ehrfurcht vor allem Lebendigen hängen zusätzliche bemerkenswerte Besonderheiten, die den moralischen Habitus des Homo Oecologicus kennzeichnen. Einmal ausgeklammert, daß auch Schweitzer den Menschen ambivalent einschätzt, da dieser offensichtlich zwischen Lebensbejahung und Lebensverneinung schwanken kann, lebensfördernd wie lebenszerstörend zu agieren vermag, wird die Ehrfurchtsmoral auf sämtliche Lebewesen ausgedehnt, wodurch die Leitidee der Co-Existenz eine Fassung erhält, die über das Mitsein des Mitmenschen hinaustreibt. *Leben ergießt sich überall und immerzu, auch neben und außerhalb des menschlichen Daseins*. Logischerweise ist dann der *Pflicht*begriff erweiterungsbedürftig. Mit der Aufkündigung der moralischen Neutralität des Nicht-Menschlichen wachsen dem Menschen neue Verantwortlichkeiten und Pflichten zu.

Wollte man Schweitzer diese Sprengung der konventionellen Ethik als irrationale romantisierende Naturverehrung ankreiden, was wiederholt geschah, so verkennt man einfach das tiefersitzende Interesse dieser Ethik, die zum einen den Autonomieverlust des einzelnen rückgängig machen und zum anderen dadurch zu einem neuen Naturverständnis auffordern will, daß sie die Zusammengehörigkeit, die *Co-Existenz* aller Lebewesen zum Ausgangs- und Endpunkt erhebt.

Wer, wie Homo Oecologicus, das Ehrfurchtsprinzip als unveräußerlichen Maßstab des Sittlichen anerkennt, dem wird einiges abverlangt; denn das Leben wirft permanent moralisch zu lösende Konflikte auf, in denen der einzelne auf sich zurückgeworfen wird und die Gewissensentscheidungen erfordern. Schweitzer geht es um die Stärkung des Selbst, um die Rehabilitierung „aufgeklärten“ mündigen Verhaltens so, daß dieses jeweilige Selbst zum Bestimmungsgrund seines Handelns wird. Das Ehrfurchtsprinzip zur Leitschnur genommen, muß er gewissenhaft prüfen, ob die Schädigung fremden Lebens tatsächlich unvermeidlich ist, ob er durch Zufügung von Leid Interessen nicht-menschlicher Kreatürlichkeit unter bestimmten Umständen verletzen darf. Von der Ehrfurcht vor dem Leben als höchster ethischer Instanz wird erwartet, daß sie das „Fremde“ so akzeptiert, wie es ist, ohne es selbstherrlich und gedankenlos zu diskriminieren. Die Ehrfurchtsmoral setzt auf die *Gleichheit* der Lebewesen, im Wissen darum, daß es eine reine Gleichheit im strengen Wortsinne nicht geben kann.

Wozu das Ehrfurchtsgebot auch anhalten will, das ist *Hingabe. Diese von Schweitzer vielerorts vermißte Hingabe ist Hingabe an das Leben.* Das ist nicht jedermanns Bestreben. Aber die Ehrfurchtsethik kann auf „Abenteurer der Hingebung“ (Schweitzer) nicht verzichten. Denn Hingabe überwindet kleinmütigen Egoismus und befreit den Menschen zu sich selbst, schließt ihn für den Mitmenschen und andere Kreaturen auf. Ohne Hingabe ist nach Schweitzer kein echtes Menschentum zu haben. Mangelnde Hingabefähigkeit läßt den Menschen verkümmern und somit nicht zur inneren Vollendung kommen.

In der Ehrfurchtsmoral ist des weiteren konstitutiv der Verzicht, d. h. die Einstellung des Verzichtenkönnens angelegt. Notfalls müssen Abstriche vom egoistischen Selbst gemacht werden, geht das Austarieren eines Interessenkonflikts zu Lasten von Ego, stellt es seine eigenen Bedürfnisse zugunsten anderer uneigennützig zurück. *Bewußte Lebensführung* umschließt eben und genau den Verzicht, was in Mangelsituationen als schmerzlich erfahren werden kann. Mit der Verzichtbereitschaft kommt zwangsläufig ein *asketischer Zug* in die Ehrfurchtsmoral hinein, wird nolens volens die eherne „Kardinaltugend“ des Maßhaltens aufgewertet.

Diese ehrfürchtigen Einstellungen sind insgesamt auf einen schonenden Umgang mit der Natur bedacht, mit dem sowohl einer Plündermentalität wie auch jedweder Konsumgier wirkungsvoll entgegengetreten werden kann. Wie Ehrfurcht vor dem Leben tatsächlich realisiert werden kann, das kann u. a. jener Gruppe von überzeugten Vegetariern abgeschaut werden, die diese Ernährungsweise aus ethischem Antrieb wählen.

Der Vegetarismus, für den Pythagoras gern als erster prominenter Repräsentant ausgegeben wird, und der neuzeitlich, am Ende des 19. Jahrhunderts, im Kontext einer umfassenden „Lebensreform“ zu einer Bewegung derselben auswuchs, beruht auf der ausdrücklichen Achtung gegenüber den Tieren. Die werden in ihrem Sein ernst genommen und nicht kurzlebigen wechselnden Geschmacks- und Gaumenfreuden der Menschen geopfert. Die in den 70er Jahren aufkommende Tierrechtsbewegung stützt den Vegetarismus ethisch ab, und P. Singer, ein wahrhaft provozierender Ethiker, behauptet in seinem Buch ›Animal Liberation‹ (1978), daß der Mensch die Tiere so erniedrige wie dereinst „Weiße“ Sklaven traktiert hätten. Daraus leitet Singer die Rechtmäßigkeit der Befreiung der Tiere her. Ganz soweit geht Schweitzer nicht, auch bricht er in seiner Ehrfurchtsethik keine Lanze für den Vegetarismus, abgesehen von einer Briefstelle (1928), in der er den Verzicht auf Fleischgenuß *empfiehlt.*

Aber: Wenn man einmal bedenkt, daß der Fleischkonsum, mit allem, was zu dessen Herstellung erforderlich ist, höchst umweltschädlich ist – in den USA beispielsweise wird für die Lieblingshaustiere Katze und Hund mehr Fleisch verfüttert als in Deutschland von Menschen einverleibt wird –, dann ist Vegetarismus eine sinnvolle Konkretisierung des Ehrfurchtsprinzips. Homo Oecologicus als Vegetarier – alles andere als eine utopische Vorstellung!

Die Ehrfurchtsmoral ist eine Moral der Hingabe, der Mäßigung und des Verzichts, ein Leben „in Saus und Braus“ ist damit unverträglich. Darin kündigt sich die Unvereinbarkeit mit jener hedonistischen Lebensweise an, der sich viele Zeitgenossen anschließen und die, milde formuliert, alles andere als umweltfreundlich ist. Der Hedonismus, der, wie könnte es anders sein, bereits in der Antike Wurzeln geschlagen hat, orientiert das Tun am *Glück*, das als Lust interpretiert und erfahrbar werden soll. Lust, Spaß und Freude sind es, woraufhin das menschliche Streben gerichtet sein soll. Aber bereits in der Antike wird das, was Lust und Freude bereitet, verschiedenartig ausgelegt; für die einen ist es der sinnliche Genuß, der zur Richtlinie des Handelns erhoben wird, für andere (z. B. Epikur) sind es die geistigen und seelischen Genüsse, die ein glückliches Leben verbürgen sollen. Seit der Antike wird der Hedonismus als eine sehr lebenswerte Auffassung geschätzt, die immer wieder neue Anhänger (in der Theorie und Praxis gleichermaßen) finden konnte.

Mit viel Verve und nicht geringem Echo hat z. B. H. Marcuse in den 60er Jahren unseres Jahrhunderts, als von verschiedenen Seiten eine Kulturrevolution propagiert wurde, die sogenannte Leistungsgesellschaft der Inhumanität wegen angeklagt, da sie zu Triebversagungen genötigte deformierte Persönlichkeiten hervorbringe (vgl. dazu Marcuse 1965). Dem stellt er eine „neue" Moral gegenüber, die, ganz hedonistisch, das Lustprinzip zum Handlungsmaß erhebt. Einzig in der „libidinösen Moral" sieht er eine wirksame Möglichkeit, um die repressiven, auf Triebverzicht fußenden Strukturen der Leistungsgesellschaft zu überwinden. Die hedonistische Lebensauffassung à la Marcuse gründet in einer zwangfreien Moral, die das volle Ausleben und Genießen der Sinnlichkeit zum Ziel hat.

Wozu nun hedonistische Einstellungen führen können, die den grenzenlosen Selbstgenuß verfolgen, die nur die Begehrlichkeiten und Wünsche des eigenen Ich gelten lassen, die das selbstsüchtige Verzehren, manchmal bis zum Exzeß getrieben, als Erfüllung betrachten, das verdeutlicht auch die ökologische Krise. Denn daran kann schwerlich herumgedeutelt werden: Diese Krise ist *auch* das Resultat einer Lebensführung, für die das Verzichtenkönnen und -wollen, die Rücksichtnahme auf die Ansprüche anderer, unmaßgeblich sind. Wo der Hedonismus nur das Selbst, nicht das Glück anderer, was ja auch möglich wäre, ins Blickfeld nimmt, da wird recht eigentlich *gegen* die Co-Existenz verstoßen und dem Leben von Alter geschadet.

Genau dem widersetzt sich Homo Oecologicus; in dessen Handlungslogik liegt es u. a., daß er sich nicht nur an seinem Ego, vielmehr an der Co-Existenz, an dem möglichst sinnvollen Fortschreiten des Mit-lebens mit anderen orientiert. Für ihn ist das Leben als unhintergehbarer Fixpunkt seines Tuns Gabe und zugleich *Aufgabe*. Er hält sich *frei* vom *Zwang* flüchtiger Bedürfnisse und macht sich nicht zum Sklaven seiner kurzfristigen, selbstzentrierten, lustversprechenden Begehren; dagegen bedeutet ihm das *allgemeine Interesse* sehr viel.

Anders als der lustsüchtige Hedonist erspart sich Homo Oecologicus gewollt und bewußt nicht das *Leiden*. Das sittliche Grundprinzip Ehrfurcht vor dem Leben verlangt eine außergewöhnliche *Leidensfähigkeit*, aber auch -bereitschaft. *Lebewesen sind per se Leidenswesen*. Es wäre eine blanke Utopie zu glauben, daß Leiden aus der Lebenswelt getilgt werden könnte. Was bestenfalls erreicht werden kann, ist die *Minimierung des Leidens*. Seine moralische Dignität gewinnt das Leiden im Mit-Leiden, in dem sich die co-existenziale Verfassung des Menschen manifestiert. Der unbedingte Lebenswille erzwingt die Einstellung des Mitleidens, das zu einer *Moralinstanz* wird, ganz unabhängig davon, daß die philosophische Ethik der Neuzeit das Mitleid häufiger negativ denn positiv *bewertet* hat.

Besonders hart geht z. B. Nietzsche (1887) mit dem Mitleid ins Gericht, weil es für ihn Zeichen der Schwäche, des erkrankten Lebens ist. In der ihm eigenen unverkennbaren Art degradiert und verspottet Nietzsche das Mitleiden. Andere Ethiker werten es ab, weil es sich beim Mitleiden um ein Gefühl handele, und auf Gefühle könne man keine Ethik errichten.

Freilich gibt es auch Stimmen, die das Mitleid ethisch höher ansiedeln und dies positiv beurteilen. Dazu gehört Schweitzer, für den die Positivität des Mitleids darin besteht, daß es den Schmerz aller Kreaturen auf eine Weise mitempfindet und -erlebt, wodurch der Lebenswille von sich selbst abgelenkt wird. Das Mitleiden erfordert das Absehen vom eigenen Ich und öffnet sich dem überindividuellen Lebenszusammenhang. Für eine co-existenziale Moral wird das Mitleid zu einer *notwendigen Instanz*, die allerdings ergänzungsbedürftig ist. Schweitzer erkennt zwar die Notwendigkeit des Mitleids an, ohne es jedoch zu überschätzen, es ist *ein* Element innerhalb der Ehrfurchtsmoral. Wo indes das *Pathische* im Sinne des Mitleidens betont wird, da wird Homo Oecologicus zwangsläufig als *Gefühlsmensch* angesprochen. Jenen Ethiken zum Trotz, die alles Gefühlsmäßige aus ihren Konzepten ausscheiden wollen – diesen Standpunkt beziehen die „Kognitivisten“ –, kommt die vom Homo Oecologicus zu lebende co-existenziale Moral ohne Gefühle nicht aus. Nichts anderes ist gemeint, wenn man sagt, daß Homo Oecologicus kein „reiner Kopfmensch“ und auch kein *Willensmensch* pur ist. Andererseits wäre es irrig zu glauben, er wäre „nur“ ein Gefühlswesen, das seine Moralentscheidungen von den jeweiligen Gefühls- und Gemütszuständen abhängig macht, weshalb er auch die ethische Position der „Emotivisten“ (Stevenson), die moralische Urteile auf eine Gefühlsbasis stellen, nicht teilen kann.

Nur zu gut weiß er davon, daß Moralverhalten ohne Denken und Vernunft gar nicht möglich ist. Die Erhebung des Willens zum Denken, wie es Hegel dereinst sinngemäß umschrieben hat, ist auch für Schweitzer gültig. *Die Vernunft ist das Organon, wo sich das Erkennen und der Wille begegnen, um sich untereinander zu verständigen*, ohne diese „Kooperation“ gänzlich aufschlüsseln zu können. Es bleibt immer ein Rest des Geheimnisvollen, Unerklärbaren und Unverstehbaren. Das Wissen, auf das es hier ankommt, ist ein „denkendes Erleben“. *Das wahre Ethische kann immer nur das wahre Vernunftgemäße sein.*

Das Leben ist Empfinden, Fühlen, Denken und Wollen. Damit steckt hinter dem Prinzip Ehrfurcht vor dem Leben ein Menschenbild, das Homo Oecologicus gleichermaßen als ein emotionales, vernünftiges, volitives, leibgebundenes, höchst sinnliches Wesen bestimmt. Oder was auf dasselbe hinausgeht: Homo Oecologicus verkörpert eine spezifische Variationsform des „ganzen Menschen", der um seine Einbettung in das Ganze der Lebenszusammenhänge weiß, die er bewußt bejaht.

Das Zusammenwirken von Denken, Fühlen, Wollen und Erleben tritt noch in einem weiteren Moralphänomen hervor, das an die Ehrfurcht gekoppelt und tragender Baustein einer co-existenzialen Moral ist: die *Verantwortung*. Humanität, die Verantwortung ausspart, ist einfach undenkbar. Verantwortung ist jedoch nicht gleich Verantwortung. Schweitzer beispielsweise kennt vornehmlich *zwei Formen* von Verantwortung: die „persönliche" und die „überpersönliche", eine Differenzierung, die unmittelbar einleuchtet. In der „persönlichen" Verantwortung ist der/die Betroffene nur sich selbst und keinem sonst gegenüber verantwortlich, während die „überpersönliche" sozusagen ins große Ganze geht. Je weiter der Wirkungskreis eines Individuums gezogen wird, desto weiter greift auch die überpersönliche Verantwortung, wobei Schweitzer keinen Zweifel daran läßt, daß Verantwortung stets ein Verantwortungs*gefühl* korrespondiert. Schweitzer entgrenzt die Verantwortung insofern, als sie über die Sorge des einzelnen für sich selbst hinausgeht. *Die Ehrfurchtsmoral vor dem Leben ist eine „erschreckend unbegrenzte Verantwortung"*, eine überaus umwelt- und kosmosfreundliche Verantwortung, ohne daß jeder für alles, gleichsam universal zur Verantwortung herangezogen werden könnte. Verantwortung erstreckt sich immer nur auf spezifische Bereiche des Handelns, eine globale Verantwortung, die für alles und jedes zuständig sein soll, würde sich selbst auflösen.

Die Verantwortungsübernahme setzt Freiheit voraus; damit atmet diese Ethik ganz den Geist der Neuzeit, wenn sie sich qua Verantwortung, aber auch Ehrfurcht zum Sprachrohr der menschlichen Freiheit macht. Zwar verschafft diese Ethik dem Menschen nicht direkt ein „Mehr" an Freiheit, aber sie zeigt auch, wodurch er im Handeln Freiheit gewinnen kann. Die Verantwortung ist ein *Medium* dieser Freiheit, wiewohl nicht verschwiegen wird, daß sie auch eine „Last" ist. Die Verantwortung fällt dem Menschen nicht leichter Hand zu, vielmehr bedarf sie der ständigen Anstrengung und Leistung. Verantwortungtragen ist ein unaufhörliches „Ringen" und „Kämpfen", hat Prozeßcharakter.

Verantwortliches Handeln ist notwendig, um die Macht, die der Mensch aufgrund seines Wissens hat, in die rechten Bahnen zu lenken, wofür es, wie die ökologische Krise veranschaulicht, offenbar keine Garantien gibt. Mit der Zerstörungsmacht wächst die Verantwortung. Auch hier schlägt wieder die *Ambivalenz* des Menschen durch: Einerseits *muß* er Macht über die Naturkräfte ausüben, um sich von ihnen zu befreien, andererseits läuft er immer Gefahr, die Natur, Leben überhaupt gewaltsam zu destruieren. Wie wenig wahre Ehrfurchtsmoral kurzfristig gedacht werden kann, verrät Schweitzers Auffassung, daß sich die Sorge nicht mit dem Heute zufriedengeben kann, sondern auch das Morgen zum Gegenstand der Hege und Pflege macht. *Die Ehrfurchtsethik ist eine Zukunftsethik.* Ja: Der „Reichtum“ dieser Ethik zeigt sich u. a. in ihrer zeitlichen Erweiterung auf Zukunft hin. Das „alte“ Verantwortungsmodell, das nur für vergangene Taten haftbar macht, ist angesichts der ökologischen Krise überholt.

Spätestens jetzt dürfte der durch die gegenwärtige Ethikliteratur belehrte Leser aufhorchen: Ist heute nicht allerorten geradezu inflationär von Verantwortung die Rede? Wird diese nicht als ein moralisches Allheilmittel offeriert, als Passepartout für die moralischen Gebrechen unserer Zeit annonciert? In der Tat: Wohin auch die (ethisch motivierten) Blicke sich wenden, immer wieder begegnet man den Verantwortungsappellen. Daß die Ethik inzwischen fast modisch geworden ist, daran ist u. a. der Verantwortungsbegriff „schuld“. Diese ethische Antwort auf die komplexen Probleme ist auf die rasanten, von einer unaufhaltsamen Dynamik getriebenen gesellschaftlichen und technologischen Veränderungen zurückzuführen. Zeitgenössische Ethikkonjunktur ist zum großen Teil eine Konjunktur im Gewande der Verantwortungsethik.

Um so bemerkenswerter ist es, daß Schweitzer der *moralischen* Verantwortung bereits zu einer Zeit Aufmerksamkeit zollte, als sie längst noch nicht das Renommee und den argumentativen Stellenwert hatte wie heutzutage. Schweitzer hat, was bislang in den ethischen Debatten m. E. viel zu wenig beachtet worden ist, *keimhaft* eine Ethik der Verantwortung als integralen Kern der Ehrfurchtsmoral konzipiert, also schon vor M. Weber (vgl. 1919), der regelmäßig als Initiator der Verantwortungsethik gerühmt wird. Während eine „Gesinnungsethik“ *absolute* Postulate aufstellt, denen es *allein* auf die Gesinnung ankommt, bezieht die Verantwortungsethik die voraussehbaren Folgen des Handelns mit ins Kalkül. Die Gesinnungsethik visiert nach Weber die *reine* Gesinnung an, steht einem

Wertpluralismus feindlich gegenüber und ist eine rückwärts gewandte, vergangenheitsorientierte Ethikform, wohingegen sich die Verantwortungsethik gerade mit um die Zukunft sorgt.

Schweitzer hat bereits *ansatzhaft* und implizit eine *kleine* Phänomenologie der Verantwortung in seine Ehrfurchtsethik eingearbeitet, ein Vorsatz, den Weischedel ca. zwei Jahrzehnte später explizit ausführen sollte (vgl. dazu Weischedel 1933). Auch darf nicht unregistriert bleiben, daß Schweitzer *Verantwortungsbegriffe geschieden hat*, damit das vorbereitet hat, was gegenwärtig H. Lenk intensiv verfolgt, nämlich die Erstellung einer Verantwortungstypologie (vgl. Lenk 1987).

Ohne übertreiben zu müssen: Schweitzer hat bereits ein feines Gespür für eine Ethik der Verantwortung entwickelt. Daß eine solche Beurteilung keineswegs zu hoch gegriffen ist, soll durch die Einbeziehung eines, eigentlich *des* aktuellen Konzepts von Verantwortungsethik unterstrichen werden, das aus der Feder (besser: aus dem Geist!) des 1993 verstorbenen Philosophen H. Jonas stammt, der, wie kein zweiter, in den letzten Jahren den Karriereverlauf der Verantwortung als ethischer Kategorie bestimmt hat. Jonas hat eine Diskussion entfacht, die in vollem Gange ist und sicherlich auch noch auf Jahre hinaus problemdiktierend sein dürfte.

Wenn im folgenden ein winziger Abstecher in Jonas' Verantwortungsethik unternommen wird (vgl. dazu vor allem Jonas 1979), dann nicht, um in eine weitgreifende philosophische Erörterung mit ihm einzutreten, ihm Denk- und Argumentationsfehler, Widersprüchlichkeiten und dergleichen mehr nachzuweisen (vgl. dazu u. a. Schäfer 1993), was möglich wäre. Nein – mein Exkurs bezweckt anderes: Es sollen einige verblüffende Parallelen zwischen Schweitzer und Jonas aufgewiesen werden, durch die zugleich das moralische Profil des Homo Oecologicus noch deutlicher hervortritt. Worin besteht nun aber das Verbindende zwischen Schweitzer und Jonas?

1. Beide nehmen ihren Ausgangspunkt von einer *Krise* des modernen Menschentums. Für Schweitzer ist die Kultur ins Wanken geraten, weil überzeugende und gelebte ethische Maßstäbe ausgehöhlt und das Verantwortungsgefühl abgestorben seien.

Für Jonas besteht die Kulturkrise der technisch-industriellen Zivilisation in der unbegrenzten Macht des Machbarkeitsglaubens. Die Homo-Faber-Mentalität kehrt sich immer offensichtlicher gegen die Menschheit, die in eine „apokalyptische Situation" hineingeraten ist. Um von diesem verhängnisvollen Kurs abzukommen, fordert Jonas einen den konventionellen Ethiktypus überbietenden *neuen*, in dessen Fokus das *Prinzip Verantwortung* gerät; in ihm erblickt er die Chance, die endgültige Apokalypse aufhalten bzw. verhindern zu können. Beide Ethiken wurzeln in zeitspezifischen Erfahrungen; sie werden nicht erfahrungsunabhängig gewonnen.

2. Wie Schweitzers Ehrfurchtsethik, so ist auch der Jonasschen die *Leidenserfahrung* ein wichtiger Antrieb, wobei für Jonas das *vorstellbare,* aber noch nicht eingetretene Leiden, das in der totalen Katastrophe kulminieren würde, von Bedeutung ist. Die *Voraussicht* auf mögliches, gleichwohl noch nicht wirkliches Leid inspiriert die Jonassche „Verantwortungsethik“. Darin besteht eine gewisse Nähe zu Schweitzer, der jedoch nicht so sehr das Leiden von einem *möglichen* Kollaps der Menschheit her durchdenkt, wenngleich auch er die zerstörerischen Wirkungen der Atombombe nicht unterschätzte.

3. Worin beide nicht nennenswert auseinanderliegen, ist der ethische *Primat* des Lebens. Von Schweitzer wissen wir, daß dessen Ethik das Leben höher stellt als das Nichts und dafür eintritt, das durch sich schon wertvolle Leben, soweit vom Menschen beeinflußbar, auf das höchste Niveau zu steigern. *Das Sein hat Vorrang vor dem Nichts.* Diese Grundprämisse der Ehrfurchtsethik ist auch für Jonas ausschlaggebend. Das Ja zum Leben, das Schweitzer mit beschwörendem Gestus unablässig anmahnte, stellt bei Jonas ebenfalls einen unhintergehbaren Imperativ dar.

Daß eine Menschheit sei, und daß sie *permanent* sei, daran müssen für Jonas die Wirkungen menschlicher Handlungen gemessen werden. Die unbedingte Forderung, das Überleben der Menschheit zu sichern, ist *der* Imperativ dieser „neuen“ Ethik, wobei Jonas allerdings nicht verschweigt, daß das schiere Überleben um des physischen Überlebens willen zu wenig ist. Das nackte Sich-am-Leben-Erhalten ist für Jonas offenbar nicht lebenswert, das menschliche Leben muß eine Würde bekommen, die es zu bestimmen gilt.

Für Schweitzer wie für Jonas ist das Sein etwas zu *Bewahrendes*, auf das sich die ganze Fürsorge zu richten hat. Aus dem Sein springen gleichsam ethische Imperative, Maximen und Appelle hervor. Die Ethik hat den Charakter einer *Seinsethik*, sie ist also *ontologisch*, darin gehen Schweitzer und Jonas *grundsätzlich* konform, differieren jedoch darin, daß letzterer die Seinsethik in eine Metaphysik einlagert, während Schweitzer die *Mystik* als das fundamentum inconcussum bestimmt.

4. Jonas' Ethik besitzt ihre Bezugsmitte in der Verantwortung, die eine *Seinsverantwortung* ist, welche die für die alte Ethik charakteristische Zurechenbarkeit von Handlungen als unzeitgemäß zurück-

weist. Die von Jonas ins Gespräch gebrachte Seinsethik zieht einen größeren Radius.

Das Verantwortlichsein umspannt generell drei Komponenten, die miteinander in Beziehung geraten: Da ist einmal eine Person, ein Subjekt, das Verantwortung für etwas, eine Sache oder für jemanden einer Instanz gegenüber übernimmt. Es wird eine Relation zwischen Verantwortungssubjekt, Verantwortungsgebiet und Instanz hergestellt. In diesem dreipoligen Verhältnis entstehen Verantwortlichkeiten. Soweit das Allgemeine. Ähnlich Schweitzer hält auch Jonas nichts von der Eingrenzung der Verantwortung auf das menschliche Miteinander. Der „technologische Galopp" (Jonas) kann nur dann moralisch kontrolliert werden, wenn sich eine anti-anthropozentrische Lebensauffassung Bahn verschafft, eine Form der Co-Existenz, die auch das Nicht-Menschliche als lebenswert achtet. Die neue Ethik dehnt die Humanitätsidee auf alles Kreatürliche aus und nimmt die Gestalt einer *„kosmischen Verantwortung"* an – wohlwissend, daß eine permanente Mißachtung der außermenschlichen Natur das Leben der Menschheit verarmen würde.

Auch in der Forderung nach Abdankung des Anthropozentrismus sowie in der Erweiterung des Co-Existenzbegriffs auf das Nicht-Menschliche besteht eine erstaunliche Parallele zwischen beiden Denkern, wiewohl Unterschiede nicht nivelliert werden können. Jonas führt beispielsweise die Ausdifferenzierung des Verantwortungsbegriffs weiter fort und eröffnet dadurch neue Einsichten, die man auch vor dem Hintergrund einer anderen Erfahrungswelt bei Jonas zu sehen hat. Eine fundamentale Differenz scheint mir darin zu liegen, daß Jonas das Gute im Sein verankert, auf das der Mensch zu hören hat, während Schweitzers Ethik dem Willen eine Zentralfunktion einräumt.

5. Was die beiden gleichermaßen als Konstituens für Verantwortung ansehen, ist die Korrelation zwischen Macht und Verantwortung. Macht, so klingt es bei Schweitzer durch, muß versittlicht werden, soll sie nicht die außermenschliche Natur und die Menschheit insgesamt ruinieren. Die Selbstherrlichkeit des Machtgebrauchs, der durch Wissen ins fast Unermeßliche gesteigert wird und auf dem besten Wege ist, eine nicht mehr unter Kontrolle zu bringende Eigendynamik zu entfalten, muß durch verantwortliches Handeln gezügelt werden. Dies ist eine der Hauptforderungen, die Jonas aufstellt.

6. Die co-existenziale Moral verinnerlicht, ist Homo Oecologicus ein *Pflichtmensch*. Aus der Verantwortung gegenüber sich selbst,

anderen Instanzen und Menschen sowie dem Außermenschlichen gegenüber ergehen unabwendbare Pflichten an ihn, die aus dem Leben/Sein erwachsen. Auch darin besteht Kongruenz in den Auffassungen beider Theoretiker, wobei Jonas einmal mehr den Zukunftsaspekt besonders gewichtet, wenn er reklamiert, daß die erste Pflicht sei, sich Vorstellungen von den *möglichen Fernwirkungen* des menschlichen Tuns zu verschaffen.

7. Eine zusätzliche Parallelität ergibt sich aus der Annahme, daß der verantwortlich Agierende nicht bloß ein kopfgesteuertes, sondern vor allem auch ein leibliches, mit Gefühlen ausgestattetes Lebewesen ist, bei dem sich im moralischen Handeln Gefühlsmäßiges und Vernünftiges, aber auch Volitives vermischen. Die *Ehrfurcht* ist auch etwas Affektives, das die moralische Einstellung mitbedingt. Und es ist schon frappierend, welche Hochschätzung Jonas der Ehrfurcht zukommen läßt. Für ihn ist sie, darin Schweitzer ganz verwandt, etwas „Heiliges“ und als solches bewahrenswert.

Das Ehrfurchts*gefühl* darf daher auf keinen Fall verletzt werden. Schweitzer hätte ein solches Denken fraglos voll mitgezeichnet, wie auch jene Ethik, die aus der Bindung gegenüber Gott einen ehrfürchtigen Umgang mit der Natur herleitet. Im Begriff Ehrfurcht steckt als Grundwort *Furcht*, die bei Jonas unvergleichbar hoch eingestuft wird. Furcht, die nicht mit Ängstlichkeit und Verzagtheit verwechselt werden darf, wird als „überlegte Furcht“ definiert, die sich um den Fortbestand der Erde sorgt und zur *Vorsicht* im Handeln anhalten soll. Die Furcht als Wesensmoment der Verantwortung will also nicht Handeln unterlassen, sie versucht unüberlegtes und unabgewogenes Tun zu vereiteln.

Die *„Heuristik der Furcht“*, von der Jonas spricht, ist ein Sensorium, das die Imaginationskraft des Gefühls aktiviert und das Sittliche aufzuspüren hat. Prägnanter kann der Verschränkung des Moralischen mit dem Sinnlichen kaum Ausdruck verliehen werden.

Derjenige, der das Prinzip Verantwortung ernst nimmt, muß gefühlig sein, und d. h., er hat seine Sinne zu öffnen. Damit die Menschheit nicht weiter in ihren selbstfabrizierten Untergang hineintaumelt, muß *richtiges Fürchten* gelernt werden. Jonas deklariert die Furcht demonstrativ zu einer *Pflicht*, die freilich der Hoffnung als einer Grundbedingung jeden menschlichen Handelns nicht entsagt. Auch hier kreuzt sich Jonas mit Schweitzer, für den Lebensbejahung und Hoffen zwei Seiten ein- und derselben Medaille sind. Allerdings: Mit Bloch, dem Künder des „Prinzips Hoffnung“ (1959), paktiert Jonas, wie vorderhand vielleicht vermutet werden könnte, nicht. Hoffnung hat für Jonas eine konservierende Funktion, insofern sie das Erbe hütet und vor einem Niedergang behütet. Jonas' und Blochs Ansichten klaffen deshalb auseinander, weil der Verfechter des „Prinzips Verantwortung" Hoffnung in eine *Ontologie des Seins* einläßt, währenddessen sein Antipode Bloch eine *Ontologie des Noch-nicht* vorzieht.

8. Was Schweitzer zaghaft, wenngleich entschieden angedeutet hat, daß sich die Ehrfurchtsethik auch der Zukunft des Menschen und der Menschheit anzunehmen habe, diese zum *Gegenstand* ihrer Fürsorge machen müsse, genau das gerät Jonas zu einem zentralen Bestimmungselement seiner neuen Ethik. Nicht nur werden Menschen für ihr gegenwärtiges Handeln oder für begangene Taten der Vergangenheit zur Verantwortung gezogen, sie haben auch das noch Ungeschehene, zukünftig Mitbetroffene zu verantworten. Jonas' Verantwortungsethik konvergiert in eine *Zukunftsethik*. Die Zukunft wird moralisiert.

Die Pflicht zur Zukunft ist notwendig, sofern die schrankenlosen Naturvernichtungen im bisherigen Raubbaustil fortgesetzt werden und den Nachwachsenden kaum eigene gestalterische Handlungsräume lassen. Gleichwohl ist Jonas klug genug einzusehen, daß es vom jeweiligen Standpunkt der Gegenwart aus geurteilt ein Unding ist, all die zukünftigen, kumulativ sich verzweigenden Folgen des akuten Handelns absehen zu wollen. Hier muß man sich eine große Portion Unwissenheit eingestehen, wobei diese Inkompetenz dadurch etwas abgeglichen werden kann, daß bei Handlungsentscheidungen die „schlechte Prognose" Priorität gegenüber der „guten" erhalten soll.

Ob das ein Ausweg aus dem Dilemma bedeutet, mag dahingestellt bleiben, immerhin ist es eine erwägenswerte Möglichkeit, die momentan ebenso lebhaft erörtert wird wie die These von der *Zukunftsverantwortung*, die u. a. Birnbacher (1988) dazu veranlaßt hat, über diese Problematik, im Schutz einer utilitaristischen Ethik, weiter nachzudenken. Dabei nimmt er u. a. eine Umformulierung des kategorischen Imperativs von Jonas vor, indem er diesen als eine *Praxisnorm* bestimmt, hinter der er utilitaristischen Geist wähnt, weil die Permanenz des Lebens im Vergleich zur Vernichtung der Spezies Mensch die *Glücksbilanz*, um die es jedem Utilitaristen zu tun ist, hebt. Birnbachers Zukunftsethik, die gewiß ohne Jonas' Verantwortungsethik so nicht hätte geschrieben werden können, will in der Hauptsache zu Praxisnormen kommen, die jedoch im letzten die Konkretisierungsebene nicht erreichen.

Eine Zukunftsethik, wie immer sie begründet und inhaltlich gefüllt werden mag, ist eine Ethik im *Fernhorizont*, die auf allerlei Ungewißheiten gefaßt sein muß und mit viel Unwissen umzugehen hat. Bezieht man wieder Schweitzer auf Jonas, so dürfte zustimmungsfähig dies sein, daß Jonas, auch geprägt durch andere Zeiterfahrungen als Schweitzer, der Zukunft einen noch höheren Stellenwert schenkt als dieser.

Ein anderes ist, daß Jonas auf die *lokale Dimension* der Verantwortung, also auf deren Räume, ebenfalls pointierter reflektiert als Schweitzer. In einer durch Medien immer enger werdenden und schneller überwindbaren Welt, in welcher die Abstände zwischen Nationen und Kulturen schrumpfen, außerirdische Räume erobert werden, wächst die Verantwortung ins Planetarische, ist sie, auch unter dem lokalen Aspekt, eine Ethik im Fernhorizont, während traditionelle Ethiken im Nahhorizont verblieben. Da jedoch das künftige Moralverhalten immer häufiger in diesen Fernhorizont hineinwirken wird, ist es um so schwieriger, die sich beschleunigenden Handlungsformen abzuschätzen und strikt zurechenbar zu machen. Wahrlich: Homo Oecologicus ist nicht zu beneiden!

9. Zurück zu Schweitzer und Jonas: Gemeinsames und Trennendes liegt noch in einer anderen grundsätzlichen Überlegung vor. Beide Denker binden die Ethik/Moral an Ideale, „Ideen“, mithin an *Bilder vom Menschen*, und befestigen, ohne darauf systematisch abzuheben, die mehrmals angeschnittene Erkenntnis von der wesensmäßigen Zusammengehörigkeit zwischen Ethik und Anthropologie.

Schweitzer stützt sich auf die Idee bzw. das Bild des *„wahren Menschen“* als einem spezifischen Typus des Kulturmenschen. Es allen geistigen und materiellen Verkehrungen entgegenhaltend, montiert Schweitzer das Leitbild eines *„Kulturmenschen“*, der von der Sehnsucht nach einer wahren menschlichen Erfüllung angestachelt wird. Aus tiefer Ehrfurcht vor dem Leben strebt er danach, sich *allseitig* zu bilden, sich zur Wahrhaftigkeit zu bekennen. In einem ständigen Ringen um geistige Freiheit ist er bereit, wo immer nur möglich, „persönliche“ *und* „allgemeine“ Verantwortlichkeiten zu tragen – mit dem einen Höchstziel der Erhaltung und Förderung des Lebens.

Eines ist klar und verdient besondere Erwähnung: Wer so argumentiert wie Schweitzer, wer den Aufblick zu einem „besseren“ Menschen vornimmt, der bewegt sich im Rahmen der Metaphysik, worunter hier nichts anderes verstanden werden soll als der Überstieg über das faktische Sein. Im Ausgang von Bild und Ideal des wahren Menschen enthält die Ehrfurchtsethik ein Stück Metaphysik, über das sich Schweitzer jedoch keine dezidierte Rechenschaft abgelegt hat.

Die Fesselung des Ethischen an das Metaphysische ist genauso bei Jonas nachvollziehbar, ja, bei diesem expressis verbis gewollt. Jonas knüpft die Verantwortung um eine *„Idee des Menschen“*, die diesen als pflichtbedürftiges und -fähiges Wesen bestimmt. Der Jonassche „kategorische Imperativ“, die Menschheit solle sein, ist dieser Idee verpflichtet; sie fordert die kontinuierliche Anwesenheit der Menschen auf Erden, weshalb sie mit gutem Grund als eine ontologische Idee bezeichnet werden kann. Unschwer ist zu ersehen, daß dieser Imperativ nicht in der Ethik, vielmehr in der Metaphysik als einer „Lehre des Seins“ seinen Ort hat, von welcher die „Idee des Menschen“ einen Ausschnitt bildet.

Schweitzer und Jonas halten ihre Ethikmodelle nicht frei von Metaphysik. Bei Schweitzer, so hat es ganz den Anschein, geschieht dies eher unbewußt und in Verbindung mit einer spezifischen Mystik, bei Jonas erfolgt es dagegen bewußt und in der Partnerschaft mit der Ontologie, die die Zeitlichkeit des Seins, im Gegensatz zum klassisch ontologischen Typus, umakzentuiert, indem sie nicht von der Ewigkeit, sondern von der Vergänglichkeit her konzipiert wird. Auch hierin scheint mir ein Unterschied zu liegen – aber auch darin, daß Jonas stärker als der Urwaldarzt das Überleben thematisiert. Schweitzer geht es um das Leben, Jonas um das Überleben.

So bleibt als vorläufiges Resümee: Sowohl Schweitzer als auch Jonas wirken auf eine Ethik der Co-Existenz anregend. Ungeachtet der verschiedenen Zeitumstände und gesellschaftlichen Entstehungskontexte sind beide Ethiken *konstruktive Krisenethiken* und beinhalten moralische Haltungen, Appelle und Ideale, die zur Entschärfung der ökologischen Krise unverzichtbar sind.

Homo Oecologicus als potentielle „Verkörperung“ der hier schemenhaft umrissenen co-existenzialen Moral, als Statthalter einer *möglichen besseren Welt*, in der mehr *Lebenskultur*, und das heißt im wahrsten Sinne des Wortes *Leibes-Kultur,* gepflegt wird, verpflichtet sich zentral den moralischen Grundsätzen und Einstellungen der Ehrfurcht, Fürsorge und erweiterten Verantwortung, wohlwissend, daß die Spielräume für ein wahrhaft humanes Leben mehr und mehr verengt werden.

Um eine solche Moral wirklich auszuleben, sind vielfältige Anstrengungen erforderlich, müssen mancherlei Zumutungen *ausgehalten* und *durchgestanden* werden. Allzu große Illusionen sind deplaziert:

Die Umwelt als „natürliche Mitwelt“ (Meyer-Abich) moralisch zu akzeptieren und sich danach im alltäglichen Tun zu richten, fällt schwer; vielerorts hat sich das Bewußtsein für die Respektierung nicht-menschlichen Lebens nicht einmal spaltweise geöffnet, wo doch noch nach wie vor die Menschenrechte, das Recht auf Unverletzbarkeit der Würde, ja das bloße physische Überlebensrecht mit den Füßen getreten werden. Von der uneingeschränkten, geschweige denn unbedingten Werthaftigkeit alles Lebendigen ist da wenig zu spüren.

Die dem Menschen eigentümliche Ambivalenz durchwirkt auch die Moral/Ethik. Der Mensch kann zwar moralisch gut handeln, aber seine Freiheit kann auch wollen, daß er ganz anders agiert, nämlich unmoralisch. Das ist der tiefste Grund dafür, weshalb keine Moral/Ethik ohne Leitbilder auskommt. Homo Oecologicus repräsentiert ein solches.

5.4.4 Der ästhetische Homo Oecologicus

Die ökologische Krise macht schonungslos deutlich, wie Humanitätsverluste und Naturverluste einander bedingen können. Deshalb wurde Homo Oecologicus zunächst und mit höchster Dringlichkeit in seiner moralischen Verfaßtheit beleuchtet. Meint das aber auch, daß Homo Oecologicus seine Existenz immerfort der unnachgiebigen Strenge moralischer Vorschriften und Zügelungen weihen muß, daß er sich rigoros und kategorisch den auferlegten Pflichten zu unterwerfen hat? Bedeutet das vielleicht, daß er ein mehr oder minder tristes moralinsaures Dasein über die Runden bringen muß, das mit moralischen Gebotsschildern umgeben ist, die mahnen und appellieren, ihm keinerlei Genuß, geschweige denn sinnfreudige Hochgenüsse vergönnen? Mitnichten!

Denn das hieße einfach den *anthropologischen Totalcharakter* der ökologischen Krise übersehen und das hieße, was damit identisch wäre, Homo Oecologicus auf wohlanständiges Moralverhalten zusammenzustreichen, ihn womöglich als reinen Moralisten abzustempeln. Dem ist nicht so! Wenn es nämlich zutrifft, daß die ökologische Krise den Menschen *ganz* und als *ganzen* Menschen herausfordert, dann geht es gewiß nicht an, ihn auf eine moralische Existenz schrumpfen zu lassen, würde doch dadurch auch der Gedanke des Leitbildes sonderbar verkürzt. Abermals nein: Die ökologische Krise weist neben der moralischen Dimension noch andere auf, z. B. die ästhetische. Freilich: Ästhetisches und Ethisches stehen nicht beziehungslos nebeneinander, auch wenn sie Unterschiedliches über das menschliche Selbstverständnis aussagen. Es führt durchaus ein Weg vom moralischen zum ästhetischen Homo Oecologicus. Wie und weshalb?

Überleitungen und Vorblicke

Dazu eine eher akademische, aber nicht überflüssige Vorabnotiz: Wie die Ethik ihre Notwendigkeit dem Vorhandensein einer moralischen Praxis verdankt, so besitzt die Ästhetik ihre Daseinsberechtigung durch die ästhetische Praxis als einer gesonderten menschlichen Praxisform. Versucht die Ethik Antworten auf die Frage „Was ist das ‚gute' Leben?" zu erteilen, so fragt die Ästhetik ursprunghaft im weitesten Sinne nach dem „schönen Leben". Geht man historisch vor und vergleicht die Geburtsstunde der Ethik mit derjenigen der Ästhetik, dann drängt sich die Annahme auf, daß das Ethische, wie immer es en detail ausgelegt wird, noch existenzieller für den Menschen ist als das Ästhetische; denn die Ethik ist seit der Antike substantiell für das praktische Philosophieren und für theoretische Systembildungen. Die Philosophie eines Sokrates beispielsweise ist eine praktizierte moralisch-ethische Lebensform und die ethischen Hauptwerke des Aristoteles beispielsweise begründen eine Denktradition, die bis auf den heutigen Tag nicht abgerissen ist.

Die Ästhetik als eine gediegene philosophische Teildisziplin kann sich jedoch einer solch langanhaltenden Tradition nicht versichern. Zwar haben sich Platon, aber auch vor ihm schon Homer und andere Denker mit Kunst befaßt, aber das hat noch nicht die Entstehung einer philosophischen Ästhetik mit einem eigenständigen Problemkanon bewirkt. Die Initialzündung für die philosophische Ästhetik wurde viel später, erst im 18. Jahrhundert gelegt, wenngleich diese schon etwas früher vorbereitet wurde; denn das Bewußtsein um ästhetische Phänomene sowie das Nachdenken darüber ist natürlich um ein vieles älter. Und dennoch ist die Ästhetik als *ein* Teilgebiet in das philosophische Systemgebäude erst in der Mitte des 18. Jahrhunderts eingegliedert worden – allerdings mit solch überwältigendem Erfolg, daß sie vorübergehend allen anderen philosophischen Subdisziplinen den Rang ablief. So kam es, daß die Ästhetik für eine gewisse Zeit – modifiziert man die Rede von der „prima philosophia" (Aristoteles) – zur ersten Philosophie emporstieg. Wahrlich: eine Blitzkarriere.

Offenbar wurde dieser steile Aufstieg durch besondere Zeitumstände und Interessenlagen begünstigt. Da war zum einen das gesteigerte, von allen möglichen Seiten geschürte Bedürfnis, mehr über die conditio humana zu erfahren und zu wissen. Dem Rätsel Mensch sollten, auch um den Preis des Gewaltsamen, Geheimnisse entrissen werden. Der Mensch, dieser „erste Freigelassene der Schöpfung“, wie ihn Herder nannte, wurde zum konkurrenzlosen Hauptthema ganz unterschiedlicher Betrachtungen in der zweiten Hälfte des 18. Jahrhunderts.

Es ist sicherlich nicht verkehrt, zu behaupten, daß eine anthropologische Bewegung entstand, die ihre Hochblüte Ende des 18. Jahrhunderts erleben sollte. Das Bemühen, ein neuartiges bzw. tieferes Selbstverständnis des Menschen heraufzuführen, löste eine anthropologische Sogwirkung aus, in die hinein die Ästhetik geriet und von der sie profitierte. Fortan zieht die Ästhetik Aufmerksamkeiten auf sich, weil sie den Menschen in einem Licht sieht, für welches das philosophisch geschulte Beobachterauge bislang blind war. Die Ästhetik *entdeckt* und zieht grell hervor, was bis ins 18. Jahrhundert hinauf unterbelichtet bzw. völlig verdunkelt war: die *Sinnlichkeit* des Menschen.

Baumgarten, mit dessen 1750 publizierter ›Aesthetica‹ die Ästhetik als philosophisches Gebiet aus der Taufe gehoben wird, lenkt die Konzentration auf die menschlichen Sinne, die, gemessen am geistigen Vermögen, stets eine „inferiore“ Stellung hatten. Das andere der Sinne, nämlich die Vernunft war es, die den Menschen als Krönung der Schöpfung erscheinen ließ. Die neuzeitliche Ästhetik macht diese Entwertung der sinnlichen Organisationsform rückgängig, obwohl auch Baumgarten, verdeckt wie offen, letzten Endes doch das Kognitive nicht vom ersten Platz der menschlichen Vermögenshierarchie verdrängte.

Die Entdeckung, freilich nicht Erfindung der menschlichen Sinnlichkeit ist die große Leistung der Ästhetik des 18. Jahrhunderts, wiewohl in der Nachfolge Baumgartens die Protagonisten vom Schlage eines Kant (›Kritik der Urteilskraft‹, 1790), eines Schiller (›Briefe über die ästhetische Erziehung des Menschen‹, 1795), eines Schelling (›Vorlesungen zur Philosophie der Kunst‹, 1802–1805) und der vielen anderen, W. v. Humboldt, Hegel usw., feinsinnige Ästhetiken sponnen, in denen die Reflexion, das Denken die Oberhand behielt.

Dennoch und generell hat Bestand: Die Aufpolierung der Sinnlichkeit beruht auch auf einem anti-zivilisatorischen Affekt; denn unbestreitbar ist, daß die Ästhetik *gegen* den alles beherrschenden

Geist der Rationalität denkt; sie ist der Affront gegen die unreflektierte Vergötterung jener Ratio, die dann fortschreitend die Welt zur Bühne wissenschaftlichen Experimentierens macht. Die Ästhetik ist strenggenommen ein typisches Kind der Moderne – und nur dieser Moderne. Ihr wohnt von Anfang an ein kritischer Impuls inne, nämlich auf das zu *blicken*, was, einmal unter die Räder der allmächtigen Ratio geraten, verlorenzugehen droht: das menschliche Sinnlichkeitspotential.

Und das ist ein eminent bedeutungshaltiger anthropologischer Vorgang, der schließlich auch für den Steckbrief des Homo Oecologicus folgenreich wird. Vergessen wir nicht: Die Ästhetik artikuliert sich *kritisch*, sie wird geradezu aus einem kritischen Geist geboren. Die Ästhetik dient sich dem Menschen an, macht auf das Krisenhafte der conditio humana aufmerksam, sie hat also wirklich kritische Zeigefunktion. Die ökologische Krise hat die Menschen in eine ähnliche, obwohl weitaus existenziellere Situation gestürzt. An der Gestalt des Homo Oecologicus läßt sich dies geradewegs dramatisch abschauen. Bevor es jedoch dazu kommt, muß noch ein Zwischenschritt getan werden, der den Verweisungen des Ästhetischen und Ethischen/Moralischen gilt.

Die Ästhetik, so hatten wir aufs allervorläufigste formuliert, will wissen und erleben, was das „schöne Leben" heißen kann, der Ethik geht es um das „gute Leben". Beiden ist es i. w. S. um das *Leben* zu tun und schon deswegen für Homo Oecologicus relevant, da dieser ein biophiles Wesen ist – und beide setzen *kritisch* an, beide wollen diese Krisen beschreiben, aber vor allem auch aus ihnen herausführen.

Ist es dann überraschend, daß momentan die Ästhetik einen ganz ähnlichen Konjunkturaufschwung zu verzeichnen hat wie die Ethik? Nach unseren Reminiszenzen und systematischen Erwägungen kaum! Es ist gut nachzuvollziehen, daß u. a. deshalb die Ästhetik gegenwärtig großen Anklang findet. Genau dazu paßt auch die Beurteilung, daß die Problemkapazität der „alten" Ästhetiken nicht mehr ausreiche, um aktuelle und künftige Herausforderungen zu meistern, was auch damit begründet wird, daß die klassischen Ästhetiken, z. B. die „bürgerlichen", zu wenig die *Naturästhetik* gewürdigt hätten.

Diese Vernachlässigung sei angesichts des veränderten Mensch-Natur-Verhältnisses nicht länger mehr zu tolerieren, weil von einer den neuen Zeitläufen gerechter werdenden Naturästhetik auch eine positive Revision des zerstörerischen Naturumgangs zu erwarten sei.

Dies ist der Generaltenor Böhmes (vgl. 1989 sowie 1992), der mit seiner Aufforderung, die Naturästhetik im Namen der Ökokrise zu rehabilitieren, nicht allein steht (vgl. dazu vor allem Seel 1991). Die Annahme, daß die Entfremdung des Menschen von der Natur auch ästhetische Relevanzpunkte besitze, belebt derzeit die ästhetischen Diskurse nicht unerheblich.

Allerdings lehrt eine andere Beobachtung auch dies: Die Ästhetik boomt ebenso und gerade deshalb, weil sich die Lebenswirklichkeit, unter dem Einfluß und dem Diktat der Medien, so verwandelt hat, daß diese Realität immer fiktiver über Wahrnehmungsprozesse gesteuert wird. Wenn es zutrifft, daß die aktuelle Wirklichkeit hauptsächlich über Wahrnehmungsvorgänge gestaltet wird, die Welt als reinste Bilderwelt erfahrbar wird, dann wird Welt ästhetisiert. *Denn: Ästhetik findet ihre Basis in den sinnlichen Wahrnehmungen.* Demnach hat die Ästhetik Konjunktur auch im Zeichen einer fiktiv medial gelenkten Lebenswirklichkeit (vgl. dazu vor allem Welsch 1990).

Bei alledem behält die Verschränkung des Ästhetischen mit dem Ethischen Bestand: Ästhetik sowie Ethik/Moral geben jeweils spezifische Verhältnisse zur Welt an. Das ästhetische Verhältnis ist ein Sonderverhältnis der Welt gegenüber, das auch die Natur miteinbegreifen kann, es ist dies *eine* Weise der Auseinandersetzung mit der Welt als Natur. Dieses Verhältnis ermöglicht unaustauschbare ästhetische Erfahrungen und stiftet letztendlich eine ureigene *ästhetische Praxis*, die jedoch nicht völlig autonom, von anderen Praxen unbeeinflußbar wäre. Die Eigenständigkeit der ästhetischen Praxis ist eine *relative*, in sie sickert auch Ethisches/Moralisches ein. *Die Ästhetik kann ethitisiert werden wie – andersherum – die Ethik ästhetisiert werden kann.* Justament darin besteht das Doppelverhältnis von Ästhetik und Ethik.

Von einer Ethitisierung der Ästhetik kann u. a. deshalb gesprochen werden, weil das Ästhetische eigene Moralen erzeugt. Das Ästhetische kann normierend wirken, wie die Ethik beansprucht auch sie, orientierungs- und ordnungsrelevant zu sein, ersinnt sie Regulative mit ethischem Gehalt, so etwa, wenn sich Herder zur „moralischen Grazie“ bekennt.

Prinzipiell will das Ethische häufig genug mehr als nur das Ästhetische, es zielt auf das moralisch Gute – eine Vorstellung, die im antiken Ideal des *„Kalonkagathon“*, des *„Schönguten“* erstmals urkundlich erwähnt wurde. Das Gute soll mit dem Schönen zu einer Einheit legiert werden, die später, eigentlich schon bei Platon, erst recht in der Neuzeit dadurch zerbrochen wird, daß dem Ethischen und dem Ästhetischen verschiedene Regionen zugewiesen werden. In der Antike, das als Fußnote hinzugesetzt, bildete nicht bloß das Schöne mit dem Guten ein Bündnis, vielmehr wurde es noch durch das Wahre ergänzt. Die Trias von schön–gut–wahr veranlaßte u. a. Platon, die Beziehung von Philosophie und Kunst abzuklären, und führte in der Neuzeit, so auch in diesem Jahrhundert, zu der Grundsatzthematik, ob denn die Kunst als ein *Ort der Wahrheit* bestimmt werden könne (vgl. dazu u. a. Gadamer 1960).

Ästhetisches intendiert traditionsgemäß das Aufscheinen und Angerührtwerden durch das Schöne etwa so, daß daran das moralisch Gute miterfahren wird. Das gilt nicht nur für die Kunst, sondern wird auch auf das Naturschöne projiziert, das Kant einmal als „Symbol des Sittlichen" bestimmt hat. Auch der ästhetische Naturerfahrungsbereich verläßt somit das rein Ästhetische und wird an das Ethische rückgebunden, so daß durchaus, von Fall zu Fall, die Gefahr einer *Instrumentalisierung* der Ästhetik aufkommen kann, insofern sie - *Medium* für das moralisch Zuträgliche und Bekömmliche wird.

Wohlbemerkt: Das Ästhetische *kann* eine Art von ethischer Dienstleistungsfunktion erbringen, muß dies aber nicht notwendigerweise. Ebenso unverkennbar ist die in der Gegenwart beobachtbare *Tendenz* der *Ästhetisierung der Lebenswelt* unter Einschluß ethischer Lebensformen, weshalb momentan ästhetische Diskurse so intensiv, extensiv und kontrovers geführt werden. Die einen streiten eine derartige Ästhetisierung der Moral/Ethik ab, das andere Lager behauptet dies und verteidigt den kaum zu ignorierenden Ästhetikvormarsch offensiv, und das nicht einmal mit schwachen Argumenten (vgl. dazu Welsch 1990). Ästhetikerstreit hin und her – eine Gewißheit ist unanfechtbar: Die Ästhetik ist darin ziemlich autonom, daß sie ein nur ihr zukommendes Wert- und Kategoriengefüge vorweisen kann.

Wie es ethische Ideale, Normen, Prinzipien und Wertvorstellungen gibt, so existieren ebenso ästhetische Ideale und Werte, die sich konventionell von der *Schönheit* leiten lassen, die Sinn und Maß des ästhetischen Tuns ist. Wo man sich zur Welt verhält, da formen sich zwangsläufig Haltungen heraus. Das ästhetische Weltverhalten findet seinen Ausdruck in ästhetischen Haltungen, die von einer *normativen Grundierung* durchzogen werden und auch ausdrücklich das Naturschöne mitbeachten. So ist etwa das heutzutage wieder begehrte *Einssein von Natur und Mensch* auch als eine ästhetische Norm aufzufassen, die gleichzeitig zu moralischem Tun auffordert. Oder ein anderes Beispiel: Wird das sittliche Grundprinzip „Ehrfurcht vor dem Leben“ ernst genommen, so wäre es eigentlich nur folgerichtig, daraus die ästhetische Norm „Ehrfurcht vor dem Naturschönen“ abzuleiten.

Woraufhin das Ethische und Ästhetische schlußendlich konvergieren, ist das nicht nachlassende Bestreben, Leitlinien für die richtige Gestaltung des Daseins auszuarbeiten. Ihr gemeinsamer Zielpunkt ist die Sorge um eine angemessene Lebensführung. Das „gute Leben“ *kann* durchaus das „schöne Leben“ sein, für die Gutheit des Lebens ist dann das Schöne *der* Indikator. Denkbar ist aber auch: Das schöne Leben wird dann als wahrhaftig geglückt angesehen, wenn es vornehmlich ethischen Kriterien Genüge tut, wenn, um ein Exempel zu nennen, das Erleben des Naturschönen eine moralische Läuterung bewirkt.

Foucault, einer der französischen Startheoretiker des letzten Jahrzehnts, hat nicht umsonst die *Ästhetik als Existenzform*, als gelingendes Daseinsmodell beschrieben. Was dem Leben als das Bekömmliche oder Unbekömmliche abgewonnen werden kann und worin dieses Zuträgliche besteht, darüber zu befinden ist auch eine Leistung der Ästhetik.

Ästhetik und Ethik sind *radikale* Verhältnisse des Menschen zur Welt und Natur, da sie menschliches Existieren gleichermaßen an der sie bestimmenden Wurzel fassen, nämlich eine *richtige Daseinsführung* zu finden. Dabei ist *Freiheit* unerläßlich; die Ethik der Neuzeit ist, wie wir an anderer Stelle schon festhielten, eine solche, die Freiheit schon immer als möglich unterstellt. Mit der Ästhetik verhält es sich nicht anders – auch für sie ist Freiheit konstitutiv. Die „freie Schönheit“ (Kant) zieht die ästhetische Haltung in ihren Bann. Die Bestimmung des „schönen Lebens“ kommt ohne Freiheit nicht aus. Dafür ist im übrigen die praktische *und* theoretische Vielfalt von Ästhetiken ein untrügliches Indiz. Der angesprochene Konjunkturaufschwung der Ästhetik vollzieht sich auch im Zeichen des Vielheitsgebots. In der aktuellen Ästhetik wimmelt es von Konzepten und Stilrichtungen, ist Heterogenität Trumpf, weshalb es sich verbietet, von einer *einheitlichen* Ästhetik zu sprechen.

Was weiterhin die Ethik mit der Ästhetik mehr als marginal verbindet, ist die Idee der *Co-Existenz*. In der hier präsentierten Ethik/Moral wird Co-Existenz zur Drehscheibe und auch in einer Ästhetik mit ökologischen Optionen hält sich diese Idee grundständig durch. Schlicht und einfach: Viele für Homo Oecologicus bedeutsame ästhetische Erfahrungen werden *im Kontakt mit der Natur* gemacht. In der *Begegnung mit* der Natur erlebt er diese als ästhetisch.

Die Co-Existenz von Mensch und Natur bereitet den Boden für das Erleben unverwechselbarer ästhetischer Qualitäten.

Ich denke, daß die Darstellung weiterer Knotenpunkte zwischen Ethik/Moral und Ästhetik hier fürs erste beendet werden kann und statt dessen die für die künftigen Argumentationskreise wichtigen Vorblicke auf den Punkt gebracht werden sollten.

1. Das Ethische und Ästhetische, werden die letzten Überlegungen toleriert, stehen sich nicht als Fremdlinge gegenüber: Der Übergang von der ethischen in die ästhetische Region, wie er hier beschritten wurde, ist ein nahtloser. Obwohl die (akademische!) Ästhetik ungleich jünger als die Ethik ist – die Ästhetik ist ein *typisches* Kind der Moderne, die Ethik kann stolz auf ihre antiken Gründerväter zurückschauen –, kreuzen sie sich in den unabschließbaren Versuchen, Modelle für eine angemessene Lebensführung zu ersinnen, oft kritisch, da gegenläufig zum Bestehenden. Für die anthropologische Struktur des Homo Oecologicus eine ganz wichtige Auffassung; denn er hat neben dem Ethischen/Moralischen das Ästhetische in seine Lebensführung zu integrieren. *Für sein Naturverhalten sind moralische und ästhetische Haltungen gleichermaßen essentiell und existenziell.*

2. Wenngleich eine formelhafte Definition dessen, was Ästhetik ist, gezielt ausgespart wurde, weil der Abstraktheit solcher Definitionen zufolge das eigentlich Anschauliche, das gerade ästhetisches Verhalten kennzeichnet, auf der Strecke bleibt, so konnte dennoch in diesem Vorblick schon das typische ästhetische Vokabular anklingen. Danach hat es die Ästhetik mit der *Sinnlichkeit*, mit *Wahrnehmungen*, mit dem *Schönen*, mit *Genuß, Gefallen, Erleben* und ähnlichem zu tun. Freilich ist all das noch verfeinerungsbedürftig. Aber immerhin sind damit bereits Phänomene benannt, die zur weiteren Profilbildung des Homo Oecologicus beitragen werden.

3. Damit steht im engsten Zusammenhang: Dem Ästhetischen kommt eine hohe anthropologische Relevanz zu. Theorietechnisch gesehen, kann und muß die Ästhetik nicht bloß in die Ethik eingegliedert werden, vielmehr auch in die Anthropologie, womit sich einmal mehr bewahrheitet, daß Ethik und Anthropologie, aber auch die Ästhetik *Orientierungsdisziplinen* sind, weil sie Modelle geglückter Lebensführungen simulieren. Es ist nicht falsch festzustellen, daß Ästhetik bisweilen zur Anthropologie wird, und zwar schon, wie unsere Chronik belegte, bei ihrer neuzeitlichen Premiere durch Baumgarten, der mit dem Bild des „*felix aestheticus*“ ein bestimmtes Menschenideal durchsetzen wollte. Die Ästhetik, und so läßt sich – ge-

nerellerweise – dieser spezifische Befund ins Allgemeine verlängern, schöpft und beruft sich auf Ideale sowie Ideen vom Menschen, die bildhaft gestaltet werden.

Schärfer noch: Sie stellt, siehe Baumgarten, *Idealtypen* vom Menschen auf, die der Lebenspraxis Kompaß sein sollen. Also: Homo Oecologicus scheint sich in der besten Gesellschaft zu befinden. Nur: Er ist, wie wir längst wissen, kein „reiner“ Ästhet, *sondern unter anderem auch* Ästhet; das ästhetische Empfinden und Wahrnehmen konstituieren ihn *mit*. Aber wie? Das ist die fortan zu beantwortende Fragestellung. Wodurch und weshalb ist das Ästhetische so existenziell für ihn? Wie steht es um seinen ästhetischen Habitus? Was macht Homo Oecologicus zu einem ästhetischen Menschen?

Ästhetische Bestimmungsstücke des Homo Oecologicus

Als Führungshypothesen, die die folgende Gedankenstrecke verklammern, bieten sich deren zwei an: Die früher schon getroffene Auffassung, daß Homo Oecologicus auf seine Weise *exemplarisch* den Typus des „ganzen Menschen“ repräsentiert, wird durch die Aufnahme der ästhetischen Sphäre erhärtet und um neue Argumente angereichert. Darüber hinaus kann Homo Oecologicus als Homo Aestheticus immer schon *mehrere* ästhetische Verhältnisse zur Natur eingehen, er ist in seinem naturästhetischen Erleben und Erfahren nicht fix programmiert; er kann sich der Natur gegenüber ästhetisch *unterschiedlich*, durchaus plural nähern, er ist so etwas wie ein *Polyästhet*.

Homo Oecologicus ist ein *sinnliches Wesen, durch und durch* – das ist die erste ästhetische Bestimmung. Weshalb eine ästhetische? Weil, man erinnere die Entstehungsgeschichte der Ästhetik bei Baumgarten, Ästhetik vor allem und gegenüber allen anderen die Sinnlichkeit als Säule in den Grundriß der conditio humana festrammt. Ohne die Einbeziehung der Sinnlichkeit bleiben alle Versuche, halbwegs „vollständige“ Menschenbilder zu kreieren, merkwürdig unterbestimmt.

Fragt man nun weiter nach dem Essentiellen dieses Sinnlichen, dann kommt man schnell auf die *Wahrnehmung*. Das Ästhetische hat zur Basis vielfältig verschlungene Wahrnehmungsprozesse, mit denen überhaupt Welt, und darin inbegriffen Natur, aufgeschlossen wird. Alles philosophisch-anthropologische Lehren über Weltoffenheit wäre müßig, gäbe es nicht den ganz eigentümlich konstruierten Wahrnehmungsapparat. Über solch höchst kompliziert verlaufende, keineswegs mechanistische Wahrnehmungsvorgänge wird Homo Oecologicus die Natur zu einem ästhetischen Phänomen mit ganz eigenartigen Attraktionen.

Ästhetische Erfahrungen mit und an der Natur haben ihr gründendes Element in den sinnlichen Wahrnehmungen, denen Empfindungen, spezifische Sensationes hinzugesellt werden können. *Das naturästhetische Verhalten ist, wie jedes ästhetische Verhältnis sonst, durchprägt von Wahrnehmungen als der elementarsten Schicht des Naturzugangs*. Für die ästhetische Konstitution des Homo Oecologicus verdienen meines Erachtens sechs Besonderheiten der Wahrnehmungsakte Hervorhebung:

1. Die Wahrnehmung der Lebewesen ist so beschaffen, daß sie hochgradig *selektiv* ist: Etwas wahrnehmen bedeutet stets, dieses da, etwa den Herbstwald eines Thüringer Dorfes, ausschnitthaft wahrnehmen. In den z. T. unglaublich schnell wechselnden Wahrnehmungen kann nicht alles gleichzeitig wahrgenommen werden, eine *totale* Wahrnehmung ist unmöglich; es bleiben stets Reste des Nicht-Wahrgenommenen. Verallgemeinert man dies, dann dürfte mit dem folgenden kein Widerspruch geerntet werden: *In der Struktur der Wahrnehmung ist begründet, daß zum Wahrgenommenen notwendigerweise das Nichtwahrnehmbare und Nichtwahrgenommene zählen*. Die Wahrnehmung, eine zweifelsohne überaus aktive Tätigkeit, ist so eingerichtet, daß sie, indem sie etwas Spezifisches wahrnimmt, z. B. die geschlossene Blumenknospe, anderes unter Wahrnehmungsausschluß stellt. So paradox es klingen mag, es trifft trotzdem zu: Die bewußt konturierte spezifische Wahrnehmung ist nur möglich, weil es *gleichzeitig* Nicht-Wahrnehmbares und Nicht-Wahrgenommenes gibt.

Neben der Selektivität der Wahrnehmung ist deren Aktivität bemerkenswert. Die gegenwärtig vermehrt Zuspruch findende Gehirnforschung hat einen ihrer Angriffspunkte in der Erforschung der nach wie vor unvorstellbar komplexen Wahrnehmungsprozesse. Mittlerweile wurde u. a. herausgefunden, daß mit Hilfe der Wahrnehmungsorgane bestimmte, durchaus flexible Strukturen errichtet werden, die die aufgenommenen Reize gleichsam sortieren, Wichtiges von Unwichtigem scheiden und in bestimmte Schemata bündeln. Ein Schlüsselorgan ist das Auge – vor allem dessen Netzhaut –, das, bildlich gesprochen, als Fenster zum Gehirn fungiert, dadurch aber auch Welt gewissermaßen filtert.

Selektive Wahrnehmung bedeutet auch, daß man aus der Flut von Wahrnehmungen und Wahrnehmungsreizen, denen man in der heutigen *medialen Wirklichkeit* pausenlos ausgesetzt ist, vieles abdrängt oder im Diffusen beläßt. *Zum Wahrgenommenen gehört das Nicht-Wahrgenommene*, zum Ästhetischen das Nicht-Ästhetische, und auf dem Grund des An-Ästhetischen erhält das Ästhetische Konturen. Ästhetische Praxis und Wirklichkeit haben im An-Ästhetischen ihre Bedingung. (Zu einer differenzierten, weniger pauschalen Qualifizierung der Kategorie der An-Ästhetik vgl. vor allem Welsch 1990 sowie vorher schon, wenngleich bescheidener in der Darstellung und auch anders orientiert, Marquard 1989.)

2. Wahrnehmen, das geht schlagend aus 1. hervor, ist nicht pures *Anschauen*, kein rein sinnlicher Prozeß, der da in Gang gesetzt wird, vielmehr sind die Wahrnehmungsorgane so strukturiert, daß darin sozusagen kognitive Fühler eingebaut sind. In die Wahrnehmung gehen reflexive Strukturen ein, Wahrnehmungen operieren mit Kategorien, von denen her sie gesteuert werden können. Bedient man sich der Terminologie der herkömmlichen Ästhetik: In den Wahrnehmungsvorgängen wirken Anschauung *und* Begriff gleichermaßen aufeinander ein, durch sie werden Wahrnehmungsleistungen überhaupt ermöglicht. Für die Wahrnehmung ist die aktive Teilhabe der Reflexion vonnöten, worüber Kant in seiner 3. Kritik, der ›Kritik der Urteilskraft‹ (1790), ausgiebigst instruiert hat. Daß Wahrnehmungen nicht reflexionsfrei zu haben sind, das hatte bereits der Ästhetikaltmeister Baumgarten in seiner Definition von Ästhetik als einer „Kunst, schön zu denken“ (ars pulchre cogitandi) einschärfen wollen, und in seiner Nachhut ist dann vehement darüber gefochten worden, ob denn nun der Begriff, das Denken oder die Anschauung zu bevorzugen seien.

Solche philosophischen, mancherorts haarspalterischen Streitigkeiten müssen uns hier nicht weiter beunruhigen (vgl. dazu u. a. Bubner 1989); von Wichtigkeit ist die Allianz zwischen Denken und Anschauen, Unsinnlichem und Sinnlichem in der Wahrnehmung. Die ästhetische Wahrnehmung ist ein Paradebeispiel für die Vergeistigung des Sinnlichen und für die Versinnlichung des Geistigen. Oder noch zugespitzter: *Die Sinneswahrnehmung kann zu ihrem Sinn die Sinnwahrnehmung haben.* Homo Oecologicus ist daher als Sinneswesen auch Reflexionswesen, das ästhetisch zu denken und zu erkennen vermag.

3. Die sinnliche Organisation des Menschen ist eine Konstruktion, in der mehrere Sinne zusammenwirkend unterschiedliche Leistungen bringen: das Riechen, Tasten, Schmecken, Hören und Sehen – alles Tätigkeiten, die in spezifischen Sinnen gründen, die in der Gesamtheit als außerordentlich imposant erscheinen, aber auch für sich, als einzelner Sinn Erstaunliches vollbringen. Das wird immer dann bemerkt, wenn die Sinnesleistungen, etwa krankheitsbedingt, vor-

übergehend geschwächt werden oder ganz ausfallen, ihre Dienste versagen. Wenn einem „Hören und Sehen vergeht“, dann *spürt* man, wie sehr das Leben dadurch verarmt.

Die Stillegung der Sinne oder das Schwinden derselben bedeutet die Hinnahme von schweren lebensqualitativen Einbußen. Wer will ernstlich leugnen, daß auch und gerade die Existenz der Sinne das Leben zu einem lebenswerten macht? Obschon jeder Sinn für sich genommen spezifische unabtretbare Leistungen erbringt und Funktionen ausübt, kann man kaum übersehen, daß das Sehen der Sinnesorganisation eine besondere Qualität schenkt.

Dementsprechend genießt das Auge im Konzert der Sinne einen beträchtlichen Respekt, der bis hin zur Hochachtung reicht. Dem Sehen wird häufig der Führungspart angewiesen, und gebührt ihm dieses Renommee nicht zu Recht? Gestattet uns das Auge nicht wie kein anderes der Sinnesorgane Distanz sowie Neutralität zum Gesehenen der Dinge und Natur? Ist das Auge nicht *die* Eingangspforte zum Sehen und eine Art Steuerungsorgan für kognitive Aktivitäten? Wohl nicht zufälligerweise spielt das Sehen eine *Sonderrolle*, die in den vielfältigen Potenzen des Auges angelegt ist, die, zumal bei ästhetischen Erfahrungen, mobilisiert werden. Das Auge erst erzeugt jene Sichtbarkeit, die vielen ästhetischen Erfahrungen ihren eigenartigen Reiz gibt. In der ästhetischen Erlebniswelt scheint sich, wie in der medialgesteuerten Wirklichkeit, alles um die *optische Wahrnehmung* zu drehen, dem Primus inter pares unter den Wahrnehmungsweisen. In der für ästhetisches Empfinden und Denken typischen Semantik dominieren Ausdrucksweisen wie An*schauen*, Auf*blicken*, Zu*sehen*, Um*schau*, An*blick*, Hell*sichtigkeit* und andere mehr; sie sind Fingerzeige für die Dominanz des Sehens, das auch oft zur Metaphernbildung herhalten muß, z. B. der Weitblick oder der Durchblick, die Einblicknahme, aber auch Kurzsichtigkeit, die dem menschlichen Verhalten zugeschrieben werden.

Nicht zu unterschätzen: Dem Sehen beigesellt ist das *Wegsehen*. Man sieht weg, weil man einen bestimmten Anblick, z. B. den vom Hungertod bedrohter Kleinkinder, nicht ertragen will. Oder: Man sieht bei einer bekannten, auf der Geschäftsstraße entgegenkommenden Person weg, weil man einer Begegnung mit ihr aus dem Wege gehen will. Oder: Man will sich den Anblick getürmter Müllberge ersparen und schaut weg. Dieses Wegsehen, das Von-etwas-absehen-Wollen, geschieht weder reflexions- noch motivationslos, wie diese singulären Beispiele zeigen. In zahlreichen Fällen ist das bewußte Wegsehen mit dem gezielten Vermeiden oder Ignorieren von Situationen verbunden. Daneben gibt es auch noch das mehr unbewußte, zufällige *Übersehen* von etwas.

4. Das ästhetische Verhalten reicht ganz tief in die sinnliche Organisation des Menschen hinein. Das sollte jedoch nicht blind machen für deren Reichweite. Sinne können nicht nur Täuschungen unterliegen, sie sind generell in ihrer Kapazität begrenzt. Dafür bot der 26. April 1986, *der* Tag von Tschernobyl, ein schmerzhaftes Lehrstück. Tschernobyl ist auch ein *ästhetisches Großereignis* gewesen, ein makabres dazu. Denn seit diesem Datum ist die Einsicht unwiederbringlich, daß die sinnlichen Wahrnehmungen von den technologischen, wirklichkeitsbestimmenden Destruktionskräften gleichsam überlistet werden.

Das menschliche Sinnlichkeitspotential ist hier unwiderruflich an seine Grenzen gestoßen. Die Wahrnehmungsorgane haben Tschernobyl schweigend, wehrlos zur Kenntnis nehmen *müssen*. Vor einem solchen „Super-GAU“ mußten sie resignativ kapitulieren; die überaus wichtige *Schutzfunktion*, die Sinnesleistungen „im normalen Leben“ ganz hoch anzurechnen ist, ist eklatant in die Schranken verwiesen worden. Tschernobyl ist generell ein Fanal und bedrohliches Symbol für die fortgeschrittene *Entsinnlichung* unserer Lebenswelt.

Diese Ökokatastrophe belehrt uns unverhohlen über den ästhetischen Zustand *unserer Welt*, sie kompromittiert die Sinnlichkeit, und indem sie das tut, kann man Gefallen an dem Argument finden, daß der einzig der Menschheit verbleibende Schutz vor einer Wiederholung solcher Katastrophen die *Moral* sein dürfte. Homo Oecologicus kann sich offenbar im Kampf gegen die ökologische Verfinsterung der Welt nicht allein auf seine Sinne verlassen. Das ist die ästhetische Wahrheit, *die* von Tschernobyl.

5. Ästhetisches Verhalten setzt Wahrnehmungsprozesse voraus, die es beinflussen und lenken. Immer schon reflexiv konstruierte Wahrnehmungsorgane *filtern* den Ansturm der Sinneseindrücke, ordnen die Sensationes, was im biographischen Fortgang der Individuen zu Wahrnehmungsgewohnheiten führt, der Umgang mit Wahrnehmungen folgt Rastern und spezifischen Mustern, mit denen geschaut und weggeschaut wird, Sinnliches und Übersinnliches aufgenommen oder abgestoßen wird. Für diesen individuell getönten, gleichwohl idealtypisch generalisierbaren Umgang mit Wahrnehmungen will ich den Begriff des *ästhetischen Wahrnehmungsstils* einführen und in seiner Grundrichtung charakterisieren, weil dadurch auch Homo Oecologicus als Polyästhetiker in seiner gesellschaftlich vermittelten anthropologischen Konstitution bestimmbarer wird. Ästhetische

Wahrnehmungsstile, die durch Gesellschaftszugehörigkeit ebenso geformt werden wie durch Lern- und Bildungsprozesse, sind Basiselement eines Lebensstils wie der Lebensführung überhaupt. Wahrnehmungsstile, in Erziehungs- und Sozialisationsprozessen erworben, erfüllen eine wesentliche Leistung für die Daseinsführung.

6. Nicht sämtliche Wahrnehmungen sind ästhetischer Art, nur ein Teil von ihnen. Ästhetische Wahrnehmungen konkurrieren mit anderen, beispielsweise mit ökonomischen, politischen, medizinischen u. a. Die ästhetischen Wahrnehmungsstile bilden eine eigene Wahrnehmungsklasse, die durch zwei Kriterien vornehmlich von anderen Wahrnehmungsformen unterscheidbar ist: durch ihren Gegenstand *und* durch die Weise (= Modus), *wie* dieser Gegenstand „aufgenommen" wird.

Worauf richten sich also ästhetische Wahrnehmungsstile? Auf alles und jedes? Das wäre vorstellbar! Aber: Nicht alles und jedes wird als ästhetisch wahrgenommen und als solches qualifiziert. Ist nicht, einem spontanen Vorurteil nachgebend, die Kunst das vorzügliche Objekt ästhetischer Wahrnehmung? Ja – und nein! Ist nicht das Schöne *das* Objekt ästhetischen Begehrens und Genießens? Ja – *und* nein! Wie lassen sich doppelte Bejahung und simultane doppelte Relativierung erklären? Dieser merkwürdige Sachverhalt bietet Anlaß zu folgender Hypothese: Ästhetische Wahrnehmungen lassen sich nicht nur von dem Kunstmäßigen, auf das die klassische Ästhetik so lange eingeschworen wurde, bannen, sondern auch von anderem. Und weiter: Nicht bloß das Schöne reizt die ästhetische Wahrnehmungswelt.

Machen wir uns also daran, diese These zu stützen, indem wir kurzgebündelte Auffassungen einiger Schutzpatrone der neuzeitlichen Ästhetik defilieren lassen: Baumgarten, so vermerkten wir, machte die Ästhetik philosophisch hoffähig und brachte dadurch in der Folgezeit einen ästhetischen Stein ins Rollen, den u. a. der berühmte Königsberger Philosoph Kant auffing und in der ihm unnachahmlich originellen Weise weiter fortbewegte, wie dessen ›Kritik der Urteilskraft‹ über alle Maßen eindrucksvoll bezeugt.

Kant macht sich nämlich als erster auf den Weg, die *ästhetische Erfahrung* ernsthaft philosophisch zu begründen, indem er u. a., aber doch zentral nach der Wahrheit ästhetischer Geschmacksurteile fragt, deren Verbindlichkeit prüft, um diesen dann den Beigeschmack des bloß Subjektiven und Privaten zu nehmen und auf Allgemeines, Öffentliches sowie Objektives zu beziehen, ohne daß Kant der Idee nachgejagt wäre, für Geschmacksurteile die Gültigkeit von

Wahrheitsurteilen zu postulieren. Nein – das wäre ein gravierendes Mißverständnis. Was Kant beabsichtigte, war die Legitimation des Ästhetischen als einer Eigensphäre, abgrenzbar von theoretischen Begriffen und praktischen Zweckmäßigkeitsurteilen. Das Ästhetische, so seine weltberühmte Formulierung, entzündet sich am *„interesselosen Wohlgefallen“*, frei von irgendwelchen ökonomischen oder pragmatischen Zweckerwägungen, frei von allen Dienlichkeits- und Nützlichkeitsstrategien.

Im Verfolg der weitmaschigen Begründungsschritte dieses Hauptgedankens, daß sich ästhetisches Verhalten, ästhetische Erfahrungen unter Absehung aller Nutzenkalkulationen auszeichnen und darin einen spezifischen Modus der Wahrnehmung besitzen, umgrenzt Kant den Eigenbereich der Ästhetik hauptsächlich als den des Schönen. Die ästhetischen Erfahrungen zielen auf die *Erfahrung des Schönen*, und das das bloß Subjektive hinter sich lassende Geschmacksurteil will die „objektive“ Geltung desjenigen herausfinden, wenn „wir etwas schön finden“.

In unserer Begrifflichkeit: Kant reserviert für die Ästhetik das „schöne Leben“. Wo ereignet sich dies jedoch? In der Kunst. An diese Bestimmung hatte man sich gewöhnt. Danach hat die Ästhetik zu ihrem herausragenden Thema das *Kunstschöne*. Kant geht noch weiter und nimmt in die Gegenstandsfestlegung ebenso das *Naturschöne* mit auf. Er löst also die Fesselung des ästhetischen Denk- und Erfahrungsraums an das Kunstschöne auf. Ästhetische Wahrnehmungsstile haben das Kunst- *und* Naturschöne zu ihrem Inhalt. Das hat Kant klar ausgesprochen – und mehr noch: Für ihn ist *das Naturschöne höherwertiger als das Kunstschöne*. Kunstwerke sind dann besonders gelungen, wenn sie wie Natur scheinen. Hinter diesem Werturteil, welches das Naturschöne vor das Kunstschöne setzt, steckt das konventionelle Verständnis von Kunst als Nachahmung der Natur, was jedoch nicht mit Naturrealismus in einen Topf geworfen werden kann, da das Kunstschöne dort qualitativ besonders hochstehend ist, wo es die Freiheit des Subjekts spiegelt und freie Schönheit ist.

Kants Verdienst besteht darin, daß er die Ästhetik als einen exklusiven Bereich der Philosophie rechtfertigte, der eigene Erfahrungen, Urteile und Gegenstände besitzt. Dem *Kunstschönen* wird das *Naturschöne* nicht nur bei-, vielmehr übergeordnet, und auch die moralischen Qualitäten des Ästhetischen kommen nicht zu kurz, insofern Kant das Interesse am Naturschönen für das „Kennzeichen einer guten Seele“ hält. Mithin bindet er das „schöne“ an das „gute“ Leben.

Kant, schon zu seinen Lebzeiten, dann bis hin in die Gegenwart *eine* Autorität auch in Sachen Ästhetik, hat einen ersten Beweis für unsere These geliefert, daß die ästhetischen Wahrnehmungsstile zwar auf das Kunstschöne, aber auch auf das *Schöne der Natur* gerichtet sind. Die ästhetische Erfahrung mit und an der Natur wird ein bevorzugtes Objekt ästhetischen Denkens und ästhetischer Bildung. Schiller, in manchem Kant verschuldet (vgl. dazu Schiller 1960), in manchem von ihm abweichend (vgl. Schiller [3]1962), exerziert dies vor und gibt Kant einen romantischen Dreh dadurch, daß Natur zum Geschöpf schwärmerischen Fernwehs gerät. Romantische Naturästhetik leidet quasi an der Abwesenheit, an dem in der Ferne liegenden Naturschönen, dessen Verhältnis zum Kunstschönen nachkantisch durchaus umgewichtet werden kann.

Hegel beispielsweise, in einer Reihe von philosophischen Grundsatzproblemen ein Antipode Kants, plädiert *gegen* Kant und *für* die Präferenz des Kunstschönen. Hegel, dem das Schöne das „sinnliche Scheinen der Idee" ist, konnte sich partout nicht dazu durchringen, dem Naturschönen diesen Ideenadel zu verleihen, verglichen mit dem Kunstschönen ist das Naturschöne minderwertiger; das Naturschöne bleibt gemäß der Hegelschen *Geist*philosophie sozusagen in sich selbst stecken, gibt sich nicht als das Schöne zu erkennen, scheint nicht schön auf, in sich selbst befangen, nicht aus sich selbst heraustretend, kann das Naturschöne nur durch die unabhängig von der Natur verfertigte Idee als schön erscheinen. Deswegen kann das Naturschöne nur durch das Kunstschöne in seinem möglichen ästhetischen Glanz zubereitet und wahrgenommen werden. Das Naturschöne kann eigentlich nur in den Kunstwerken *heraustreten.* Diese Einschätzung, soviel nur am Rande, wird in unserem Jahrhundert durch einen anderen hochkarätigen „dialektischen Denker", nämlich durch Adorno kritisiert, der in seiner Ästhetik (1973) das Naturschöne wieder rehabilitieren will.

Wie auch immer die Rivalität zwischen dem Naturschönen und Kunstschönen ausgeht, ob das Naturschöne vorbildhaft für das Kunstschöne gedacht wird oder umgekehrt, für Homo Oecologicus als Homo Aestheticus ist ein solcher Rangstreit wenig bedeutsam; für dessen ästhetische Wahrnehmungsstile ist allein wichtig dies, daß er nicht nur natur-, sondern auch kunstästhetische Erfahrungen macht. Die Doppelung des Natur- *und* Kunstschönen leitet und fundiert die ästhetische Wahrnehmungswelt des Homo Oecologicus.

Von Doppelung kann und muß aber auch in einer anderen Hinsicht geredet werden, nicht nur dahingehend, daß es ein zweipoliges

Objekt des ästhetischen Interesses gibt: das Natur- und das Kunstschöne. Es ist darüber hinaus unzulässig, die ästhetischen Erfahrungen auf die des Schönen zu verengen. Ich meine damit nicht so sehr, wenngleich auch den Tatbestand, daß mit dem Schönen auch das Unschöne, Häßliche wahrgenommen wird, wobei sich auch am Häßlichen Ästhetisches zeigen kann (vgl. dazu die Studie des Hegel-Schülers K. Rosenkranz: ›Ästhetik des Häßlichen‹ [1853]), das Nicht-Schöne notwendig zur Erfahrung des Schönen gehört, ja: das Schöne nur vor dem Absetzen vom Nichtschönen als ein solches erfahrbar wird. Worum es mir geht, ist noch etwas anderes – und zwar die Unbotmäßigkeit, das Schöne als *den* Gegenstand und *den* Wert ästhetischen Wahrnehmens schlechthin anzuerkennen. Zum ästhetischen Erfahrungsschatz tritt noch ein weiteres Phänomen hinzu: das *Erhabene*, das u. a. E. Burke bereits vor Kant untersuchte (vgl. dazu Burke 1980), das aber in der Folge nie am „klassischen“ Primat des Schönen rütteln konnte.

Die Ästhetik reüssiert eindeutig im Zeichen des Schönen, das deren Gründungsmitglieder, so schon in der Antike Platon, eindeutig und bisweilen sehr einseitig auf ihre Flagge schrieben. *Ästhetik und Schönheit*, das waren und wurden Synonyma, während das Erhabene eher ein Schattendasein führte. Schönheit machte Karriere aber auch im Zeichen von *Versöhnung und Harmonie*. Dem Schauen und Erfahren des Schönen korrespondierte ein tiefes Versöhnungsbedürfnis.

Das Erhabene wurde, um hier keine Fehlinformation zu vermitteln, von Beginn der Ästhetik als philosophischer Disziplin an zwar in das ästhetische Kategoriengefüge aufgenommen, verblaßte jedoch, bildlich gesprochen, am Glanz des Schönen. Das sollte sich später ändern, vor allem in den letzten Jahrzehnten unseres Jahrhunderts, aber auch schon davor gelang dem Erhabenen der ästhetische Aufstieg, so daß es für viele Ästhetiker zu einer Wachablösung des Schönen durch das Erhabene gekommen ist. Adorno sponsert beispielsweise das Erhabene in der Gegenwendung gegen eine Ästhetik, die sich am Erfinden formalisierter, für die Ewigkeit ausgestatteter Schönheitsgesetze gefällt, und nimmt eine Umpolung auf das Erhabene sowie auf das Unharmonische, Widerstreitende vor. *Der* Guru der Postmoderne, Lyotard, bastelt zudem eifrig an der Neubewertung des Erhabenen mit. Von Foucault wird die „Ästhetik des Erhabenen“ gar als Lebensform proklamiert.

Auch das ist nicht folgenlos für Homo Oecologicus; denn sein ästhetischer Wahrnehmungsduktus wird durch das Erhabene mitbestimmt, so daß nun auch unsere „kleine“ Hypothese als rechtmäßig bestätigt werden kann: Zum einen wird das ästhetische Gefallen gleichermaßen durch das Natur- und Kunstschöne und zum anderen durch das Schöne *und* Erhabene gebannt, weshalb wir die eingangs recht lockere Umschrift, die ästhetische Wahrnehmung habe es mit dem „schönen Leben“ zu tun, um den Zusatz *„und* dem erhabenen Leben“ ergänzen müssen. Die Natur *und* Kunst, das Schöne *und* das Erhabene sind die vorzüglichen Bereiche der ästhetischen Wahrnehmungsaufmerksamkeiten des Homo Oecologicus.

Mit diesem Befund sind wir bereits etwas tiefer in die *ästhetische Verfassung* des Homo Oecologicus vorgedrungen, aber unausgesprochen blieben noch die Wahrnehmungsstile, deren er sich „bedient“. Zur Erinnerung: Homo Oecologicus agiert mit mehreren Wahrnehmungsstilen, in deren Handhabung er flexibel ist – und indem er sich an diesen orientiert, erweist er sich wahrlich als *Polyästhet.* Macht man die Probe aufs Exempel, so lassen sich, idealtypisch, wenigstens drei Wahrnehmungsstile absondern, die ihrerseits noch einmal Verzweigungen und Nuancierungen zulassen, untereinander ausdifferenziert werden können, nicht jedoch in einem hierarchisch angeordneten Gefüge stehen. Homo Oecologicus praktiziert diese Stilbildung in Abhängigkeit von seiner jeweiligen Motivation, die ihrerseits wieder durch Situationen, Stimmungen, aber auch Reflexionen beeinflußbar ist. *Die Motivation als Differenzierungskriterium* gewählt, erlaubt die Unterscheidung folgender Stile, die sich im wesentlichen so kennzeichnen lassen (nach der Ausarbeitung dieser Passage sind mir hinsichtlich der Dreiteilung Parallelen und sachliche Nähe zu der Untersuchung von Seel 1991 aufgefallen, wobei es neben terminologischen Differenzen, u. a. und vor allem im Ausgangspunkt, dem der Motivation, zu Abweichungen kommt):

Der co-existenziale Wahrnehmungsstil

Ästhetische Wahrnehmungsstile werden in die Lebensführung integriert und können diese situativ beherrschen. Es ist zu vermuten, daß die Wahrnehmungsstile in der Führung wechseln, daß nicht nur einer, z. B. der ökonomische, kontinuierlich das Wahrnehmungsgeschehen lenkt. Die Ökokrise, nehmen wir noch einmal das Beispiel Tschernobyl, hat berechtigte Zweifel an unserer Aisthesis im ganzen aufkommen lassen, weil rigoros deren Begrenztheit ins Bewußtsein gerufen wurde. Aber dieser Apriltag hat auch unumwunden die *co-existenziale Verbundenheit* von Mensch und Natur verdeutlicht, unverblümt demonstriert, daß die technologischen Größenphantasien des Homo Faber den Exitus der Gattung Mensch bewirken können, für die die gezählten und ungezählten, die benannten und unbenannten Opfer zweifelhaftes Mitgefühl erfahren sollten.

Der *technische* Umgang mit den Naturkräften kann diese zerstören, ist bisweilen gezielt auf Destruktion angelegt, sieht darin seine Zweckerfüllung – nicht so, und ganz im Kontrast dazu, steht die ästhetische Wahrnehmung der Natur: Ihr kommt es nicht auf Herrschaftsgebärden und Vernichtung von Natur an, sondern sie will Natur so belassen wie sich diese selbst, unbeeinflußt von Menschenhänden, geschaffen hat. Die hier gemeinten ästhetischen Naturerfahrungen goutieren von vornherein die Natur als etwas vom Menschen Unabhängiges, an dem sich die Sinne erfreuen können und *sollen*.

Die Natur wird als dem Menschen zugehörig und als ein Essential der menschlichen Daseinsführung interpretiert. Die „Ursprünglichkeit“ der Natur, das, was ohne Eingriffe und Zutun von selbst in der Natur aufgeht und untergeht, zieht die ästhetischen Blicke nicht nur an, sondern wird *gestalterisch* in das Leben einbehalten. *Die Natur wird ästhetisch als etwas Daseinsförderndes wahrgenommen*. Nicht das „interesselose Wohlgefallen“ ist es, was das Naturschöne entzündet, es ist statt dessen die *Motivation, mit dem Naturschönen* das Leben zu intensivieren. Dem Naturschönen gilt nicht der flüchtige Blick, der sich dann rasch abwendet, verflüchtigt und schnell anderen Wahrnehmungen Platz macht, nein: *Die Natur wird in dieser Wahrnehmungsoptik als eine unvergleichliche Essenz lebenswerten Existierens gedeutet*. Obschon es nicht das regelmäßig immer wieder begehrte ethische Ideal des „Einsseins von Mensch und Natur“ ist, das als Primärmotivation dient, so handelt es sich dabei doch um ein diesem nahestehendes.

Es ist die ästhetische Übersetzung dieses ethischen Ideals, das zu einer *Co-Existenz* von Naturschönem und Mensch auffordert. Der ästhetische Wahrnehmungsstil der Co-Existenz ist, mit einem Satz, gekennzeichnet durch die Vorstellung, daß die ästhetischen Erfahrungen *mit* der Natur *Teil* eines *befriedeten Daseins* sind. Die treibende Motivationswurzel besteht in der aktiven Teilnahme des Menschen am Naturschönen, er sucht Gefallen an den Schönheiten in der Natur, um seine Existenz zu bereichern. Als Homo Aestheticus überzieht Homo Oecologicus das Naturschöne mit verschiedenen Sinngebungen; er will zwar die Natur in dem belassen, was diese aus sich gemacht hat, aber das hält ihn nicht davon ab, dem Naturschönen *aktiv* Sinnrichtungen zu entlocken. In diesem Fall ist es die coexistenziale Sinnstiftung, wobei es die Landschaftsästhetik in vorderster Linie ist, die als *Sinnbild* eines halbwegs befriedeten Daseins erscheint; das befriedete Leben ist dabei als Zusammenschluß des guten, schönen und erhabenen Lebens zu sehen. Der Blick auf den ruhigen, bewegungslosen Seeausschnitt kann ebenso als schön empfunden werden wie die bizarre Birkenallee oder ein akkurat hergerichteter Rosenhügel, der schon von weitem durch seine verführerischen Düfte anlockt. Ebenso kann der majestätisch thronende Viertausender in der Berglandschaft als Dokument des Erhabenen wahrgenommen werden.

Der ästhetische Wahrnehmungsstil der Co-Existenz verlangt nach derartigen An- und Aufblicken, weil dank ihrer das Dasein, und sei es immer nur vorübergehend, zu gelingen scheint. Zerstörungen der Naturlandschaft, aber auch der Kulturlandschaft, wozu u. a. die Areale der grauen Betonsilos und „Wohnmaschinen" der Großstadtlandschaft gerechnet werden können, mindern, aus dieser ästhetischen Wahrnehmungsperspektive, die Lebensqualität und reduzieren die Chancen, ein befriedetes Dasein zu gestalten. *Der Verlust bzw. die Schrumpfungsprozesse des Naturschönen hemmen insgesamt die Kultivierung der Sinne und des ästhetischen Wahrnehmungsvermögens.*

Homo Oecologicus wird auch hier wieder nicht nur vor *ambivalenten Erfahrungen* gewappnet werden können. Die Mit-Erfüllung des Daseins im Erhabenen und Schönen der Natur finden, heißt stets auch dem anderen der Natur begegnen, dem Bedrohlichen, Häßlichen, Grausamen und Schrecklichen, dem Ab-Stoßenden, auf das in seinen mannigfachen Formen mit ästhetischen Verweigerungen reagiert werden kann. Das absichtsvolle Wegsehen und das geplante Übersehen sind dem ästhetischen Wahrnehmungsstil der Co-Existenz keineswegs fremd, sondern unterschwellig und direkt Aktivitäten desselben. Die ästhetische Wahrnehmungsweise der Co-Existenz von Mensch und Natur kann und sollte demnach nicht als das sich in „schöner" und dauerhafter Harmonie geglückte Dasein mißverstanden werden, denn der Stachel der Ambivalenz steckt tief im Menschen *und* inmitten der Natur. Homo Oecologicus wird zwar wider diesen Stachel löcken, aber er wird nicht in der Lage sein, ihn zu beseitigen. Die Ambivalenz geht durch seine Existenz und das Leben grundsätzlich hindurch – weder in den moralischen noch in den ästhetischen Handlungsweisen kann man sich ihr entziehen.

Das ästhetische Wahrnehmungsgeschehen des Homo Oecologicus läuft mehrdimensional ab. Der co-existenziale Stil, eine Bezeichnung, die sich bewußt an den Terminus der co-existenzialen Ethik/Moral anlehnt, sieht die Natur als einen *co-existenzialen* Lebensraum des Menschen, innerhalb dessen so etwas wie ein befriedetes Dasein angestrebt wird, das ohne das naturästhetische Element nicht realisierbar ist. Die ästhetische Praxis des Homo Oecologicus ist so beschaffen, daß er die *Naturwirklichkeit*, an der sich sein Gefallen entzündet, zwar materialiter unverändert läßt, indem er sie schont und nicht durch sein Zutun umgestaltet, aber sie kann ihn gleichwohl reizen, die Naturrealitäten zu übersteigen, andere Wirklichkeitsbereiche herauszubilden. Diese Motivation, dem vorhandenen Naturzusammenhang neue und andere Möglichkeiten einzugeben und abzugewinnen, erlaubt Wahrnehmungsvorgänge, die man als transzendent und projektiv benennen kann.

Der transzendent-projektive Wahrnehmungsstil

Gegenüber dem co-existenzialen Stil verschiebt sich mit der Motivation die Sinngebung. Zwar wird hier die Sinngebung von der Co-Existenz zwischen Mensch und Natur grundsätzlich beibehalten, und auch wird die Überzeugung nicht aufgegeben, daß Naturästhetik einem gelungenen Dasein sehr willkommen ist, aber die ästhetischen Erfahrungen erhalten einen neuen Sinn dadurch, daß die Naturwirklichkeiten zu einem *einzigartigen Projektionsfeld* einer mehr oder minder farbenfrohen Bilderwelt geraten sollen. Die Erzeugung eines schier unendlichen Bilderkosmos, der an der Natürlichkeit ansetzt, diese jedoch verwandelt und nicht getreulich abbildet sowie nachahmt, ist der allesbeherrschende Motivationsdrang, der den projektiven Wahrnehmungsstil charakterisiert; diesem kommt es auf die Kreation von Bildern an, wodurch und weshalb die *Einbildungskraft* zum eigentlichen Prüfstand wird.

Aus der Naturrealität werden die Bilder quasi herausgesehen und in diese werden die Bilder eingebildet. *Dieser ästhetische Wahrnehmungsstil lebt ganz von der menschlichen Einbildungskraft.* Die Imaginationsfähigkeit schöpft Bilder, an denen sich die ästhetischen Erfahrungen und das ästhetische Nachdenken orientieren. Wo Homo Oecologicus diese Wahrnehmungsweise der Natur bevorzugt und auch kultiviert, ist er bis in die letzten Fasern hinein *Bild(er)mensch*; er imaginiert Bilder, die ihm zum Geleit werden können, er vertraut dem Spiel der Intuition und Improvisation. Der ästhetische Homo Oecologicus *konstruiert* Natur in der Sprache der Bilder. Die ästhetische Naturerfahrung geschieht bildlich und Absicht ist es, in diese Bilder Sinn zu deponieren. Die Einbildungskraft schafft dann Bildsinn und läßt die Naturrealität im *Schein* aufleuchten.

Die Kunst ist der prädestinierte Ort des ästhetischen Scheins –

und was Wunder, daß die philosophische Ästhetik dem Schein, oft in der Entgegensetzung zum Wahren, mühsame Reflexionsarbeit zollte. Wenn man es darauf anlegen würde, könnte man hier wieder die gesamte Ahnenreihe der Ästhetiker vorbeiziehen lassen, um sich die unterschiedlichen Begründungen und Positionswerte des „schönen Scheins" für das ästhetische Erleben zu vergegenwärtigen. Dann könnte man u. a. erfahren, daß der Geistesheros Platon in seinem Spätdialog „Sophistes", animiert durch die seiner Meinung nach nicht eben sauberen Praktiken dieser Philosophenfraktion, das Verhältnis von Schein und Wirklichkeit problematisiert und dabei forsch gegen die Sophisten, diese „Scheinkünstler", wettert.

In der Ästhetik der Neuzeit erhält der Schein einen sehr ernstzunehmenden ästhetischen Status, denn er wird, im Kontrast zur Wirklichkeit, keineswegs verunglimpft. Schillers Ästhetik und ästhetische Bildungstheorie sind Beispiele dafür, daß der durch künstlerische Tätigkeiten hervorgebrachte Schein etwas ebenso Wichtiges wie Selbständiges ist. Er hat den Schein als *Vorzeichen* der Freiheit bestimmt, der frei vom Lebens*notwendigen* ist, worin schließlich dessen enormer Wert für ein beglückendes Leben besteht.

Sofern Homo Oecologicus die Natur als Kunstzusammenhang wahrnimmt, bewegt er sich in der Welt des Scheins, aus der neue, die Naturrealität überhebende Wirklichkeiten entstehen können. Homo Oecologicus nimmt in dieser ästhetischen Wahrnehmung die *Natur als Kunst* auf. Er begegnet der Natur mit einem ausgeprägten Kunstinteresse, womit die Eingangsbehauptung gestärkt wird, daß Homo Oecologicus sowohl das Natur- wie auch das Kunstschöne genießt. Das Naturschöne kann nämlich in gewisser Weise als Kunstschönes empfunden werden, wie umgekehrt das Kunstschöne Naturschönes veranschaulichen kann. Auch hierin erweist sich Homo Oecologicus als Polyästhet.

Die authentische Wahrnehmung der Seerose eines Biotops, die Erlebnisse eines zugefrorenen Bachlaufs oder des bestirnten Mitternachtshimmels können ihn ebenso ästhetisch anmuten wie die Landschaftsmalerei eines Caspar David Friedrich, der die künstliche Darstellung eines Sonnenuntergangs am Meer im Auge hat, die immer schon „mehr" als die Kopie des Naturgeschehens selbst und Imaginationsprodukt des Künstlers ist. Der transzendent-projektive Wahrnehmungsstil, der seine ästhetische Faszination aus der Einbildungskraft bezieht und überhaupt die fiktiven Momente der Naturästhetik manchmal ganz farbentrunken zum Vorschein bringt, findet Anreize nicht nur in der Malerei, vielmehr u. a. auch in der

Dichtung, die mit großer Beharrlichkeit eine Beziehung zur Naturästhetik unterhält.

Das ästhetische Kunstinteresse entzündet sich auch hier an der mit künstlichen Mitteln, fiktional und bilderreich gestalteten Natur. Die literarischen Schilderungen, einerlei ob poetisch oder mehr prosaisch, der Naturräume und -zeiten, von manch einem Dichter oder einer Dichterin mit hoher Meisterschaft stilisiert – man denke an Stifter oder Sarah Kirsch –, sind eine andere Möglichkeit, durch Einbildungskraft Natur- und Kunstästhetisches zu verbinden und dadurch den Rezipienten ästhetisch anzurühren, dessen Imaginationsfähigkeit immer wieder ins Spiel zu bringen, die auch dort aktiv werden kann, wo Geräusche der Natur die Sinne aufschließen und zu eigentümlichen ästhetischen Erfahrungen verlocken. Das Rauschen der Wellenschläge am Meer, dazu die gediegen zarten Klangfarben eines vorüberfliegenden Rotkehlchens können genauso als musikalischer Genuß empfunden werden wie jene Kompositionen der „Naturmusik“, deren Klänge der Natur abgelauscht werden und instrumental, der musikalischen Phantasie entspringend, nach künstlerischen Standards zu Gehör gebracht werden. Mit Hilfe der Einbildungskräfte können gleichermaßen visuelle *und* auditive Kunsterfahrungen an der Natur gelingen.

Verallgemeinert: Der projektive, realitätsüberformende transzendente Wahrnehmungsstil interessiert sich für den Kunstcharakter der Naturästhetik, der seine eigenen Sprachen spricht und seine eigenen Zeichen setzt. Sofern nun Homo Oecologicus auf diese Weise ästhetische Verhältnisse mit der Natur eingeht, immer erfährt er sich dabei als das *expressive Wesen*, das aus sich heraustritt. Expressives ästhetisches Verhalten ist also kein Vorrecht des sogenannten expressionistischen Kunststils, sondern geht überhaupt in die ästhetische Konstitution des Homo Oecologicus als dessen Wesenszug ein. Expressivität ist nachgerade eine Bedingung auch des projektiven Wahrnehmungsstils, der allerdings noch andere Potenzen in sich trägt.

Denn Wirklichkeit transzendieren, das findet auch außerhalb des Kunstbereichs statt. Dieses Vorgehen ist z. B. stets dann zu beobachten, wenn Alternativen zur bestehenden Wirklichkeit entworfen und mehr schlecht als recht in den „schönsten“ Farben der Utopie ausgemalt werden. Utopien, wiederum seit der Antike verbrieft (vgl. dazu Platons ›Staats‹-Utopie), nehmen sich vor, Bilder von einer besseren Welt zu zeichnen. Utopien ist zu eigen, daß sie Verweisungscharakter in die Zukunft haben, sie sind wirklichkeitsübersteigende

Modelle von einem geglückten Dasein und konstruieren dieses noch Ungelungene im Lichte der Versöhnung des Menschen mit sich, aber auch mit der Natur.

Der schon einmal herbeizitierte Schiller spricht dem ästhetischen Schein nachgerade dieses Utopische zu, weil der Schein eine andere, noch ungelebte Daseinsmöglichkeit, eine bessere Verfassung der conditio humana anvisiert. Die Naturästhetik liefert bisweilen utopische Gegenbilder zu einer defekten, korrekturbedürftigen Gesellschaft. Viele, möglicherweise sämtliche Utopien sind bewußt und unterschwellig mit ästhetischen Momenten und Motiven durchsetzt – nicht nur, weil Utopisches ihr Hauptelement im Bilden und Einbilden hat, Vorblicke wagt, das Noch-Nicht vorausschauen will. Auch die Versöhnungsidee, die den Utopien einwohnt, ist *ästhetisch* besetzt, rankt sich doch, wie vorher schon dargetan wurde, diese Idee symbolhaft um das Schöne, das manchen die Erlösung verheißt.

Ein Denker vom Format eines Ernst Bloch steht stellvertretend für diese optimistische Auffassung, an der naturästhetisch bedeutungsvoll ist, daß er Versöhnung und Erlösung auch vom Mensch-Natur-Verhältnis her bedenkt. Das Schöne der Natur, in der Gegenwart noch nicht erkennbar, wird von einer *gelingenden Zukunft im Vorschein* erblickt und zur Chiffre realutopischer Gehalte. Die „wahren", das Leben beglückenden Naturerfahrungen werden, spricht man Bloch nach, der Gegenwart vorenthalten, sie werden erst künftig, in Utopien voll zum Ausdruck kommen.

Sei es drum: Utopische Entwürfe im Sinne von alternativen, nichtaffirmativen Konzepten zum Bestehenden sind exemplarische Produkte eines projektiven Wahrnehmungsstils. In den auch naturbezogenen Utopien werden Ideale der Natur ge*bildet*, die fiktiv jene Bedürfnisse stillen, die von der Gesellschaft unterdrückt werden. Durch Naturästhetik können bzw. sollen gesellschaftliche und politische Defizite kompensiert werden; das Ästhetische, zumal in den Utopien, erfüllt eine Kompensationsfunktion, dient also als fiktive Aufhebung tatsächlich empfundener Mangelerscheinungen. Die (utopischen) Wege ins Paradies führen dann konsequentermaßen über das Ästhetische!

Utopien erwachsen dem Kräftespiel der Imagination und verbinden sich mit der kritischen Reflexion. Fiktiv-Anschauliches *und* Reflexiv-Begriffliches gehen einen bilateralen ästhetischen Pakt ein. Daß dieser projektive, transzendente Stil unter der Herrschaft der Ökokrise, in der ästhetische Zertrümmerungen die Lebensqualität gehörig mindern, existenziell ist, müßte Homo Oecologicus zur

Pflege desselben anspornen. Denn: *Die ökologische Krise muß auch ästhetisch bewältigt werden*, was u. a. und fundamental die Notwendigkeit einschließt, per Einbildungskraft „bessere“ Lebensmöglichkeiten zu phantasieren, eine Zielgabe, in der sich dann unmerklich-merklich der projektive dem co-existenzialen Stil annähert. An Homo Oecologicus ist es, diese ästhetische Weltverbesserung mutig und entschlossen in Angriff zu nehmen, weshalb auch utopisches Blut in seinen Adern pulsieren muß – fürwahr: ein bislang unbekanntes Charakteristikum des Homo Oecologicus.

Daß zudem noch andere Potenzen in ihm schlummern, wird u. a. die Beschreibung des dritten ästhetischen Wahrnehmungsstils aufdecken können. Wie nimmt sich diese von einem spezifischen Wahrnehmungsraster geformte Art der Naturwahrnehmung aus? Was ist das qualitativ Andersartige? Fragt man hier wieder nach der Hauptmotivation des ästhetischen Verhältnisses zur Natur, dann kann dieser Stil am besten als offen-freischwebender apostrophiert werden. Weshalb?

Der offen-freischwebende Wahrnehmungsstil

Die projektive wie die co-existenziale Wahrnehmungshaltung zeichnen sich beide uneingeschränkt durch eine *sympathetische Beziehung* zur Natur aus. Der schöne Schein der Natur, aber auch deren Erhabenheit, die sich z. B. in der Bedrohlichkeit, Dunkelheit, in dem Dionysischen, in ihrer furchteinflößenden, gleichwohl lustgetönten „Macht“ (Kant) wie in sich selbst erneuerndem (= natura naturans) verschwenderischem Reichtum und unübersehbaren Formen, Mannigfaltigkeit und Artenvielfalt präsentiert, zieht die ästhetischen Wahrnehmungen an und stößt sie nicht ab.

Dieses Sympathetische kennzeichnet auch den offenen Wahrnehmungsstil, der sich jedoch aus einer anderen Motivation tränkt und anders seine Sinne führt. Weder verhält er sich so zum Naturästhetischen, daß er dies als *existenzial* in seine Lebensweise eingliedert, noch aber sind seine Wahrnehmungsprozesse so eingestellt, daß sie dank imaginativer Fähigkeiten neue Bilderwelten kreieren oder eine utopische Aura verbreiten. Erst recht beabsichtigen sie nicht den Aufstieg ins Übersinnliche. Was dann?

Dieser Wahrnehmungsstil erhält sein besonderes Fluidum dadurch, daß er das Naturästhetische ebensowenig wie das Kunstschöne, die nach der Lesart E. Sprangers im übrigen Ableitungen der „Seelenschönheit“ sind (vgl. dazu Spranger ^{8}1950), vorgängig funktionalisiert und verzweckt. Dieser Stil läßt sich nicht engagiert auf die ästhetischen Naturgegenstände möglichen Wohlgefallens ein. Sein Naturverhalten ist nicht das tätig-offensive, sondern ist eher defensiv-zurückhaltend gestimmt.

Der Gestus der Natur*nähe* macht der Distanzierung Platz, womit das Abstandhalten und auch die Nichtberücksichtigung vorprogrammierter Sinngebungen zu Tugenden werden. Diese Wahrnehmungsform ist nicht darin vernarrt, der Natur von vornherein etwas *anzusinnen*, gegenüber den reichlich sinncodierten Naturzusammenhängen wahrt sie gebührenden Abstand, sie findet allergrößten Gefallen daran, *teilnahmslos* die gesamte Sinnesskala offenzuhalten, sie duldet keine Vorabfestlegung von Sinnespräferenzen. Das Sehen, dem in ästhetischen Erfahrungen anscheinend keine andere Sinneswahrnehmung ebenbürtig ist, wird gleichrangig mit anderen Sinnen behandelt. Das Riechen des schneidenden Schneesturms beim Skilaufen, das Schmecken des salzigen Meerwassers, das Hören machtvoll röhrender Hirsche oder das Berühren einer Brennessel stehen dem „Augenschmaus" einer sternklaren Herbstnacht um nichts nach. Dem offenen Wahrnehmen verbietet sich eine Determinierung von Sinnesprioritäten; es hält seine Sinne in der Schwebe. Die Bestimmung des offenen Stils ist mithin die Unbestimmtheit; dessen Sinn geht in der Sinnfreiheit auf, und just diese Sinnvakanz verbürgt, daß dieser Stil ein *rein ästhetischer* ist, bar pragmatischer Sinnzuschreibungen. Am Zweckdienlichen ist dieser Stil desinteressiert, sein Interesse liegt in der Interesselosigkeit. Die Kantsche Devise, daß ästhetische Geschmacksurteile durch ein nicht näher zu definierendes, vor allem nicht durch mehr Nützlichkeitsgesichtspunkte getrübtes „interesseloses Wohlgefallen" hervorstechen, steht zwar nicht als Urheber hinter diesem Stil, aber eine Parallele zu dessen Auffassung ist unverkennbar.

In der Zweckentbundenheit und Sinnenthebung unterscheidet sich dieser Stil grundständig von den zwei zuvor gekennzeichneten, so daß er, genaugenommen, diese beiden auch an Elementarität übertrifft. Er ist *der* ästhetische Basisstil. Eine, wahrscheinlich *die* gängigste distanzierte ästhetische Wahrnehmungshaltung ist die *kontemplative*, die durch ein außergewöhnliches Maß an Distanzierungen und Neutralität auffällt. Wenn die Interesselosigkeit, das Sich-in-Abstand-Bringen zu allen möglichen pragmatischen Zielen und Sinnerwartungen des alltäglichen Lebens die ästhetische Grundhaltung konturiert, dann ist sie weitgehend kontemplativ. Spektakulärer: Die Kontemplation ist die *Höchstform* des distanzierten ästhetischen Wahrnehmungsstils – und zugleich ist der ästhetische nur *ein* kontemplativer Typus, der z. B. unterscheidbar vom dominanten *kognitiven* ist, mit dem er sich zuweilen überkreuzen kann. Anders als die sinnentbundene ästhetische Kontemplation ist die geistige sinnorientiert. Während sich die ästhetische gerade darin erfüllt, die mit kulturellen Deutungsmustern übersäte Naturästhetik – in phänomenologischer Terminologie, unvoreingenommen und vorurteilsfrei – einzuklammern, um so den Sinnen ihre Freiheit zu *lassen*, sehnt die geistige Kontemplation Sinnbildung, möglichst sogar eine höhere, herbei, wenn sie, was große Denker, Mystiker und Theologen seit der Antike aufwärts zu Protokoll gaben, den Sinn des Kosmos, Gottes und dergleichen in *übersinnlicher* Betrachtung gleichsam mit dem geistigen Auge wahrnehmen wollten. Der ästhetische Kontemplationsbegriff (vgl. dazu sehr profund und originell Seel 1991) würdigt das Sinnliche, der kognitive das Übersinnliche, derweil die ästhetischen und geistigen darin übereinkommen, daß sie Dienlichkeitszwecke negieren. Allerdings: Auch wenn die ästhetische nicht mit der kognitiven Kontemplation verrechnet werden kann, so ist dennoch auch Realität, daß das naturästhetische *Mittel*, sogar ein sehr gern gesehenes, der geistigen Kontemplation sein kann. Die sinnlich wahrnehmbare Naturästhetik kann Veranlassung und Absprung für die übersinnliche geistige Schau sein, als eine *Stimulanz* auf die geistige Erfahrung einwirken.

Der Anblick eines erhabenen Berggipfels oder die Wahrnehmung der horizontlosen Weite des Meeres *können* geistige Versenkungen anregen, zur Einkehr in sich selbst anhalten, eine tiefe *Innerlichkeit* spüren lassen, die dann von dem auslösenden Naturgeschehen weglenkt, dieses verblaßt oder dem Wahrnehmungsfeld völlig entschwindet. Unter bestimmten Umständen kann das Naturästhetische derart funktionalisiert werden, daß es die kognitive Kontemplation ermöglicht, obschon diese dann von dem Naturästhetischen selbst absehen kann und keinerlei *Beachtung* schenken muß. So kann das Naturschöne genutzt werden, um, ausgehend von dieser, das eigene Selbst zum „Inhalt“ der Kontemplation zu machen. Das „Draußen“ der Natur bildet dann „nur“ die Folie, damit das „Drinnen“, das Ich der kontemplativen Schau in sich einzukehren vermag. Die Außensicht führt dann zur Innensicht. Zweifellos ist die generell wahrnehmbare Offenheit vieler Naturräume bestens für die geistige Kontemplation geeignet. Selbstredend kann auch der karge 6-m^2-Raum die vita contemplativa animieren, aber das Schöne und Erhabene der Naturareale scheint sie, traut man den unzähligen Zeugenaussagen, wie sonst kein zweites zu inspirieren. Die in solchen Naturreservaten aufblitzenden Schönheiten sind offensichtlich ein nur zu willkommener Nährboden für kognitive Kontemplationen. Diese gehen immer dann aus den ästhetischen hervor, wenn sie an bestimmte Sinnerwartungen angekoppelt werden und dadurch die Neutralität der ästhetischen Kontemplation aufheben, deren Sinnfreiheit an Sinnorientierungen, welcher Art auch immer, *binden*. Ästhetische Kontemplationen können danach durch Sinnbindung in geistige überführt werden. Das muß jedoch nicht immer so sein.

Nicht nur haben Räume der Natur eine Bedeutung für die Inszenierung von kognitiven Kontemplationen, auch der *Zeit*faktor kann dabei eine beträchtliche Rolle spielen. Die naturästhetisch angestoßene geistige Kontemplation hat die Möglichkeit, sich an die verwelkten und abgestorbenen Naturschönheiten der Vergangenheit zu erinnern, das *Gewordensein* des Naturschönen, deren Vielfalt und unwiederbringliches Vergehen *kann* Aufmerksamkeitspunkt der kognitiven Kontemplation werden, was zumal durch die vielen verwüsteten Natur- und Kulturlandschaften in der ökologischen Krise, einem wahren ästhetischen Trauerfall, provoziert werden kann.

Ich will das Ästhetisch-Katastrophale für den Moment nicht weiter ausfalten, nur diese Einsicht sollte verfestigt werden: Der ästhetische Homo Oecologicus erfährt sich auch in seiner vita contemplativa als ein *Wesen der Zeit*, eine Wahrheit, auf die bereits bei der Porträtierung des moralischen Homo Oecologicus Bezug genommen wurde. Die ökologische Krise ist auch deshalb von einer solchen anthropologischen Radikalität, weil sie an die zeitliche Verfaßtheit der conditio humana erinnert: Wie kaum eine andere Krise mahnt sie die *Endlichkeit* der Lebewesen an, enttabuisiert sie Tod und Sterblichkeit, löst sie Reminiszenzen an die „gute alte Zeit" aus, in der Menschen geruhsam und beschaulich mit der Natur ohne ausgeprägtes Zeitbewußtsein lebten, sich an der Natur als Zeitmesser orientierten, sofern diese die Zeitordnung vorgab – z. B. durch die ständige Wiederkehr der Jahreszeiten, als Zeit an der Natur und als Natur erlebbar war.

Die ökologische Krise, wie sie *gegenwärtig* erlebt wird, verweist aber auch ins Künftige, geht doch allerorten die Befürchtung um, daß diese Krise die Menschheit ein für allemal zur Zukunftslosigkeit verdammen könnte. Um das zu vermeiden, konzentrieren sich, wie dargelegt wurde, zahlreiche Anstrengungen auf den Entwurf von *Zukunftsethiken*, wird unentwegt an die Verantwortung für nachwachsende Generationen appelliert. Die Übel der Gegenwart, so sehen es diese Ethiken vor, sollen durch ein richtiges Verhalten ausgemerzt werden, damit weiterhin eine Zukunft sei. Zukunft wird als ein *ethisches Gut* geschätzt. Und: Ästhetisch ausgerichtete Utopien unterstreichen dies durch die imaginativen Bilder einer, wenn schon nicht paradiesischen, so doch lebenswerteren Welt als der *jetzigen*. Die *Gegenwart* muß sich an wünschenswerten Bildern des Morgen, das fiktiv vorweggenommen, mithin antizipiert wird, beurteilen lassen. Ethisch *und* ästhetisch betrachtet liegt in der ökologischen Krise der nötigende Zwang auf die Zukunft. Diese Krisensituation erinnert weniger daran, daß Menschen in der Zeit anwesen, in der sie sich temporär bedingte Ordnungsrahmen auferlegen, vielmehr ist sie darin mahnend, daß wir Menschen auf Gedeih und Verderb *ein rechtes Verhältnis zur Zeit* finden müssen. Das ungebrochene autoritäre Fortschrittscredo, das nachweislich ein „Schuldiger“ dieser Krise geworden ist, wurzelt schließlich auch in einem Zeitbewußtsein, das revidiert werden muß. Der Slogan des „Immer-Schneller“, diese Non-Stop-Mentalität, die Beschleunigungsdiktatur, die gerade auch ästhetische Wahrnehmungsprozesse beschneiden, die atemberaubende Geschwindigkeit, mit der die Naturzerstörungen fortschreiten, ohne daß sie in einem ähnlichen Zeitraum wieder wettgemacht werden können, die Flüchtigkeit der Zeit – dies und vieles mehr sind Zeiterfahrungen im Angesicht der ökologischen Krise. Sie präsentiert unnachgiebig die Quittung dafür, daß wir Menschen offenbar *falsche* Zeitverhältnisse favorisieren. Eine andere Zeitökonomie und -ökologie täten not. Dem rauschhaften Geschwindigkeitssyndrom müssen Widerlager geboten werden. Ob es die „Entdeckung der Langsamkeit“ ist, der S. Nadolny in seinem gleichnamigen Bestsellerroman huldigt, mag *eine* Möglichkeit von anderen sein und würde bedeuten, daß die Zeit nicht mehr als schnellebiges Konsumgut verzehrt, sondern gleichsam gestundet wird.

Den Bogen zum Ausgangspunkt zurückgeschlagen: Über den offen-freischwebenden ästhetischen Wahrnehmungsstil gelangten wir automatisch zur vita contemplativa und von dort zum menschlichen Zeitverhalten, das durch die ökologische Krise nachgerade *existenzielle Zuwendung* im Sinne neuer Zeithaltungen erfordert. Als auch ästhetischer Mensch muß Homo Oecologicus darum besorgt sein, ein richtiges Zeitverhalten zu praktizieren, ist es doch sein innigster Antrieb, all das zu tun, was die Auswucherungen der ökologischen Krise abtöten kann. Dazu gehört auch ein angemessener Zeitumgang, und indem er Verpflichtungen gegenüber der Zeit übernimmt, handelt er moralisch. So führt auch hier wieder der Weg vom ästhetischen zum moralischen Homo Oecologicus – und es dürfte ersichtlich geworden sein, daß Homo Oecologicus als Polyästhet, der eine Vielzahl von naturästhetischen wie kunstästhetischen Erfahrungen machen kann, *nicht* zum griesgrämigen Moralistendasein verurteilt ist. Der naturästhetische Erlebnisreichtum vergönnt ihm einmalige Genüsse, das Naturschöne und Erhabene schmeicheln seiner weit aufgefächerten Sinneslust, seinen Augen und Ohren, seiner Nase und seinem Gaumen gleichermaßen.

Die unterschiedlichen naturästhetischen Wahrnehmungen und Blicke können Homo Oecologicus in ganz verschiedene Stimmungen versetzen und seine Daseinsfreude überhaupt intensivieren. Der „schöne Schein" der Natur, ihr eigenartiger, wandlungsfähiger Zauber, poetisch vielfach verklärt, ist es, fern des Versuchs einer Entzauberung, der seine Wirkungen auf Homo Oecologicus nicht verfehlen und seine Lebensführung spezifisch mitgestalten wird.

Daseinsgestalterisch, das ist für Homo Oecologicus keine Frage, sind das Moralische *und* das Ästhetische allemal: die einsichtige Unterwerfung unter moralische Gesetze wie das ehrfurchtsvolle ästhetische Staunen über das Naturerhabene, die Disziplinierung des Willens wie die ästhetische Sinnesfreude, die Achtung der Co-Existenz des Lebendigen wie das freie Kräftespiel der Einbildung. Aber auch: die Askese wie der ausgelassene Genuß, die moralische Strenge wie die Gelassenheit des ästhetisch distanzierten Wahrnehmungsstils, die moralisch bewahrende Bodenhaftigkeit wie ästhetisch-utopisch-gesellschaftskritische Überflüge. Und: Übersinnliches wie Sinnliches, Sinnhaftes und Sinnentleertes, kontemplatives wie aktives Engagement, Reflexivität, jedoch keine Begriffsherrschaft, ästhetischer Widerspruchsgeist und moralische Erneuerungskraft, die moralische Freiheit, wie das Gefallen an der „freien" Schönheit, all dies formt – situativ variierend und doch in einer erstaunlichen Grundkonstanz – die moralisch *und* ästhetisch gefärbte Lebensführung des Homo Oecologicus.

Homo Oecologicus ist, das wissen wir seit den ethischen Annäherungsversuchen, ein *biophiler* Mensch, eine Kreatur, die das Leben um seiner selbst willen liebt und gerade wegen dessen Fragilität mit allen Kräften zu bewahren sucht. Damit geht konform, daß ihm das Leben ästhetische Leistungen und Zuwendungen abfordert. Erhebt man etwa Beuys' provozierende und für wenig Eingefleischte irritierende Kunstauffassung zum Maßstab – warum sollte man es eigentlich nicht? –, dann ist Homo Oecologicus selbstverständlich ein *Künstler*, ein wahrhaftiger *Lebens-Künstler*. Beuys begreift nämlich Kunst als einen Mittler zwischen Umwelt und Mensch, bestimmt die

Relation von Leben und Kunst insofern neuartig, als er, die konventionellen Standarddefinitionen von Kunst ausschlagend, das Leben selbst als kreativen Prozeß interpretiert und prinzipiell jeden Menschen zum Künstler adelt.

Unwichtiger ist, daß nach dieser weiten Kunstvorstellung Kunst nicht mit gegenständlicher Kunst zur Deckung kommt, sondern auch die *Aktionskunst* mitumfaßt. Wesentlicher ist, daß Homo Oecologicus dieser Auffassung folgend auch ein äußerst kreativer Lebenskünstler ist, womit die ästhetische Komponente der Lebensführung noch einmal unübersehbar aufgewertet wird. Wie allerdings diese ästhetische Daseinsgestaltung in der ökologischen Notlage realisiert werden kann, dafür steht keine wohlfeile Gebrauchsanweisung zur Verfügung – was freilich auch der ästhetischen Freiheit widersprechen würde. Hier muß dem Zusammenspiel der ästhetischen Wahrnehmungsstile vertraut werden.

5.5 Der „natürliche“ Homo Oecologicus

5.5.1 Homo Oecologicus: Ein leibbetonendes Menschenbild

Zuletzt wurde dargelegt, daß Homo Oecologicus konstitutionell Homo Aestheticus, ein sinnliches Geschöpf par excellence ist, dessen gesamte Organisationsform auch durch Sinnesleistungen zusammengehalten wird. Nun kann Homo Oecologicus noch etwas tiefer durchleuchtet werden, indem die Sinnlichkeit auf die Leiblichkeit bezogen wird. Von der Sinnlichkeit führt nämlich ein direkter Weg zur Leiblichkeit, da die Sinne gleichsam Leiborgane darstellen, die ihrerseits – das dürfte unstrittig sein – Natur repräsentieren. Die Leiblichkeit steht für das, was man die Natur nennen kann, so daß nun die „natürliche“ Seite des Homo Oecologicus porträtiert werden kann.

Allerdings gilt weiterhin: Homo Oecologicus ist weder bloßes Kultur- noch pures Naturgeschöpf, er ist immer schon beides und zusammen. Diese Doppelung zieht es nach sich, daß er auch als eine *natürliche* Kreatur betrachtet werden muß – in dem sicheren Wissen, daß dieses, was da als das „Natürliche“ an ihm identifiziert wird, aus kulturellen Deutungen resultiert, weshalb es so unendlich kompliziert ist, das Natürliche strikt vom Kulturellen abzusondern. Läßt man jedoch, aus notwendigen darstellungstechnischen Gründen, für den Augenblick diese Schwierigkeit beiseite, dann kann vorerst festgehalten werden, daß es wesentlich die Leiblichkeit ist, welche die *Natur* des Homo Oecologicus ausmacht.

Zugegeben: Diese Annahme ist keine Novität. Denn der Mensch, gleichgültig, welche Bilder er von sich entwirft, wie er sein Selbstsein interpretiert, ist stets ein *Naturding* wie andere Lebewesen auch. Der Mensch hat eine ihm eigene Naturausstattung, ein Herz-Kreislauf-System, Verdauungsorgane, Atemwege, ein Stoffwechselsystem, kennt den Rhythmus des Wachseins und des Schlafens, des Wachsens und des Sterbens, hat eine Naturgeschichte, steht in einer langen biologisch-kulturellen Evolution, die er nicht ungeschehen machen kann.

All dies demonstriert, daß der Mensch qua Leiblichkeit Natur ist, wie jedes Lebewesen sonst. Über den Leib erfährt und erlebt sich der Mensch primär in seiner Natürlichkeit. Selten wohl ist dieser Sachverhalt so stark und gewaltsam in den Bewußtseinshorizont gerückt worden wie durch die ökologische Krise, für die Tschernobyl ein markantes, mit zweifelhaftem Ruhm bedachtes Fakt und Symbol darstellt. Tschernobyl ist ein anthropologisches Ereignis von höchster Qualität, diese Stadt hat, etwas makaber-ironisch ausgedrückt, auf die zeitgenössische Anthropologie eine wichtige anthropologische *Ausstrahlung*. Weshalb?

Tschernobyl ist deshalb nicht einer von anderen dieser „Störfälle", die zum grauen Alltag der Umweltdilemmata zählen, sondern ein wirklich herausragendes Geschehnis, weil es u. a. an die *natürliche Substanz* des Menschen überhaupt und existenziell rührt, an dessen Leiblichkeit. Tschernobyl *muß* anthropologisch als Anschlag auf die menschliche Leiblichkeit gedeutet werden, was bereits im Passus über den ästhetischen Homo Oecologicus durchschlug, wo erörtert wurde, daß dieser Apriltag die menschlichen Sinne gleichsam überlistete.

Mit Blick auf die allgemein leibliche Verfassung des Menschen kann der Radius noch weiter geschlagen und dahingehend verallgemeinert werden: Tschernobyl signalisiert u. a. eklatante menschliche Sinnlichkeitsverluste, die als Naturverluste am eigenen Leib erkennbar werden. Die ökologische Krise ist ausgesprochen leibfeindlich, denn ihre zerstörerischen Feldzüge beeinträchtigen empfindlich die menschliche Leiblichkeit. Die jüngere Geschichte der Umweltkrise ist auch eine einzige und beispiellose Defizitgeschichte der Leiblichkeit. Tschernobyl symbolisiert die Ohnmacht des menschlichen Leibes, dessen Unverfügbarkeit – ja, dieser anthropologische Tatort führt in einem damit und in seltener Härte die Entfremdung des

Menschen gegenüber seiner eigenen Natur als Leiblichkeit vor Augen.

Tschernobyl ermöglicht die Erfahrung, daß die Zerstörung der *äußeren Natur* in einem direkten Bezug zur menschlichen Natürlichkeit steht.

Homo Oecologicus, so lautet bekanntlich eines der Führungscharakteristika, ist ein *biophiles* und eben kein *nekrophiles*, vom Lebenshaß umhergetriebenes Wesen. Nur zu folgerichtig ist es dann, mit seiner Leibzentrierung Ernst zu machen. *Homo Oecologicus verkörpert ein Menschenbild, das, entgegen vielen anderen verbreiteten, als entschiedenes Grundelement die Leiblichkeit berücksichtigt.*

Hier könnte der historisch versierte Leser aufhorchen und einwenden, daß zwar die große Mehrzahl der Anthropologien und Philosophien den Menschen primär von der Vernunft bestimmt, aber daneben durchaus auch so etwas wie „Leibanthropologien“ ihren festen Platz hätten. Es könnte damit argumentiert werden, daß häufig dann, wenn das anthropologische Bemühen der Darstellung des „ganzen Menschen“ gelte, die Leiblichkeit qua Natur eine angemessene Positionierung erhielte.

An autoritätswürdigen Gewährsmännern würde es dabei gewiß nicht mangeln. Beispielsweise könnte die Erinnerung an Kierkegaard wachgehalten werden, der den „ganzen Menschen“ als eine „Synthese“ des Seelischen und Leiblichen definierte, oder an Feuerbach, der bereits in der Leiblichkeit den „ganzen Menschen“ als eine lebendige Einheit des Geistigen und Materiellen repräsentiert sieht. Das, was Menschen als sinnfällige Wirklichkeit konstruieren, wird durch die Leiblichkeit umfaßt. Wem solche Kronzeugen nicht ausreichen, der könnte immerhin den neuerdings wieder äußerst reputationsträchtigen Nietzsche herbeizitieren, dessen Menschenbild in der Wendung gegen alle „Verächter des Leibes“ die Leiblichkeit zu hohen Ehren kommen läßt. Ein Blick in die Annalen der Philosophischen Anthropologie könnte ebenfalls belegen, daß diese die physische Verfassung des Menschen überhaupt als Stütze eines spezifischen Bildes vom „ganzen Menschen“ montiert hat (vgl. ausführlich Meinberg 1988).

Ausflüge in die französische Phänomenologie eines Merleau-Ponty oder Sartre und anderer würden zusätzlich den Eindruck stärken, daß die Leiblichkeit und Naturhaftigkeit des Menschen mehr als bloße Anhängsel sind und nicht von vornherein, wie oft geschehen, in den Verruf des dumpf Animalischen geraten. Beinahe ausnahmslos dient die Einbeziehung der Leiblichkeit der Rehabilitierung des ganzen Menschen, wofür neben den erwähnten Repräsentanten noch andere einstehen.

Daß die Diskurse um die conditio humana nicht durchgängig von einer Leibvergessenheit beherrscht werden, erweisen zudem all jene zeitgenössischen Debatten, in denen prinzipiell eine *Aufwertung* des Leiblichen, hier eher unter dem Terminus des Körperlichen, erfolgt. Die Beschäftigung mit dem Körper, die Erprobung neuer körperlicher Umgangsstile, die zum Teil ganz unterschiedlich motiviert sind, vor allem aber auch neuartige Erfahrungsformen ermöglichen sollen, haben zwischenzeitlich zu einem echten Körperboom geführt, der seinen literarischen Niederschlag unter anderem in Titeln wie den folgenden gefunden hat: ›Ich habe einen Körper‹, ›Topographie des Körpers‹, ›Wiederkehr des Körpers‹, ›Masken des Körpers‹, ›Transfigurationen des Körpers‹ und dergleichen mehr. Ohne auf die treibenden Anlässe und verzweigten Hintergründe dieser Körper*bewegung* eingehen zu müssen, die mehr als einmal eine „neue Sinnlichkeit“ propagiert, ist auch sie beredtes Indiz dafür, daß, zumal im gegenwärtigen Nachdenken über den Menschen, ein Gespür für das vermeintlich andere der Vernunft, die Leiblichkeit besteht. Dies zur Kenntnis genommen, könnte man auf den Gedanken verfallen, daß die Pointierung der Leiblichkeit im Bild des Homo Oecologicus bloß opportun und zeitgängig sei.

Damit würde man es sich freilich zu einfach machen. Denn die Regel ist nach wie vor die quantitative Überlegenheit solcher Menschenmodelle, welche die Leiblichkeit eher marginal ansetzen. Davon hebt sich Homo Oecologicus aber ebenso ab wie er auch gegenüber den leibfreundlicheren Anthropologien eine andere Akzentuierung vornimmt. Denn die Ökokrise, die historisch einmalig und unverwechselbar ist, bietet die entscheidende Hintergrunderfahrung für diverse Leibverluste, die hellhörig dafür machen, daß und wie sehr der Umgang mit der *äußeren Natur*, dem *Draußen*, die eigene leiblich durchstimmte Natur formt bzw. verformt.

Genau dies Faktum ist der springende Punkt für die entschiedene Thematisierung des Leiblichen im vorliegenden Bild. Recht besehen, sind es die aus der Ökokrise hervorgehenden *Negativerfahrungen mit dem Leiblichen*, die Homo Oecologicus in ganz besonderer Weise für die Natur qua Leiblichkeit einnehmen. Für ihn trifft zu, daß der Leib an der Welterschließung maßgeblich beteiligt ist. Auch das lehrt Tschernobyl! Denn die Beeinträchtigung der leibhaftigen Sinnesleistungen läßt nur noch eine begrenzte Welterschließung zu, weshalb Tschernobyl auch eine Attacke auf die leibbedingte Weltoffenheit ist. Weltzugänge werden über und durch das Medium des Leibes gestiftet. Und es liegt in der Konsequenz, daß immer dann, wenn diese Leiblichkeit geschädigt wird, auch die Möglichkeitsspielräume der Welterschließung schrumpfen.

Homo Oecologicus weiß darum, und deswegen läßt er nichts unversucht, auf seine leiblichen Regungen im wahrsten Sinne des Wortes zu „hören“. Die Vorstellung, daß Homo Oecologicus ein biophiles, leibfreundliches Geschöpf ist, schließt die Notwendigkeit und das unablässige Bemühen ein, die eigene Leiblichkeit zu verstehen – und das ist durchaus wörtlich zu nehmen; der Leib trägt seine eigenen Zeichen und spricht seine eigenen Sprachen, die es zu interpretieren gilt. Homo Oecologicus *muß* sich letztlich als ein *Hermeneutiker des Leibes* profilieren. Der Leib wird ihm zum Ort kultureller Deutungen. Der Leib ist, selbst dort, wo er von außen, durch die Blickfänge anderer, zum Körperding gerät, nie die schiere Natur, sondern *Sinnträger* mehrdeutiger Verhältnisse.

Was dasselbe besagt: Die leibzentrierte Natur prägt sich kulturell aus, ist abhängig von Interpretationsformen und -schemata. Wir umgeben den Leib mit Vorstellungen, Bildern, ranken um ihn Wünsche, Träume, Hoffnungen und Sehnsüchte, die stets kulturell gerahmt sind.

Schärfer noch: Die Natürlichkeit unterliegt einem *Deutungszwang*. Was Homo Oecologicus in gewisser Weise auch auszeichnet, ist weniger die Tatsache, daß er einen Leib hat, als vielmehr das Bestreben, diesen verstehend zu begreifen. Die Annahme freilich, daß die Natur des Menschen ständigen Deutungsvorgängen ausgesetzt wird und selbst durch derartige Interpretationsleistungen definiert wird, ist uns seit den ersten Schilderungen des Homo Oecologicus bekannt und gehört darüber hinaus insgesamt zum philosophisch-anthropologischen Standardwissen überhaupt (vgl. dazu etwa die Werke Plessners und Gehlens). Im folgenden soll es darauf ankommen, diese Erkenntnisse anhand von Beispielen zu variieren und zu verfestigen, die unmittelbare Berührung mit der ökologischen Krise haben und dadurch bislang verborgene Durchblicke auf den Homo Oecologicus eröffnen helfen.

5.5.2 Die Geschlechtlichkeit

Das hier skizzierte Menschenbild wird durch die Pole Natur und Kultur verklammert – auch und gerade deswegen, weil sich die ökologische Krise als Mißverhältnis zwischen Kultur und Natur offenbart. Das Modell des Homo Oecologicus hat in dieser Dysbalance eines seiner Ursprungsmotive, und der Ehrgeiz ist darauf gelenkt, qua Menschenbild Leitlinien für eine angemessene Natur-Kultur-Beziehung anzugeben. Das ist leichter notiert als realisiert; denn fortlaufend stießen wir, so auch im vorliegenden Abschnitt, auf die ganz eigentümliche Verschränkung von Natürlichem und Kulturellem, die es kaum gestattet, eindeutig das Natürliche und das Kulturelle am Menschen auseinanderzuklauben.

Das gilt auch für jene unmittelbar aus der Leiblichkeit hervorgehenden *anthropologischen Grundphänomene* wie Geburtlichkeit, Geschlechtlichkeit und Sterblichkeit, die der Mensch mit anderen Lebewesen teilt. Auch in diese relativ selbstverständlichen, scheinbar unverfälschten Naturprozesse spielen kulturelle Auslegungsmuster hinein, so daß sich, überspitzt formuliert, die Frage stellt, was eigentlich das Natürliche an der Natur des Menschen ist.

Ist beispielsweise die Redeweise von einer „natürlichen Geburt" für fortgeschrittene Industrieländer überhaupt gerechtfertigt? Handelt es sich dabei nicht vielmehr um ein Kunstprodukt, das unter anderem auch auf der Basis wissenschaftlicher Errungenschaften erfolgt? Zeigt nicht der Blick in den Kreißsaal, wie das „Ursprünglichste", nämlich der Geburtsvorgang durch technische, also kulturelle Hilfsmittel vermittelt wird und schnell den Gedanken an „reine" Natürlichkeit vertreibt (vgl. zu diesem Problem auch Böhme 1992, 94–107)?

Alles vermeintlich noch so Natürliche ist offenbar kulturimprägniert – ein Faktum, welches durch die *Geschlechtlichkeit* exemplarisch erhärtet werden kann. Die Leiblichkeit eines jeden Menschen findet einen besonders prägenden, weil identitätsstiftenden Ausdruck im jeweiligen Geschlecht, über das die Individuen nicht frei bestimmen, das sie sich nicht aussuchen können. Dennoch oder vielleicht gerade deshalb ist die Geschlechtszugehörigkeit für die individuelle Biographie ungeheuer einschneidend, macht es mehr als den berühmt-berüchtigten „kleinen Unterschied" aus, ob das Geschlecht weiblich oder männlich ist, von den wenigen Transvestiten ganz zu schweigen. Daß die „von Natur aus" vorgegebene Geschlechtszugehörigkeit, die daraus entstehenden Folgen für das betreffende Individuum keine Natur-, sondern Kulturprobleme sind, ist ganz offenkundig. Es gibt wohl kaum ein zweites „Naturereignis" außer der Geschlechtlichkeit, um das sich dermaßen viele Tabus und Mythen emporschlingen, die ihrerseits wiederum Ausfluß kultureller

Deutungen sind. Dabei wird zweifelsohne die Sexualität als eine Ausdrucksmöglichkeit der Geschlechtlichkeit mit ganz spezifischen Zuschreibungen und Interpretationen versehen.

Wichtig für das zur Diskussion stehende Bild des Homo Oecologicus ist nun, daß es die Geschlechtlichkeit nicht schlichtweg übergehen kann – und das nicht nur, weil es Stimmen gibt, die, direkt oder mehr unbewußt, eine Beziehung zwischen Geschlechtszugehörigkeit und ökologischer Krise herstellen. Die Pointe dieser zumeist in feministischen Milieus sprießenden Argumentation lautet, daß die *Natur ursprünglich weiblich sei*, was durch etliche historische Belege zu untermauern versucht wird (vgl. dazu beispielhaft Merchant 1987). So wurde mehr als einmal der Schoß der Erde als Mutter *interpretiert*, aus dem sich alles Leben nährt. Diese Metapher, ersonnen in der griechischen Antike, hielt sich bis in die Renaissance hinein und fand stets neue Befürworter. Überhaupt ist unübersehbar, wie in zurückliegenden Dekaden die Natur mit Bildern und Visionen vom weiblichen Geschlecht verknüpft wurde. Konträr zu ausbeuterischen Haltungen und Gesinnungen sollte mit dem Verweis auf die weibliche „Herkunft" der Natur das zutiefst lebensspendende Element hervorgehoben werden.

Die Natur, sowohl die äußere wie die innere Natur des Menschen, wird geschlechtsspezifisch konstruiert und interpretiert. Vorherrschend ist der Deutungsansatz einer *Feminisierung der Natur*, während, in Abhebung davon, die *Kultur* als *Domäne des Männlichen* ausgewiesen wird. Die dem Begriffspaar Natur–Kultur korrespondierende Geschlechtsaufteilung in weiblich und männlich hat fast regelmäßig zu einer Abwertung des femininen und zu einer Aufwertung des maskulinen Geschlechts geführt. Das Privileg der Frau, die ihr angedichtete und schmeichelnde *Naturnähe* erweist sich als ein nur scheinbares Sonderrecht, weil die Kulturleistungen dem Manne vorbehalten bleiben, woraus dann eine generelle Überlegenheit des Maskulinen abgeleitet wird. Die Auslegung, daß die Frau mit der Natur verwurzelter sei als der Mann, wird nicht nur oft genug auf die Leiblichkeit der Frau und deren spezifischen Funktionen zurückgeführt, sondern erfreut sich über die Jahrhunderte hinweg einer *universalen Beliebtheit.*

Daß solche Interpretationen alles andere als episodisch oder bloß wirkungslose Kopfgeburten philosophischer, pseudophilosophischer und vorwissenschaftlicher Theoretiker/innen sind, kann einer Reihe von anthropologischen Dokumentationen entnommen werden, die in der zweiten Hälfte des 18. Jahrhunderts mit vollem wissenschaftlichen Elan darangehen, eine „integrierte Anthropologie vom Menschen“ zu etablieren, die wesentlich auf der Medizin und Philosophie, aber auch Psychologie ruhen soll (vgl. für den deutschsprachigen Bereich Platner 1772). Derartige Versuche, die in Frankreich und Deutschland eine immer größere und begeisterungsfähige Anhängerschaft erfaßten, führten teilweise auch dazu, die für viele Anthropologien typische Geschlechtsneutralität aufzuheben, und schickten sich an, eine „Wissenschaft vom Leibe“, kulminierend in einer wissenschaftlich autorisierten Gynäkologie, zu installieren (vgl. dazu Honegger 1991).

Im Namen der Wissenschaft wird nun dreierlei legitimiert: Einerseits hält man daran fest, daß sich die weibliche Leiblichkeit durch eine ganz besondere Naturnähe hervortue, sie eine intensivere Bindung zu allem Natürlichen habe und sich demzufolge auch eher den Gesetzmäßigkeiten der Natur unterwerfe als der Mann. *Die Frau wird über die Natürlichkeit definiert.* Zum anderen erfolgen diese Zuschreibungen durch einen Vergleich mit dem männlichen Geschlecht. Der „natürliche“ Geschlechtsunterschied dient dem Aufbau einer weitmaschigen *Geschlechterdifferenz*, die auf den psychischen und sozialen Sektor ausgedehnt wird. Die Leiblichkeit und mit ihr physiologische Funktionen werden zum Anlaß genommen, ein *geschlechtsspezifisches Differenzparadigma* zu erstellen, das gleichermaßen die innere Natur, die psychischen Strukturen und Bedürfnisse, die äußere Natur sowie die soziale Natur, nämlich die sozialen Strukturen umgreift.

Ausgehend von physiologischen Unterschieden wird die Existenz eines femininen und eines maskulinen Lebensprinzips behauptet, welches die somatische Differenz auf die kulturelle, soziale und psychische Ebene überträgt.

Zum dritten und gleichzeitig damit erfolgt nicht eine bloße Gegenüberstellung von Frau und Mann, sondern es wird eine *Wertung* derart vorgenommen, daß das maskuline Geschlecht gegenüber dem weiblichen bevorteilt, als überlegen, manchmal sogar haushoch, angesehen wird. Danach bleibt dem männlichen Geschlecht der *Fortschritt* in der Kultur vorbehalten. Die fehlende Naturnähe wird beim Mann durch die Kulturnähe mehr als wettgemacht. Der maskuline Souveränitätsanspruch basiert auf den durch Kultur erbrachten Taten und Produkten, die ein Maß an Vernunft voraussetzen. Die Naturnähe erweist sich also in dieser *Deutung* als nachteilig und degradiert – man sollte es nicht beschönigen – die Frau zur Zweitklassigkeit.

Wer nun meint, daß dieses Differenzparadigma ein längst überholtes Relikt aus vergangenen Tagen sei, der irrt. Seitdem, in welchen Gesellschaftsformen auch immer, über die Geschlechter und Geschlechterrollen nachgedacht wird, sei es in traditionalen, modernen oder vormodernen, postmodernen, offenen oder geschlossenen, kapitalistischen oder sozialistischen Gesellschaften – stets ist an den Geschlechtsunterschied ein zum Teil subtil gehandhabtes System differierender Geschlechtsrollen gekoppelt worden, mit denen zugleich diverse Rollenklischees und Stereotypen transportiert worden sind, die teilweise bis in die Gegenwart hinein Bestand haben.

Dem weiblichen Geschlecht wird danach ein ganz spezifisches Repertoire an Eigenschaften, Fähigkeiten, Verhaltensweisen und Tugenden zugeschrieben und zuerkannt (etwa Häuslichkeit, Privatheit, Schwäche, Gemüt, Gefühl, Takt und dergleichen mehr), von dem das Maskuline abgegrenzt wird. Die *Unterscheidung* solcher Geschlechtsspezifika hat auch dafür herhalten müssen, die vermeintliche Unordnung der Geschlechter in eine möglichst festgefügte Ordnung zu bringen – fast immer zum Nachteil der Frau, die wegen ihrer angeblich defizitären Naturausstattung abgewertet wurde. Denn auch dies trug lange Zeit das Autoritätssiegel der Wissenschaft: Aus der vermeintlich dürftigen weiblichen Physiologie wurde u. a. gefolgert, daß die Frau dem Manne gerade auch kognitiv unterlegen, intellektuell minderbemittelt sei. Das Maskuline zum Ordnungsmaßstab genommen, war die Frau das eigentliche Mängelwesen, wodurch das Lebensschicksal ungezählter Frauen vorprogrammiert war. Als das „schwache Geschlecht“ ausersehen und determiniert vermochte es weder an diesem beinahe ausschließlich von Männern konstruierten Weiblichkeitsbild zu rütteln noch hatte es eine berechtigte Chance, in die Phalanx des „starken Geschlechts“ einzubrechen.

Der das weibliche Geschlecht benachteiligende Dualismus, welcher seine Legitimation aus der Wahrheit des Körperlichen bezieht, hat in den Jahrzehnten zu unterschiedlichen Diskussionen und Reaktionen herausgefordert. Vier Trends ziehen meines Erachtens die Aufmerksamkeit an:

1. Federführend bleibt die Spannung von Natur und Kultur, die vornehmlich im englischsprachigen Bereich unter den Etiketten „Sex“ und „Gender“ erörtert wird. Während Sex das „natürliche Geschlecht“ meint, soll der Begriff „Gender“ die sozial geprägten, kulturellen Interpretationsmuster bezeichnen, die auf das natürliche Geschlecht gerichtet sind.

2. Gravierender als diese Terminologie, die nicht ganz irritations-

frei ist, weil die Bezeichnung „Sex" ebenfalls automatisch mit kulturellen Handlungsmustern in Verbindung gebracht werden muß, ist der von Feministinnen geschürte Widerstand gegenüber der Verfestigung des Dualismus, der fast immer mit einer Herabwürdigung des Weiblichen gleichgesetzt werden kann. Schaut man nämlich sorgfältiger hin, so kann dem Argument zugestimmt werden, daß die anscheinende physiologische Minderzurüstung der Frau auf alle anderen Gebiete ausgeweitet werden kann. Dieses Bild wird von Feministinnen, allen voran auch von der „großen alten Dame" der Frauenrechtsbewegung Simone de Beauvoir, als das entlarvt, was es in Wirklichkeit ist: als eine *patriarchische Konstruktion* von Weiblichkeit, der, ideologisch verbrämt, Gewißheitsstatus zugebilligt wurde. Simone de Beauvoir (vgl. 1949) wehrt sich, wie auch spätere Mitstreiterinnen, aber auch Gegnerinnen, vehement gegen die sich fälschlich auf die „schwache" Natürlichkeit der Frau berufende Männlichkeitsdominanz, kritisiert aber gleichzeitig auch ihre Geschlechtsgenossinnen, da sie sich dieses maskuline Frauenbild hätten mehr oder minder widerstandslos aufzwingen lassen. Dagegen lautet ihre Wahrheit, daß man zur Frau *wird*, aber nicht als diese das Licht der Welt erblickt.

3. Die erdrückende Übermacht der männlich gefärbten, daher auch *androzentrisch* genannten Weiblichkeitsmodelle fordert zu *ethischen* Auseinandersetzungen heraus, was naheliegend ist, wenn die simple „Oben" (= Mann)-„Unten" (= Frau)-Klassifizierung in eine ethische Legitimation für die Diskriminierung des weiblichen Geschlechts umgebogen wird. Die feministischen Ansätze, gleichgültig aus welchem Lager sie stammen, ob sie kampfeslustig, politisch-propagandistisch, in Missionarshaltung vorgetragen werden oder ob sie bis in die Diskussionen um den koedukativen Unterricht einsickern, können und wollen sich ganz selten vom moralischen Pathos freimachen, weshalb mittlerweile immer mehr Konzepte einer gediegenen „feministischen" Ethik in die eh nicht dünn besiedelte ethische Landschaft eindringen.

In der Herkunft, in der Anlage, in der Stoßrichtung, aber auch in der argumentativen Durchschlagskraft durchaus unterschiedlich (vgl. Pieper 1993), beginnt sich eine dezidiert feministische Ethik anzubahnen, die dem Moralsubjekt Frau gerecht werden will und dabei etwa das wiederholt bzw. modifiziert, wovon Anthropologen des 18. Jahrhunderts ausgingen, daß die Frau eine Sondermoral besäße, die nicht mit der männlichen deckungsgleich sei. Der eherne Gedanke einer geschlechtsspezifischen Moral flammt gegenwärtig und aktuell hauptsächlich in den Untersuchungen der Entwicklungspsychologin C. Gilligan (vgl. dazu grundlegend Gilligan 1984) auf, die der vor allem durch Kohlberg promovierten Auffassung entgegentritt, daß die moralische Urteilsfähigkeit von Frauen, verglichen mit Männern, unterentwickelt sei. In Opposition dazu meint sie, daß die weibliche Moral ihre eigene Dignität besitze, die mit der männlichen in einem wesentlichen Gesichtspunkt nicht zu verrechnen sei. Moralisch unvertretbar sei es, deswegen die weibliche Moral, verglichen mit der männlichen, als unvollkommener abzuurteilen.

Gilligans empirische Untersuchungsbefunde brachten sie auf die Spur, daß sich Frauen bei der moralischen Beurteilung eher vom Prinzip Fürsorge leiten lassen, anders als Männer, wie Kohlberg und dessen Gefolgschaft behaupteten, die sich am Prinzip Gerechtigkeit orientieren. Gilligan versucht allerdings nicht, diese verschiedenen Perspektiven gegeneinander auszuspielen und zu hierarchisieren, sondern sie ist der Auffassung, daß sich diese Handlungsprinzipien ergänzen und beide gleichermaßen ihr tiefes Recht hätten. Im Vergleich zum älteren ethischen Geschlechtsdualismus urteilt Gilligan nicht nur weitaus besonnener und weniger selbstherrlich, sie löst vor allem auch die Problematik aus der physiologisch-anatomischen Verankerung, ihr Zugriff ist ein entwicklungspsychologischer, der sie jedoch nicht vor Kritik geschützt hat, die u. a. die Eigenexistenz einer weiblichen und männlichen Moral ablehnt. Insgesamt ist diese Diskussion noch in vollem Gange und ziemlich unentschieden (vgl. dazu u. a. Nunner-Winkler 1991).

4. Daneben sticht eine zusätzliche Besonderheit ins Auge: und das ist der zum Teil auch ethisch motivierte Vorsatz, das Geschlechtsdifferenzparadigma durch ein *Ähnlichkeitsparadigma* abzulösen. Während das Differenzparadigma darauf abstellt, möglichst viele geschlechtsspezifische Unterschiede herauszuarbeiten, die Frau als das andere des Mannes zu beschreiben und zu beurteilen, legt das Ähnlichkeitsparadigma Wert auf die *Gemeinsamkeiten* zwischen dem männlichen und dem weiblichen Geschlecht. Ist das Differenzparadigma auf Ausgrenzung und Verhärtung bedacht, so das Ähnlichkeitsparadigma auf Einbeziehung und Vermittlung, erhält das eine Paradigma eine androzentrische Tönung, so gewinnt das andere sein Kolorit durch die Aufnahme männlicher *und* weiblicher Farbelemente, was auch durch die Bezeichnung *androgynes Menschenbild* zum Ausdruck gebracht werden soll. An die Stelle der rigiden Geschlechter*trennung* tritt der Ähnlichkeits- und Einheitsgedanke.

Eine der derzeitigen Wortführerinnen dieses androgynen Bildes ist die französische Philosophin E. Badinter, die mit ihrem Buch ›Ich bin Du‹ einen Bestsellererfolg landete (^{5}1993), wobei nicht verschwiegen werde sollte, daß die Vorstellung des Androgynen bereits in der Antike Wurzeln schlug: Die antike Gnosis forderte gerade die Vereinigung des Gegensätzlichen und trat daher auch für eine Gleichberechtigung des männlichen und weiblichen Prinzips ein. Platon hat in seinem Dialog „Symposion“ Aristophanes die Erzählung eines speziellen androgynen Mythos in den Mund gelegt und ihn philosophisch ausgedeutet. Von der Antike an bis in die Renaissance, wo sich etwa Paracelsus zum Sprachrohr einer „gleichberechtigten Fortpflanzung“ macht, bei dem das weibliche ebenso wertvoll wie das männliche Prinzip sei, wird das androgyne Geschlechterverständnis immer wieder einmal beschworen, ohne daß es gesellschaftliche Realität werden konnte.

Es war und ist bis E. Badinter ein *Leitbild*, ein Regulativ, wobei Badinter neuerdings Anzeichen für eine Annäherung der Geschlechter zu entdecken glaubt. Die „androgyne Revolution“, die einer neuartigen Geschlechterbeziehung gleichkommt, ist für sie keine bloße Illusion oder Utopie mehr. Nach ihrer Einschätzung befinden sich die Geschlechterverhältnisse in einem Entwicklungsstadium, das statt auf Asymmetrie auf Komplementarität zu bauen hat. Die Leitfolie, die eine demokratische Gesellschaft erzeugt, kann nur den Ähnlichkeitsgedanken der Geschlechter betonen, ansonsten würde sie sich selbst ad absurdum führen. Dabei ist Badinter realistisch genug, um einzusehen, daß das Machtproblem letztlich darüber entscheidet, ob die androgyne Revolution wirklich stattfinden wird. Dies bedeutet aber auch, *daß die Frage nach den Umgangsformen zwischen den Geschlechtern* und *letztlich die Frage der Geschlechtlichkeit überhaupt weniger zu einer Angelegenheit der Natur wird als vielmehr ein Kulturthema ist.*

Hier schließt sich in gewisser Weise der Kreis, die Geschlechtlichkeit in der Spannung von Natur und Kultur zu spiegeln. Was resultiert daraus für das Menschenmodell des Homo Oecologicus?

Zunächst einmal wird, bei aller Verschiedenartigkeit der Argumentationsformen, die Notwendigkeit erhärtet, der Leiblichkeit eine besondere Bedeutung zuzumessen. Auch wenn darüber gestritten wurde und wird, ob die Natürlichkeit qua Leiblichkeit von den kulturellen Interpretationen und Deutungsstrategien überformt oder umgekehrt der Natur vor der Kultur der Primat zugesprochen wird, so war und ist fast durchgehend das Leibliche der Angriffspunkt.

Über die Leiblichkeit kann man sich, zumal im Zeitalter der ökologischen Krise, nicht mehr hinwegsetzen.

Darüber hinaus konnte bestätigt werden, daß die Leiblichkeit mehrdeutig ist, das „natürliche Geschlecht" bereits von einem kulturellen Deutungsnetz überzogen wird. Zwar ist der Mensch durch seinen Leib in der Welt verankert, wie es Merleau-Ponty einmal sinngemäß umschrieben hat, erzeugt er sich Welt durch seinen Leib, aber es ist ihm von der Natur nicht vorgeschrieben und vorgegeben, *wie* er in der Welt verankert ist. Die Umgangsformen mit der Leiblichkeit *müssen bestimmt werden*, und das ist wesentlich eine Sache der Kultur und ihrer Konventionen.

Im übrigen ist das geschlechtsspezifische Differenzparadigma Ergebnis einer auf die Natürlichkeit reflektierenden Kulturperspektive. Auf das Bild des Homo Oecologicus gewendet, müßte konsequent die Frage entstehen, ob Homo Oecologicus eine „Sie" oder ein „Er" ist (die latinisierte Form „Homo Oecologicus" läßt leider keine analoge feminine Wortwahl zu!). All jene Naturapologeten, die glauben, daß die ökologische Krise ein Naturproblem sei, müssen eigentlich die Auffassung teilen, daß Homo Oecologicus weiblichen Geschlechts sei, könnten sie dies doch durch die vermeintliche Naturnähe der Frau begründen, die dank ihrer lebensspendenden Kräfte und ihrer Fürsorge um Lebenserhalt im weitesten Sinne für die Rolle des Homo Oecologicus prädestiniert sei. Die anderen dagegen, die die Wurzeln der Umweltfrevel in der Kultur sehen, könnten eigentlich gar nicht am maskulinen Geschlecht des Homo Oecologicus zweifeln, weil danach die Kultur fest in Männerhänden ruht, wobei sie sich, sofern selbstkritisch genug, dann allerdings auch das Zugeständnis abzuringen hätten, daß das „starke Geschlecht" für die ökologischen Desaster verantwortlich sei, wovon forsche Feministinnen ohnedies felsenfest überzeugt sind.

Wer dagegen dem Ähnlichkeitsparadigma die größere Plausibilität schenkt, der wird sich vor einer eindeutigen Geschlechtsbestimmung des Homo Oecologicus hüten wollen. Der Idee der Geschlechterkomplementarität verpflichtet, kann er/sie im Prinzip nicht anders als geschlechtsübergreifend denken. Auf just dieser Linie liegt das hier favorisierte Modell, insofern es sich dabei um ein *geschlechterumfassendes* Bild handelt: *Homo Oecologicus ist ein Leitbild für beide Geschlechter!* Für dieses Votum spricht die bisherige Logik meiner Argumentationsführung aus wenigstens zwei Gründen: Zum einen wurde mehrmals an wichtigen systematischen Knotenpunkten darauf hingewiesen, daß es unmöglich ist, die kulturellen und natürlichen Anteile des Homo Oecologicus auseinanderzudividieren. Homo Oecologicus ist *ein natürliches Kulturwesen und ein kulturelles Naturwesen.* Wenngleich es die Kultur ist, die des Menschen Natur interpretiert, ist und bleibt er doch immer noch Natur. Die Naturnähe bzw. Kulturferne in einem speziellen Geschlecht aufspüren und nachweisen zu wollen, ist deshalb müßig.

Es ist dies *eine besondere Deutungsart* von anderen und ist keineswegs durch die Natur selbst zu beweisen. Weil nun aber beide Geschlechter gleichermaßen als natürliche Kulturgeschöpfe an der Natur wie an der Kultur teilhaben, sie gleichermaßen ihr Dasein zwischen Naturnähe und Naturferne, zwischen Kulturnähe und Kulturferne austragen, ist es meines Erachtens unergiebig, geschlechtsspezifische Ausgrenzungen in der einen oder anderen Form vorzunehmen.

Andererseits wurde spätestens seit der Problematisierung des Homo Oecologicus als einer moralischen Kreatur das *Prinzip der Co-Existenz* als Grundlage einer *co-existenzialen Moral* eingeführt. Es wäre ein inkonsequenter und verkürzter Ansatz, würde sich dieses Prinzip „nur“ auf die Co-Existenz von Individuen, anderen nichtmenschlichen Lebewesen und der äußeren Natur überhaupt beziehen; es erstreckt sich statt dessen auch auf die Verhältnisse der Menschen untereinander, also auch auf die Geschlechterbeziehung. Die Befolgung des Prinzips Co-Existenz soll gerade Formen der Ungleichheit und Unterdrückung zwischen den Geschlechtern vereiteln, vielmehr die Idee der Gleichberechtigung und Einheit im Verschiedenen zur Geltung bringen. Wenn Homo Oecologicus eine solche Moral der Co-Existenz verinnerlicht, dann kann auch aus diesem ethischen Grund dieses Leitbild nur geschlechtsüberspannenden Charakter tragen. Homo Oecologicus, wiewohl von einem männlichen Autor gezeugt, wendet sich an „Sie“ und „Ihn“. Homo Oecologicus ist auf den ganzen Menschen gerichtet, der dies *auch* ist, weil er beide Geschlechter umfaßt.

Allerdings: Die Redeweise vom „ganzen Menschen“ kennt im Zusammenhang mit der Geschlechtlichkeit noch eine weitere Facette, die so fundamental ist, daß sie nicht einfach stillschweigend übergangen werden kann, die *Sexualität.* Eine auch auf die leibliche Befindlichkeit angelegte Anthropologie, ein Menschenbild, das der Leiblichkeit möglichst *voll* Rechnung zollen will, muß die Sexualität in seinen Grundriß aufnehmen. Denn der menschliche Leib weiß sich als *sexueller Leib* – und das nicht nur nebensächlich! In eigens dazu arrangierten Atmosphären, in ganz spezifischen Situationen, geprägt durch ein spezielles Repertoire an Praktiken, wird der Leib zu einem sexuellen stilisiert. Das menschliche Selbst- und Weltverhalten ist auch sexuell durchtönt.

Glaubt man Freud, so artikuliert sich Sexualität auf gediegene Weise bereits in der Kindheit. Einerlei, ob man dieser These zustimmen kann oder nicht, richtig ist, daß Sexualität in die Individualentwicklung integriert werden *muß*. Die eigentümliche Weltverschränkung als leibliches Wesen gebietet es nachgerade, zur Sexualität Stellung zu nehmen.

In der Sexualität erfährt sich der Mensch als ein ungeschiedenes Natur- und Kulturwesen. Sexualität ist, wie alles andere Triebhafte, ein Stück unverbrüchlicher Natur, ist in den Organismus der „natürlichen Bedürfnisse“ eingegliedert. Aber wir wissen längst, was es mit diesem vermeintlich Natürlichen auf sich hat; es ist – dies ist eine universal gültige „Wahrheit“ – überzogen und durchmischt von kulturellen Deutungen.

Eine sexuelle Atmosphäre ist daher niemals ein reines Naturgeschehnis, sie ist eine Kulturtatsache, die gestaltet wird. Das Sexualverhalten ist wesentliches Element einer somatischen Kultur, wovon die zahlreichen interkulturellen Ausdrucksformen ebenso zeugen wie jene Ausdeutungen der Frage nach dem „angemessenen Sexualverhalten“, die Teil einer „Ars Erotica“ sind.

Dabei fällt auf, wie schwierig der Umgang mit der Sexualität ist, Sexualität ist das geblieben, was sie stets für die Menschen war: ein heikles Thema, Stoff für Mythenbildungen, aber auch eine für hoch und heilig erklärte Tabuzone, um die sich der Mantel des Schweigens hüllt.

Ebenso ist das genaue Gegenteil anzutreffen: Die Sexualität wird sehr wohl auch zur Sprache gebracht, besitzt ihre eigenen Codes, die mal derb und frivol, peinlich und anstößig, taktlos und dumm, aber auch fantasiereich, diskret und wohlanständig sein können, lyrischen Zauber verbreiten wollen oder nüchtern-unbeteiligt abgefaßt werden. Sexualität wird zudem visualisiert, ins Bild gesetzt, ästhetisch verziert oder anästhetisch abgestumpft, wird ausgespannt zwischen dem Schönen und Obszönen. Sexualität wird medial inszeniert, auch enttabuisiert, das Intim-Private wird in der Manier von Talkshows zur Schau gestellt. Sexualität kann das Feld von brachialer Körpergewalt, von subtiler Macht und hilfloser Ohnmacht, von lustvoller Beglückung und erduldender Gleichmut sein; Ekstasen und rauschhafte Zustände, das Sich-selbst-Vergessen wie auch Haß- und Ekelgefühle, Schamlosigkeit und Zärtlichkeitsgefühle ebenso wie Disziplinierungen können durch die Sexualität erfahrbar werden.

Ferner ist sie eine anscheinend unversiegbare Quelle für Bildentwürfe aller Art, der Einbildungskraft scheinen kaum Grenzen gesetzt zu sein. All das wie vieles mehr sind hieb- und stichfeste *Zeichen* für den kulturell geprägten sexuellen Leib, der prinzipiell nie deutungsfrei bleibt. Dazu gehört auch die seit Jahrhunderten sich haltende Behauptung, Sexualität, den Status des bloß Natürlichen transzendierend, ergreife den ganzen Menschen, und der Mensch sei eigentlich nur dort „voller" Mensch, wo er Sexualität praktiziere. Nietzsche beispielsweise ist einer der wenigen „großen Philosophen", der sich mit dem ihm eigenen Pathos gegen die Leibfeindlichkeit stemmt, dabei auch die *gesamtmenschliche Bedeutung* der Sexualität würdigt und diese, entgegen anderslautender Stimmen, nicht mit geistentleerter Triebhaftigkeit verwechselt (vgl. dazu u. a. Hammer 1974).

Das durch Nietzsche, aber auch von anderen verteidigte ganzheitliche Sexualitätsverständnis wird, gemäß der Signatur des Homo Oecologicus, unter dem Begriff der Co-Existenz abgewandelt und im Brennglas der ökologischen Krise gespiegelt. Was aber hat diese Krise mit Sexualität zu tun?

Nach einhelliger Auffassung der „Ursachenforscher" sehr viel! Immerhin wird das Bevölkerungswachstum als ein Hauptübel der Ökokrise beurteilt. Die Ausbreitung der Gattung Mensch, die in den letzten Jahrzehnten vornehmlich in den „armen Ländern" dieser Welt teilweise explosionsartige Verlaufsformen angenommen hat, steht in einem direkten Zusammenhang mit dem Sexualverhalten. Wer wollte das leugnen? Die ökologische Krise geht so grundlegend durch die Lebensvollzüge, daß sie nicht nur den ganzen Menschen, sein Fühlen, Handeln, Denken erfaßt, sondern auch dessen „volle Leiblichkeit"; diese Krise läßt nichts unverschont, selbst vor dem Allerintimsten, vor der Sexualität, macht sie nicht halt.

Es ist eine wahrhaft paradoxe Situation entstanden: Um als Gattung überleben zu können, ist Sexualität im Sinne der Fortpflanzung nötig, auf der anderen Seite können bestimmte Formen der Sexualität aber auch zur Zerstörung dieser Gattung beitragen. Eine zu große Nachkommenschaft im Sinne der *Überbevölkerung* mit ihren zahlreichen Nebeneffekten kann das Raumschiff Erde bis zur Unbewohnbarkeit schädigen. Sexualität wird somit auch zu einem ökologischen Problem, was sie im übrigen seit der Antike insofern gewesen ist, als dort „oikos" für *Hauswesen* stand, das geordnet werden mußte, und in diese Ordnung fügte sich das *rechte* Sexualverhalten des *Haus*herren und der *Haus*herrin.

Seit den Tagen des Xenophon, dem wir u. a. eine solche Schilderung verdanken (vgl. dazu Xenophons ›Oikonomikos‹), hat sich zwar der Oikos beträchtlich gewandelt, aber das auch an die Sexualität gebundene Ordnungsproblem hat sich als überaus resistent erwiesen.

Was gegenwärtig unter dem Eindruck der ökologischen Krise erfahren wird, ist doch auch dieses, daß die Fortpflanzung mit enormen Risiken behaftet sein kann, die darin kulminieren, daß sie sich, gleichsam kontraproduktiv, gegen die Menschheit richten. Daß in das Sexualverhalten lange schon, eigentlich seitdem entsprechende Reflexionen darüber zugänglich sind, Gefahrenvolles *hineininterpretiert* worden ist, stellt keine Neuigkeit dar. In der griechischen Antike etwa, so belegen es etliche philosophische Dokumente, wurde das Sexualverhalten als eine keineswegs unwichtige Komponente der rechten Lebensführung, der „Diätetik“ angesehen und systematisch ausgelegt.

Es wurde eben dort teilweise recht aufwendig und mitunter akribisch die unangemessene Sexualität als ein echter Risikoherd beschrieben. Nicht nur wurde vor einer exzessiven Sexualität gewarnt, weil in deren Gefolge angeblich unheilbare Krankheiten auftreten könnten, sondern es wurde auch dringend davon abgeraten, je nach Lust und Laune sexuellen Aktivitäten zu frönen, ohne das *künftige Wohl* des Oikos mit einzubehalten (vgl. dazu wie zu anderen interessanten Details Foucault 1986). Die Botschaft dürfte ziemlich klar sein: Eine ungezügelte, spontane Sexualität, die sich der reinen Begierde überläßt, setzt die Zukunft des Oikos aufs Spiel.

Im Prinzip ist genau dies aber *das* Sexualproblem unter dem Bann der ökologischen Krise; in die Mühlsteine zwischen Lebenserhaltung und Lebenszerstörung getrieben, hat es sich dramatisch verschärft – eigentlich unglaublich, so könnte man auf Anhieb meinen, im wissenschaftlich-technologischen Zeitalter, das u. a. *die* „Pille“ und mit dieser eine unvergleichbare *sexuelle Revolution* beschert hat. Freilich: Die Dinge sind, wie meistens in der *conditio humana*, verwikkelter und schwer lösbar. Denn zum einen sind nicht alle, eigentlich nur die wenigsten Länder dieser Welt technisch-rationale Kulturen. Zum anderen ist auch der Gebrauch der Pille, die den Umgang mit den Lüsten ordnen, ja vernünftig *regeln* soll, auch eine Frage des Bildungsniveaus, das jedoch, im globalen Maßstab genommen, eklatant differiert. Die hohe Anzahl von Analphabeten spricht für sich.

Nicht zu unterschätzen ist zusätzlich, daß Verhütungsmittel finanziert werden müßten, doch wiederum in weltweiter Optik, angesichts gravierender Armut fehlt es an Geld.

Schließlich ist, unabhängig von ökonomischen Gesichtspunkten, das Sexualverhalten gerade dadurch ein kulturelles Phänomen, das ethisch qualifiziert, oft genug disqualifiziert wird. Und genau das ist der springende Punkt: Die Verwendung der Pille wird *moralisiert.* Der Gebrauch der Pille wird dort als Mißbrauch gebrandmarkt, wo er einem spezifischen Moralkodex nicht standzuhalten vermag. Wenn etwa der Papst mit der Autorität seines Amtes verkündigt, daß die Verwendung von Verhütungsmitteln für einen Großteil der Christen nicht schicklich sei, dann argumentiert er moralisch und nicht ökologisch, allenfalls kirchenpolitisch.

Es steht hier nicht zur Debatte (das wäre ein eigenes Thema!), daß durch eine solche Sexualmoral viele Gläubige, denen die Umwelt ein Wert bedeutet, in schwerwiegende Konflikte verstrickt werden können. Wichtig ist der generelle Gedanke, daß mit der Fortpflanzungspraxis moralische Haltungen verknüpft werden, so daß etwa der „Verzehr" der Pille, der konsequent durchgeführt das Bevölkerungswachstum bremsen könnte, zwar auch ein biologisch-physiologisches Problem, aber in allererster Linie ein kulturelles ist.

Unter den Auspizien der Sexualität geht es in der ökologischen Krise primär um *angemessene* Fortpflanzungspraktiken – und nochmals: Über das Zuträgliche und weniger Zuträgliche befindet nicht das natürliche Bedürfnissystem, vielmehr kommen hier ethische Beurteilungskriterien zum Zuge, bei denen der Co-Existenz-Gesichtspunkt m. E. doppelgleisig in den Blick gerät.

Sexualität, die auf Fortpflanzung bedacht ist, ereignet sich zwischen Mann und Frau (Praktiken der Homosexualität sowie Eigenarten lesbischer Beziehungen, die allesamt mit speziellen Problemen behaftet sind, werden hier nicht weiterverfolgt!), also *zwischen* verschiedenen Geschlechtern. Es ist somit eine inter-sexuelle Praxis, bei der die miteinander agierenden Personen wechselseitig aufeinander angewiesen sind. In dieser hochsensiblen Praxisform ist die/der andere konstitutiv für das Ich. In den sexuellen Handlungen wird der co-existenziale Zusammenhang leiblich spürbar – nach Platons ›Nomoi‹ sogar besonders „hitzig und gebieterisch", wird die geschlechtliche Vereinigung als die „lebhafteste aller menschlichen Neigungen" empfunden.

Das Ich durchbricht sich und erfährt sich am anderen, es wird, wie Sartre in seinem phänomenologischen Aufriß einer Philosophie der

Geschlechtlichkeit dargestellt hat (vgl. dazu 1962), von der Sehnsucht nach dem anderen getrieben. Deutlicher läßt sich die co-existenziale Grundstruktur der Sexualität wohl kaum aussprechen. Zugleich klingt hier etwas Entscheidendes des antiken Androgynie-Mythos durch, nämlich das *Verlangen nach Ergänzung* des/der einen durch die/den andere(n). Die „Hälftenhaftigkeit", die spezifische Metapher dieses Mythos, äußert sich in der Verschmelzung der einen „Hälfte" mit der anderen, ohne daß sich die beiden Egos jedoch auflösen würden.

Zwei verschiedene Existenzen vereinigen sich bei vollständiger Wahrung ihrer jeweiligen Existenz zu einer bestimmten Formation der Co-Existenz. Dabei sollte man jedoch niemals vergessen, daß die geschlechtliche Praxis, der bewußte und unbewußte, der gewollte wie ungewollte Zeugungsvorgang trotz allem Einswerden der beiden Geschlechter ein- und rückgebunden bleibt an gesellschaftlich geprägte geschlechtsspezifische Rollenvorstellungen von Empfindungen, Wünschen, Fantasien, Reizen und Wahrnehmungen.

Die in der geschlechtlichen Co-Existenz gesuchte und herbeigesehnte Angleichung, das Aufgehen im anderen kann nicht darüber hinwegsehen lassen, daß die Polarität von Frau und Mann auch im erotisch-sexuellen Verhalten bestehenbleibt (vgl. dazu Alberoni 1987).

Die Co-Existenz betrifft allerdings nicht ausschließlich die unmittelbare Geschlechtsliebe zwischen Frau und Mann, sondern weist noch in eine globalere Dimension. Wenn in der ökologischen Krise die Fortpflanzung so ungeheuer brisant und problematisch geworden ist wie nie zuvor in der Sexualgeschichte der Menschheit, dann doch vor allem deswegen, weil hier eine Co-Existenz herausgefordert wird, die sich *nicht* auf zwei Partner beschränkt. Es geht vielmehr genauso um die *Co-Existenz* mit den *nachfolgenden*, den noch ungeborenen Generationen. Eine ausufernde Vermehrung der Gattung Mensch, die Resultat bestimmter Fortpflanzungspraktiken ist, erschwert nachweislich künftigen Generationen menschenwürdige Lebensformen, läßt Zukunft vielleicht überhaupt zur Illusion gerinnen.

In der Fortpflanzungsproblematik durchkreuzen sich tatsächlich zwei Formen der Co-Existenz: die inter-sexuelle (zwischen den Geschlechtern!) und die inter-generative (zwischen den Generationen!); sie ist nicht nur aufgehoben in einem intimen Binnenraum erfüllter Gegenwart zweier Partner, sondern auch in einem öffentlichen, auf Zukunft gerichteten Außenraum, in einer Nah- und einer

Fernzone. Es wäre sehr trügerisch zu glauben, daß sich diese Sphären in der ökologischen Krise isoliert voneinander entfalten könnten. Eine Fortpflanzungspraxis, die einzig den Nahhorizont unter Geringschätzung oder Mißachtung des Fernhorizonts vor Augen hat, wird die ökologischen Notstände sicherlich nicht lindern, sehr wahrscheinlich aber steigern.

Worin könnte *ein* Ausweg aus diesem Dilemma bestehen? In der *Hoffnung* auf die Durchsetzung eines Habitus, zu dem sich Homo Oecologicus emporarbeiten will. Die Frage nach der *rechten* Fortpflanzung ist nicht nur daueraktuell, sondern auch seit je an die Sinnansprüche von Sexualität überhaupt gekettet. Bei den Antworten hat man es, so will es scheinen, mit der Wiederkehr des ewig Gleichen zu tun, deren Interpretationsspielraum relativ eng ist, zwischen Extremen pendelt und mit allerlei Vorurteilen überschattet ist.

Von den einen wird behauptet, daß die Geschlechtsliebe der Gattungserhaltung zu dienen habe, *das* Telos der Sexualität die Fortpflanzung sei und sonst nichts. Diese Auffassung wurde nicht nur, wie man mutmaßen könnte, von Kirchenfürsten, sondern auch von Philosophen, Pädagogen und anderen berufenen und weniger berufenen Geistern vertreten und entsprechend moralisch codifiziert. Dahinter steht bzw. stand häufig eine lustfeindliche repressive Deutung von Sexualität; denn eine Geschlechtsmoral, die *den* Sinn der Sexualität in die Fortpflanzung der Gattung verlagert, ist auf Unterdrückung (Freud würde sagen „Sublimierung") spontaner sexueller Begehrungen angelegt. Disziplinierung der Lüste wird als *die* angemessene moralische Haltung postuliert.

Andere, vornehmlich im hedonistischen Wertelager beheimatet, zeigen sich gänzlich unbeeindruckt davon und propagieren anstelle einer die Triebe domestizierenden asketischen Moral das vermeintlich verbriefte Recht des Leibes auf eine Sexualität, die vom Ziel der Fortpflanzung befreit ist und das Sexualverhalten als ein in sich sinnerfülltes Tun interpretiert. Danach liegt der Zweck der Sexualität in dieser selbst (im übrigen stünde eine solche Deutung der Sexualität einem *Praxisbegriff* nahe, wie ihn Aristoteles in seiner Philosophie entfaltet hat).

Wie läßt sich in diesem Spektrum die Sexualmoral des Homo Oecologicus verorten? Es wäre widersprüchlich, würde ausgerechnet hier von der ihn leitenden co-existenzialen Moral abgewichen, die – und das blieb bislang unausgesprochen – in ihrem Wesen *dynamisch* ist und sich dadurch von einer *statischen Moral* grundlegend unterscheidet.

Eine statische Moral macht die Sexualität zur Dienerin der Fortpflanzung und verzichtet um deretwillen beispielsweise auch auf die Pille oder andere Verhütungsmittel. Eine solche Sexualmoral wird u. a. von der katholischen Kirchenlehre eingeklagt und erweist sich als eine Autoritätsgehorsam übende dogmatische Moral, die qua *Autorität* des Papstes legitimiert wird. Ein zentrales Erkennungsmal ist die Unbeweglichkeit, ihre fehlende Anpassungsfähigkeit an eine sich beschleunigende krisenhafte Welt. Eine Sexualmoral, die angesichts der ökologischen Krise an der ungehinderten Ausbreitung der Gattung Mensch festhält, ist anachronistisch und vor dem Umschlag ins Unmoralische nicht geschützt.

Genau das aber will die dynamische co-existenziale Moral verhindern. Sie bemüht sich um Anpassungsleistungen, indem sie die Wandelbarkeit der Verhältnisse ins Kalkül zieht, ohne dadurch in die Fallstricke des jeweils Zeitopportunen zu geraten und ohne dadurch ihre situationsübergreifenden invarianten Leitformeln verraten zu wollen. Auch bei den sexualmoralischen Aktivitäten setzt sie auf das Prinzip der Co-Existenz als Richtschnur.

Während die statische Moral einer eher vergangenheitsorientierten Autorität *gehorcht*, ist die dynamische Moral „freier“. Sie klammert sich nicht um jeden Preis an traditionssichernde Autoritätsdogmen, will nicht neue Probleme mit einer alten starren Moral angehen, sondern gibt sich *zukunftsoffener* in dem Wissen, daß es dafür der Aktivierung neuer Lernbereitschaften und Lernkompetenzen bedarf. Während eine statische Moral durch Berufung auf gehorsamsverpflichtete Autoritäten Lernprozesse minimiert, irgendwann überflüssig macht, sind für eine dynamische Moral gerade das stete Lernen und Umlernen charakteristisch. *Ein lernunwilliger Homo Oecologicus ist unvorstellbar!*

Da diese elastische Moral nicht darauf aus ist, nun sämtliche traditionellen Moralprinzipien in Bausch und Bogen zu verdammen, vielmehr das zu konservieren, was sie in allem Wandel für bewahrenswert hält, gewinnt der Begriff der co-existenzialen Moral noch eine überraschende, bislang nicht ersichtliche Färbung, nämlich die Co-Existenz von alten *und* neuen Imperativen, Maximen und Geboten. So wird sie weder von der „alten“ sexualmoralischen Haltung ablassen wollen, den anderen in seiner persönlichen Würde zu achten, noch das Gebot der sexuellen Enthaltsamkeit pauschal zu verunglimpfen, nur eins wird sie nicht tun, solche Prinzipien in alle Zukunft hinein zu verabsolutieren.

Statt dessen wird sie prüfen, ob und inwieweit das moralisch

„Alte“ auf neue Situationen *paßt.* Und genau in diesem Passungsprinzip bestehen auch die Freiheit bzw. die Freiheitsgrade dieser Sexualität, die sich *nicht* auf alle Zeiten an die Vergangenheit *bindet.*

Freiheit besteht einmal in der Möglichkeit, sich von althergebrachten Normen abzunabeln, nur so ist übrigens Dynamik gewährleistet. Freiheit meint jedoch nicht *Bindungslosigkeit,* ist keine Freiheit um der Freiheit willen, die ins Anarchisch-Chaotische drängt. So anerkennt Homo Oecologicus gewollt den Leitwert Co-Existenz, an den er sich *bindet.*

Auf dessen Sexualmoral projiziert werden dadurch Einstellungen befördert, welche die *Mit*-Verantwortung für andere, auch für künftige Generationen als Handlungsmaßstab besonders gewichten. Demnach verdient Freiheit diesen ihren Namen nur dann zu Recht, wenn sie verantwortet wird, in diesem Fall: sich für die Co-Existenz engagiert. Ohne Freiheit keine Verantwortung, aber auch keine Freiheit ohne Verantwortung – das ist die Losung. Dann *kann* aber eine Sexualität gedeihen, die vom Dogma des Fortpflanzungstelos entfesselt wird, das zweifellos mitentscheidend für die Überbevölkerung des heutigen Oikos ist. Eine dynamische, der Co-Existenz verpflichtete Sexualmoral findet ihr Maß in der *verantworteten Freiheit,* die sie sowohl vor den Frustrationen einer repressiven Sexualität schützt wie auch gegenüber einer ungehemmten, exzessiven Libertinage derselben. Indem sie sich für *viele Sinnbezüge der Sexualität* öffnet und die Totalisierung des einzigen Zwecks der Fortpflanzung abwehrt, kann sich Homo Oecologicus auch in der Sexualität als „ganzer Mensch“ erfahren.

5.5.3 Gesundsein und Kranksein als existenzielle leibliche Weltverhältnisse

Es ist erklärte Absicht dieses Menschenbildes, der Leiblichkeit möglichst voll Rechnung zu tragen, die im Rahmen der Kultur als Natur spürbar wird. Wie existenziell und essentiell die leiblichen Selbsterfahrungen sind, das „beweisen“ besonders aufdringlich Gesundheit und Krankheit. Nicht unbegründet wird die Gesundheit von vielen als höchstes Gut in der menschlichen Wertehierarchie plaziert. Daß das Homo-Oecologicus-Modell die Gesundheit in ihren Grundriß aufnimmt, läßt sich durch zwei Hauptmotive rechtfertigen: Einmal dadurch, daß für ein biophiles Wesen die Gesundheit geradezu zwangsläufig konstitutiv ist. Um die *Lebens*qualität zu sichern, sind Gesundheitsvorkehrungen Voraussetzung. Zum anderen dadurch, daß sich die ökologische Krise auch auf das Gesundheits- und Krankheitspanorama auswirkt. Denn die aus unterschiedlichen Richtungen geforderte „gesunde Lebensführung“, im Zeitalter finanzschwacher Gesundheitssysteme von Politikern zum Pflichtprogramm aller verantwortungsbewußten Bürger/innen erhoben, wird durch die galoppierenden Umweltdelikte mehr und mehr zur Fiktion. Die Erlangung einer gesunden Lebensweise, schon von antiken Weisheitslehren als Ideal ausgerufen und mit zahllosen wohlmeinenden Ratschlägen angefüllt, ist im Zeichen der ökologischen Krise problematischer denn je geworden, hat jahrhundertelange gültige Selbstverständlichkeiten in Frage gestellt.

Auch hier kann Tschernobyl erneut als Symbol und stellvertretende Repräsentantin betrachtet werden. Fast genau sieben Jahre nach Harrisburg (März 1979) bescherte Tschernobyl der Welt nicht bloß einen „GAU“ (= größter anzunehmender Unfall bei Unterbrechung der Kühlsysteme), sondern dessen Steigerung, den „Super-GAU“, der bei Explosion des Reaktors eintritt. Die weit über die Ukraine hinausgehende Folge war die Freisetzung von enormen radioaktiven Materialien, die die Atombombenexplosion über Hiroshima um ein Tausendfaches übertraf. Schon diese Zahl verrät die gewaltigen, wahrscheinlich überhaupt nicht genau abschätzbaren Ausmaße dieses ökologischen Holocaust. Was dagegen schnell zur Gewißheit wurde, das ist die wahrlich schmerzliche Erkenntnis, daß ökologische Desaster verheerende *Gesundheitsschädlinge* sein können, worüber nicht zuletzt die Umweltmedizin als eine relativ junge Branche der Medizin zu informieren weiß.

Tschernobyl wird die eindeutig zurechenbare Verursacherin für die Zunahme an Krebs und anderer strahlenbedingter Erkrankungen sein. Den amtlichen Statistiken zufolge starben bereits im verseuchten Gebiet um Tschernobyl herum 8000 Menschen an den todbringenden Folgen der Bestrahlung, Tausende von Kindern laborieren an schweren Schilddrüsenerkrankungen. Es ist gesichert, daß durch die Berührung mit Radioaktivität zahlreiche Körperzellen gleichzeitig angegriffen und geschädigt werden.

Tschernobyl ist kein Einzelfall, freilich der bisherige Superlativ an gesundheitlichem Gefährdungspotential, das tendenziell und über alle Ländergrenzen hinweg auszuufern beginnt. Ohne hier regionale Verortungen vorzunehmen, sei auf einige grundsätzliche Gesundheitsbedingungen verwiesen, die mit der ökologischen Krise in Zusammenhang stehen: die Verschmutzung der Luft, beispielsweise hervorgerufen durch Schwefeldioxyd und Stickoxyde, letztere sind zum allergrößten Teil dem Straßenverkehr zu „verdanken". Die ehemalige Bundesrepublik hat den zweifelhaften Ruhm eines weltweiten Spitzenreiters der Stickoxyd-Belastung, von welcher der Smog eine besondere Variante darstellt. Aber auch die anderen Elemente Wasser und Erde werden massiv betroffen, sind mit Schadstoffen unterschiedlichster Substanz und Dichte durchmengt. Das sogenannte Grundwasser ist zum Beispiel durch ein Zuviel an Nitraten und Phosphaten in Gefahr. Hinzu kommen überreichliche Mengen an Schwermetallen, wobei insbesondere Cadmium, Blei oder Quecksilber in erhöhter Konzentration schwere Gesundheitsschädigungen herbeiführen können. Die Lärmbelästigungen, die verschiedene Quellen haben (Straßenverkehrslärm, Fluglärm, Baulärm usw.), sind ebenfalls nicht zu unterschätzen.

Ökologische Faktoren – dies sollte der Tenor sein – spielen bei den modernen Krankheitsbildern eine wachsende Rolle, sie beeinträchtigen, ja ruinieren bisweilen die Gesundheit, *erfassen* Haut, Immunsystem, Nervensystem, innere Organe, den ganzen Menschen. Und was das Heimtückische daran ist – siehe Tschernobyl –, sind die Wehrlosigkeit und Ohnmacht, mit der man derartige, die Lebensqualität mindernde ökologische Bedrohungen über sich ergehen lassen muß.

Die verstärkten Appelle für eine gesunde Lebensweise scheinen demnach kaum realisierbar zu sein, selbst dann, wenn der einzelne „alles für seine Gesundheit tut". So war z. B. lange Zeit die Auffassung unumstößlich, daß dosiertes Sporttreiben ein geeignetes Mittel für die Verwirklichung eines gesunden Lebensstils sei. Auch daran kann seit den ökologischen Katastrophen nicht mehr festgehalten werden; denn sportliche Aktivitäten, die zentral an den Leib gebunden sind, vielfältige leibliche Erfahrungen gestatten, stehen vor dem Dilemma, in einer wenig intakten Umwelt (vgl. bleihaltige Sportplätze, phosphathaltige Gewässer, stickoxydgeschwängerte Luft beim Joggen usw.) das Gegenteil von dem zu erreichen, was bewirkt werden soll. Viele gesundheitsmotivierte Sportler/innen müssen mit einem Bumerangeffekt rechnen – wahrlich trübe Aussichten! Überall und immerfort, so scheint es, ist die „Gesundheit in Gefahr" (vgl. dazu den gleichnamigen Buchtitel von Wemmer/Korczak 1993), woran die Umweltzerstörungen einen großen Anteil haben.

Was kann man daraus lernen? Soviel wenigstens:

1. Die durch die ökologische Krise hervorgerufenen gesundheitlichen Gefährdungen sind ein unbestechliches Indiz für die generelle

Risikohaftigkeit *des Menschen*. Wenn er selbst dort, wo er glaubt, seine Gesundheit zu erhalten oder zu verbessern (wie im Sport!) auf Schädigungen derselben gefaßt sein muß, dann ist das Risiko vollkommen. Etwas ironisch-pointiert: Die ökologische Krise *garantiert*, daß für das Leben keine Vollkaskoversicherung abgeschlossen werden kann. Auch das ist eine unanfechtbare Botschaft der ökologischen Krise.

2. Die ökologische Krise *ergreift* (das ist durchaus buchstäblich zu nehmen) die Leiblichkeit in ihrem Zentrum, sofern das Gesundsein Vorrang vor allen anderen Leibbezügen hat.

3. Gesundheit und Krankheit brechen nicht als unabänderliche Naturereignisse über den Menschen herein. Tschernobyl und andere ökologische Schauplätze lehren statt dessen: Gesundheit wie Krankheit werden auch kulturell „gemacht"; sie sind ein Kultur- und ein Naturphänomen, womit die eigentümliche Durchmischung des Natürlichen und Kulturellen in der Gesundheit und Krankheit ganz spezifisch erfahren wird.

Diese drei Einsichten bieten Anlaß zu einer das bisher Gesagte weiterführenden Ausmalung der Gesundheitsfacette im Modell des Homo Oecologicus, was darauf hinauslaufen wird, einen *spezifischen* Gesundheitsbegriff zu charakterisieren. Denn als Hermeneutiker des Leibes muß er sich zwangsläufig über Gesundheit *verständigen*. Weshalb aber ein spezifisches? Ist nicht Gesundheit gleich Gesundheit? Besteht nicht ein Konsens darüber, was Gesundheit ist? Eben nicht! Und das wäre auch recht merkwürdig, wo wir doch häufig herausfanden, daß das Leiblich-Natürliche mehrdeutige Kulturinterpretationen hervorlockt.

Das menschliche Leben selbst stellt sich als ein unaufhörlicher, verschiedenartig akzentuierter Deutungsvorgang dar, von dem *alles* ergriffen wird, so auch die Gesundheit. Auch hier sagt die Natur nicht von sich, was Gesundheit ist bzw. sein soll. Vielmehr bedarf es dazu kultureller Konstrukteure/innen, die über Gesundheit befinden und sich zumeist aus Medizinern rekrutieren, wobei sich in den letzten Jahren allerdings Gesundheitsdiskurse eingebürgert haben, an denen nicht nur, wie üblich, die Ärzteschaft und Wissenschaftler der Medizin beteiligt sind, sondern auch Soziologen, Psychologen, Pädagogen, Politiker, Ökologen, Ökonomen, hin und wieder sogar Patienten. Dieser heterogen zugeschnittene Interessentenkreis entfaltet zwangsläufig plurale Vorstellungen über Gesundheit. So betonen beispielsweise Soziologen die sozialen Faktoren, Psychologen sprechen sich für eine stärkere Berücksichtigung psychischer Komponenten bei der Diagnose sowie bei der Therapie von Krankheiten aus.

Die traditionelle Medizin hat in aller Regel Gesundheit als die Abwesenheit von Krankheit *interpretiert* und sich bei der Festlegung auf ideal konstruierte Parameter gestützt, die gleichsam die Funktion eines Gesundheitsbarometers übernehmen. Alles, was nicht in das vorgegebene Parameterschema hineinpaßt, wird als krank definiert, weshalb Krankheit wesentlich als Störprozeß organischer Abläufe konzipiert wurde. Die World Health Organisation (WHO) plädiert in ihrer *Interpretation* für ein Gesundheitsverständnis, das dem Menschen neben dem körperlichen ein psychisches und soziales Wohlbefinden zu vermitteln habe. Mit dieser Definition soll offenbar auch die Verkürzung auf den bloß organisch-physiologischen Menschen überwunden werden. Inwiefern jedoch dieser Begriff für das alltägliche ärztliche Handeln maßstabsetzend ist, steht auf einem anderen Blatt.

Schließlich sei auf ein aktuelles Gesundheitsverständnis angespielt, das in den Debatten um die Gentechnologie durchscheint. Eine nicht geringe Gegnerschaft verdammt die Gentechnologie zumeist übrigens in Bausch und Bogen, weil sie *wider-natürlich* sei, den Menschen zum naturunabhängigen Menschengestalter einsetze. Das gentechnologische Oppositionslager bemängelt offensichtlich ein Gesundheitsverständnis, dem die „Natürlichkeit" abhanden kommt. Auch das ist *eine Auslegung* von Gesundheit.

Welche aber wählt nun Homo Oecologicus als Leitschnur? Eine solche, die u. a. zwei diesem Bild geläufige Ecklinien weiter auszieht, den Gedanken der Co-Existenz und, davon gar nicht ablösbar, den des „ganzen Menschen". Auf die Gesundheitsproblematik übertragen, verdichtet sich dies in ein *kosmisches Gesundheitsverständnis*, das m. E. durch die ökologische Krise unausweichlich wird. Denn die Umweltdilemmata belehren auch darüber, daß die *Leib-Welt-Co-Existenz* höchst zerbrechlich ist. Erste und weitreichende Schlüsselerkenntnis ist die Verwachsenheit von Leib und Welt, die ein symbiotisches Verhältnis bilden. Der Titel eines kosmischen Gesundheitsverständnisses soll vornehmlich belegen, daß der Leib mit der Welt, auch der Außenwelt so verfugt ist, daß daraus außerordentlich dynamische Beziehungen entspringen.

Die Umwelterkrankungen bekunden dies hinreichend. Die Verseuchung des Erdbodens, die Verschmutzung der Luft, die Giftspuren im Wasser, oder auch „nur" das vergleichsweise harmlose Wehklagen über die „Frühjahrsmüdigkeit" bezeugen diese Verwiesenheit des gesunden Leibes auf das außer ihm seiende „Draußen“ der Natur, deren Bezug dann als ein dialektischer erlebt wird: Einerseits wird, zumal in Zeiten ökologischer Alarmtöne, die Co-Existenz vor allem als Abhängigkeit, Angewiesenheit, Ausgeliefertsein spürbar, gleichzeitig aber auch als Macht, insofern Taten die Gestaltung bzw. Mißgestaltung dieses Kosmos „vollbracht“ haben.

Erfahrbar wird aber auch, und das löst vielfach Beklommenheit und Verzweiflung aus, daß Gesundheit keinen Besitz darstellt, über den man, bei allem Präventions- und Prophylaxenenthusiasmus, verfügen könnte. Gesundheit *hat* man nicht wie ein Sparkonto, sie ist *auch* zufallsbedingt. Wer *zufällig* im näheren und nächsten Umkreis von Tschernobyl lebte, wurde *zufällig* Opfer.

Da allererst die Co-Existenz von Leib und Welt der Gesundheit und Krankheit gleichermaßen Erfahrungsmöglichkeiten bereithält, ist Kennzeichen eines kosmischen Gesundheitsbegriffs die unmittelbare Verweisung von Gesundsein und Kranksein, sie sind eingefügt in die Leib-Welt-Einheit und deren mögliche Ausdrucksformen. Gesundsein und Kranksein lassen sich deshalb nicht als *Gegensatzpaar* formulieren, sie sind Momente, besser, *Zustände* einer Leib-Welt-Co-Existenz, die im Zustand des Gesundseins relativ ausbalanciert ist, im Zustand des Krankseins, je nach Schwere, Deckungsdefizite aufweist.

Noch einmal: Kranksein und Gesundsein sind keine Widersacher, sondern verschiedenartige Zustände und Befindlichkeiten der kosmischen Leib-Welt-Relation. Von daher fällt ein besonderes Licht auf die Vorstellung des „ganzen“ Menschen, der sich danach *auch* als der gesunde *und* kranke Mensch interpretieren läßt. Ein Schiller-Bonmot abgewandelt, müßte man dann festschreiben: Der Mensch ist nur dort *ganz* Mensch, wo er krank *und* gesund ist.

Landläufiger als diese Version vom „ganzen“ Menschen ist die Trias von Leib–Seele–Geist oder die verbreitete Annahme einer psycho-physischen Lebenseinheit. Auch hieran kann ein kosmisches Gesundheitsverständnis anknüpfen. Wieso? Weil es Gesundheit nicht auf körperliches Wohlbefinden im Sinne des reibungslosen und störungsfreien physischen Funktionierens zurechtstutzt, sondern auch die psychischen Dimensionen, also die *innere Natur* umschließt. Wiederum hat die ökologische Krise die Einsicht genährt, daß zwischen der äußeren und inneren Natur eine Dialektik herrscht, von der die seelische Gesundheit betroffen wird, was sogar einen Paradigmenwechsel in der Psychologie heraufbeschworen hat.

Verzichtet man auf die Darstellung von Einzelheiten, dann kann dieser Wandel vereinfacht so wiedergegeben werden: Während die traditionelle Psychologie ein *zweistelliges Persönlichkeitsmodell* bevorzugte, das mit der Annahme operierte, die Persönlichkeitsentwicklung werde ausschließlich durch das Selbst und dessen Kontakte mit anderen Menschen geprägt, vertritt die *ökologische Psychologie* den gut nachvollziehbaren Standpunkt, daß für die psychische Entwicklung auch die nicht-menschliche Umwelt bedeutungsvoll sei. Die gegenwärtige ökologische Psychologie räumt demnach einem *dreistelligen Persönlichkeitsmodell* Vorrang ein. Die ökologische Psychologie, ebenfalls forciert unter dem Eindruck der Umweltkrisen, macht somit die Umweltvergessenheit der traditionellen Psychologie vergessen; sie unterstellt, was ganz im Einklang mit meinen Reflexionen steht, eine Co-Existenz zwischen menschlicher und nichtmenschlicher Umwelt und behauptet, daß diese nicht-menschliche Umwelt, die etwa als das Schöne der äußeren Natur erlebt werden kann, für die Entwicklung des Individuums nicht unterschätzt werden soll. Der Umgang von Kindern mit Tieren, mit den leibhaftigen ebenso wie mit den fiktiven Teddybären, die nahezu sämtliche „normale" Kinderzimmer zieren, wäre ein Beispiel für eine mögliche Entwicklungsförderung durch nicht-menschliche Lebewesen.

Was den Aspekt der seelischen Gesundheit angeht, so lehrt die Erfahrung, aber auch einige, allerdings spärliche empirische Untersuchungen, daß die äußere Natur, vorsichtig formuliert, Heilungsprozesse beschleunigen kann. Damit jedoch kein Irrtum Platz greift: Hier ist nicht an die „natürlichen Heilmittel" gedacht, die bekanntlich auch Genesungsvorgänge in Gang setzen und forcieren können, sondern an jene Art von psychischen Heileffekten, die durch konkrete Naturerfahrungen wie den Anblick einer bestimmten Vegetation und dergleichen mehr begünstigt werden können (vgl. dazu Gebhardt 1993). Die äußere Natur *kann* die Gesundheitsvorgänge der inneren Natur positiv beeinflussen, vermag andererseits aber auch, ihrer Bedrohlichkeit und Zerstörungskraft wegen, psychisch krank zu „machen", worauf wir später, unter der Gefühlsthematik, noch zurückkommen werden. Ziel dieses Abschnitts war es, ein kosmisches Gesundheitsverständnis als Reaktion auf die ökologische Krise und als Mosaik des Homo Oecologicus zu erläutern, wobei zwei Zusatzinformationen nicht zurückgehalten werden können, von denen die eine historisch und die andere aktuell ist.

Lassen wir der Historie den Vortritt: Das bewußt mehr angedeutete als ausgedeutete kosmische Gesundheitsverständnis ist zwar von der ökologischen Krise inspiriert und aufgedrängt worden, hat aber der Grundidee nach Vorläufer – einen ganz reputierlichen in Paracelsus, der zwar nicht wie ich von einer Leib-Welt-Co-Existenz spricht, aber durch seinen Sprachgebrauch „Mikrokosmos-Makrokosmos-Beziehung“ ein für die gesunde Lebenskunst ähnliches Menschen- und Weltbild in Anschlag bringt. Die Ur-Verbundenheit des Menschen mit den überlebenswichtigen Elementen Luft, Wasser, Erde und auch Feuer übersetzt er anthropologisch und kosmologisch, indem er den Menschen als ein aus diesen Elementen bestehendes Wesen bestimmt, das darin den ganzen Kosmos wie in einer Nußschale präsentiert. Paracelsus' Glaube an das Zusammenwirken von Mensch und Kosmos, von Mikro- und Makrokosmos ist so ausgeprägt, daß er die damals dominierende Anatomie durch eine astronomische Anatomie ersetzt, die auf der Spekulation beruht, daß die menschlichen Organe und Planeten in einer tiefen Verwandtschaft zueinander stünden. In seinem ›Volumen Paramirum‹ beschreibt er u. a. die Funktionsgleichheit zwischen leiblichen Organen und Planeten im Himmelssystem. Dem Merkur z. B. entspricht die Lunge, der schönen Venus die Niere und, wie könnte es anders sein, der Sonne das Herz.

Soweit die federstrichartige Reminiszenz (vgl. dazu ausführlicher Böhme 1989), die mit aller Deutlichkeit die Idee des Kosmischen entfaltet und den Bezug zur Gesundheit dort wahrt, wo Paracelsus Erkrankungsursachen in den Gestirnen des Himmels ausfindig macht. Die ökologische Krise gibt dieser Auffassung nachträglich insofern recht, daß der Mikrokosmos Mensch dem Makrokosmos, mit welchem er leiblich kontaktiert, ausgesetzt, symbiotisch verbunden ist. Darin ist Paracelsus bemerkenswert zeitlos.

Nun zu der brandaktuellen Tendenz, die ebenfalls den kosmischen Gesundheitsbegriff stützt. Die moderne High-Tech-gestylte Apparatemedizin, die nur zu bereitwillig dem Fortschrittsimperativ gehorcht, gerät zunehmend, gerade auch von Medizinern, unter Beschuß – nicht nur der „Kostenexplosion“ und einer technologisch bestimmten Arzt-Patient-Interaktion wegen, sondern sie muß sich auch den „anthropologischen“ Vorwurf gefallen lassen, ein mehr als fragwürdiges Menschenbild zu protegieren.

Auf den Punkt gebracht: An diesem Bild wird die Reduktion des Menschen auf ein bloßes Körperding moniert, an dem herumkuriert wird, das man operiert, auf jeden Fall selektiv als ein aus Organen zusammengestücktes Ding wahrnimmt. Daß der Mensch mehr ist als ein sich äußerlich darbietender Körper mit allerlei physiologischen Funktionskreisen, vielmehr auch ein sein Selbst spürender, den ärztlichen Blicken und der Computerdurchleuchtung vorenthaltener Leib ist, wird ausgeblendet. Die moderne Medizin gerät auch in die Kritik, weil sie letztlich die technologischen Apparaturen zum Maß der Dinge erhebt und sich dabei immer mehr von der komplexen menschlichen Leiblichkeit entferne.

Sicherlich darf eine dermaßen harte Abrechnung nicht verallgemeinert werden, sicherlich hat die aufwendige Apparatemedizin ihre respektablen Erfolge vorzuweisen, aber gewiß ist auch, daß die Medizin der Technologieparks Krankheitslehren betreibt, und deswegen ist ebenso gewiß, daß deren Opponenten zu Recht ein ganzheitliches Leib- und Gesundheitsverständnis einklagen. In genau diese Kerbe schlägt das kosmische Gesundheitsverständnis des Homo Oecologicus, das somit auch durch allerjüngste sowie zum Teil sehr weit zurückliegende Erkenntnisse und Erfahrungen promoviert wird.

5.5.4 Die Gefühlswelt – der affektive Homo Oecologicus

Mehrmals schon wurde darauf verwiesen, daß Homo Oecologicus kein gefühlloser Mensch ist. Moralische Gefühle (vgl. dazu Kap. 5.4.3) sind ihm ebensowenig fremd wie ästhetische (vgl. dazu Kap. 5.4.4), und auch in den Ausführungen über Gesundsein und Kranksein wurde die Affektivität angesprochen. Es ist an der Zeit, das bereits anderswo *mitgängig* Thematisierte klarer hervorzuheben und gesondert zu behandeln. Gut belegbar ist, daß viele europäische Menschenbilder, die sich gegenseitig darin übertrumpfen, Modelle vom „aufgeklärten" Menschen zu entwerfen, „kopflastig" sind, da sie die Rationalität, welche Formen derselben auch immer, zum Eigentlichen des Menschen erklären, von dem her er seine wesentliche Bestimmung erhält. Den Gefühlen wird die gleichberechtigte Anerkennung versagt, statt dessen werden sie, vernunftarrogant, als etwas Sekundäres disqualifiziert oder rundum als irrational abgetan.

Sich aufs schärfste davon abgrenzend zirkulieren seit Jahrhunderten aber auch solche Bilder, die den Menschen ebenso einseitig von der *passio* her definieren, die Leidenschaften, Triebe und Gefühle überbewerten und das Vernunftmäßige unterbewerten. Während die erstgenannten durch eine Gefühls- und Leibvergessenheit gekennzeichnet sind, kommt in der anderen Gruppierung die Rationalität meistenteils zu kurz.

Das vorliegende Homo-Oecologicus-Modell steuert dagegen einen ausgewogeneren Kurs an, weil es beiden Seiten der menschlichen Existenz gerecht werden will: den Gefühlen *und* der Vernunft; denn eine Warnung der ökologischen Krise besteht auch darin, diese auf Ausgrenzung bedachten Menschheitstypen nicht zu verhärten, sondern zu vermitteln. Davor können einmal mehr die Ideen der Co-Existenz und des „ganzen Menschen“ bewahren, die fest und flexibel in dieses Porträt eingraviert sind.

Bevor es an die Durchführung der Hauptthese dieses Abschnitts geht, daß die ökologische Krise auch das Gefühlsleben der Menschen mehr als bloß nebensächlich angreift, und ehe erörtert wird, *wie* Affektivität unter der Herrschaft dieser Krise erfahren werden kann bzw. faktisch erlebbar ist, darf die terminologische Schwierigkeit, in die sich bisher alles wissenschaftliche und philosophische Reden über die Gefühle verstrickt, nicht stillschweigend übergangen werden. Was nämlich unter Gefühlen zu verstehen ist, das beantworten diesbezügliche Definitionshalter durchaus unterschiedlich. Das Wort wird, etwa in der Psychologie, alles andere als einheitlich verwendet, oftmals werden Gefühle dann noch mit den Begriffen Stimmung, Emotion und Affekt gleichgesetzt (im übrigen deckt sich das mit dem englischen Sprachgebrauch, vgl. dazu die Begriffe feeling, mood, emotion und affect) oder Zuordnungsversuche vorgenommen, wodurch die Kalamitäten wachsen.

Niemand wird ernsthaft von dieser Studie eine neue Definition noch eine Gefühlstheorie erwarten können. Daher werden in voller Anerkenntnis der komplizierten sprachlichen Gebrauchsweisen, von wissenschaftlichen Sprachspielen relativ unbelastet, im folgenden alle vier Begriffe Verwendung finden, um mit diesem Quartett den Gefühlsmenschen Homo Oecologicus zu beschreiben. Als umfassender Titel, der alles Gefühlsmäßige des Homo Oecologicus ausdrükken soll, dient die Affektivität. Im Durchlauf dieser Porträtierung wird die Frage danach dringlich, in welcher Weise die ökologische Krise auch Anlaß bietet, die Affektivität ins Spiel zu bringen. In einzelnen Punkten wird darauf geantwortet, die bewußt unvollständig gehaltene Summierung, die der Emotion Angst einen Sonderplatz zuweist, wird den affektiven Homo Oecologicus kennzeichnen und ragt in die Region einer *Anthropologie der Gefühle* hinein.

1. Das affektive Reich hat den allermächtigsten Verweisungscharakter auf die Leiblichkeit, läßt diese als einen unhintergehbaren Bezugspunkt erleben, was bereits im Alltagsjargon durchklingt; dort haben sich u. a. Redewendungen wie diese festgeschliffen: Jemanden hat wieder einmal so „ein mulmiges Gefühl beschlichen“, als er an die unerledigten Hausaufgaben dachte; nicht allen Schülern soll es

allerdings so ergehen. Einem anderen, von Mitleidsgefühlen Geplagten, geht die Verzweiflung seines Freundes „an die Nieren“, einer anderen gefühligen Kreatur „schlägt etwas auf den Magen“, während dieselbe vor Wochen noch ein Gefühl der Erleichterung beschlich, als ihr „ein Stein vom Herzen fiel“. Andere „beben vor Zorn“, manch einer wird vom Gefühl der Aktivitätslust gepackt, könnte „Bäume ausreißen“, andere wollen, vom Schamgefühl überwältigt, „in die Erde versinken“. Sämtliche Beispiele illustrieren die *Leibverhaftung der Gefühle* und, was bemerkenswert ist, oft auch die Koppelung mit Naturbildern, was wiederum, jetzt aus der Gefühlsdimension betrachtet, die *Co-Existenz von Leib und Welt* im Sinne der äußeren Natur unterlegt. (So z. B., wenn einem das „schlechte Wetter“ „auf die Nerven geht“ und die Stimmung drückt.)

Hier kommt es jedoch zunächst auf den Zusammenhang von Affektivität und Leiblichkeit an, denn allem Anschein nach besitzt die Leiblichkeit eine Schaltposition für die Affektivität; *Gefühle sind leiblich spürbar*, sind leibliche Regungen: in den Erregungszuständen, die ekstatisch und rauschhaft ablaufen können, qualitativ anders, da weitaus vernehmlicher spürbar als in der Spannungsabnahme oder in Momenten des relativen Spannungsverlusts nach einem „reinigendem Gewitter“. Gefühle wie Angst, Bedrohung oder Trauer, sehr wohl erfahrbar in ökologischen Krisenkontexten, *verengen* den Leib, beklemmen ihn geradewegs, das Durchatmen fällt schwer, ganz anders als beim „befreiten Aufatmen“, wo sich der Leib *weitet*.

In der Trauer und im Kummer wird der Leib gedrückt, ein Druck scheint ihn panzerartig zu umklammern. In einen solchen Zustand hineinversetzt, ist die dementsprechende Stimmung eine bedrückte. Auch mit der Sorge geht oft ein leibliches Spüren der Last einher, die ab und zu als Beengung empfunden werden kann. Anders die Ausgelassenheit und Freude oder die übermütige Spiellaune; sie werden als leibliche Weitungen gespürt, als ein schier unbegrenztes Offensein. Das Niederziehende der negativen Gefühle ist vergessen und weicht einem Aufsteigen, einer Art von Emporhebung.

Der gefühlsdurchpulste Leib erhält durch die Engung und Weitung eine verblüffende Dynamik, die stets neu einer dauerhaften, dem Wandel entzogenen Gefühlskonstanz widerstreitet. Die Bedeutung von Enge und Weite als Prinzipien einer *Phänomenologie der Gefühle* herausgearbeitet und mit außergewöhnlichem Spürsinn seziert zu haben, muß Schmitz, dem Autor eines mehrbändigen, höchst erfindungsreichen ›Systems der Philosophie‹ (^{2}1989) besonders hoch angerechnet werden, das in der systemabstinent gewordenen zeitgenössischen Philosophie kein gleichwertiges Pendant besitzt.

Er hat den „Gefühlsraum“ philosophisch-anthropologisch-phänomenologisch durchmessen und dabei das Atmosphärische der Gefühle einzufangen versucht, indem er, ausgehend von der These, die leibliche Befindlichkeit sei „Resonanzboden“ für Atmosphäre, mit viel Überzeugungskraft begründet, *wie* Gefühle in Situationen eingebunden sind. Situationen bestehen aus Programmen, Problemen und Sachverhalten, die das jeweilige Gefühl, z. B. die Liebe, stabilisieren. Nach Schmitz verlassen Gefühle den rein privaten seelischen Binnenraum und erweisen sich als Atmosphären mit räumlicher Ausdehnung, durch die sie affektiv betroffen werden. Leiblich spürbar steht das Fühlen von Gefühlen ganz unter dem Bannstrahl von Atmosphären, in die sie gleichsam hineingleiten.

Zweifel an der Leibverhaftung der Gefühle dürften nach alledem nicht ernstlich angemeldet werden, ein Tatbestand *und* eine Erfahrung, die paradigmatisch durch die ökologische Krise reichlich Bestätigung finden.

2. Dazu gehört auch das Erleben, daß Affektivität, vor allem Stimmungen, eine *welterschließende Bedeutung* hat. Gleich den Sinnen sind die verschiedenen Stimmungen, das seelische Innen des einzelnen überschreitend, auf die Welt hin gerichtet. Stimmungen *vermitteln* zwischen dem *Ich* und der *Welt*, dem Draußen, und ermöglichen Erkundungen in und an der Welt; sie erschließen also dem Innen das Außen. Mit Heidegger gesprochen, der in seiner klassischen Studie ›Sein und Zeit‹ (1927) diesen affektiv getönten Welterschließungscharakter philosophisch durchdrungen hat, sind Stimmungen eine ausgezeichnete Weise des „In-der-Welt-Seins“. In der Leiblichkeit verankerte Stimmungen sorgen für eine *Co-Existenz* zwischen Mensch und Welt, wobei letztere nur allzu häufig als die äußere Natur bewußt und erlebt wird.

In der ökologischen Krise wird diese Co-Existenz als etwas äußerst Zerbrechliches *gespürt*, und es wird Homo Oecologicus zur Gewißheit, daß diese Krise die Möglichkeiten der Welterschließung drastisch zu senken vermag, was in den Emotionen wie Trauer, Angst und Furcht seinen Widerschein findet. Tschernobyl, wieder zum repräsentativen Beispiel genommen, ruft, selbst bei den eingefleischten technokratisch Gesinnten unter den Menschen, keine Hochstimmung hervor, sondern Bedrückung, löst ein niederschlagendes Lebensgefühl aus, das vor allen Dingen von den unmittelbar Betroffenen als Schwere empfunden wurde/wird. Die Welt ist eingetrübt. In einer solchen Situation wird an Stelle von Welterschließung Weltbegrenzung, bewußte und unbewußte, *gefühlt*, die Affektivität spiegelt die Zerrissenheit zwischen „äußerer" und „innerer" Natur wider.

3. Andererseits läßt sich aber auch nicht verbergen, daß trotz aller ökologischen Kahlschläge und Verwüstungen keine Gefühlsmonokultur entstanden ist, welche die Stimmungsskala auf die gedrückten ernsten beschränken würde. Mögen die Naturerfahrungen auch zusehends *negativer* werden, weil die Naturverluste einfach zu stark anwachsen, so sind andererseits auch, regional unterschiedlich, immer noch solche Erlebnisformen mit und in der Natur möglich, die in gehobene Stimmungslagen versetzen. In der Schilderung des Homo Oecologicus als Homo Aestheticus ist dies materialreich und bequem nachzulesen (vgl. dazu Kap. 5.4.4).

Es ist nicht so, als würde der Naturumgang gegenwärtig *nur* zu den niederziehenden Stimmungen veranlassen. Richtig ist dagegen die Erfahrung einer *Dialektik der Gefühle* bzw., in der Interpretation von H. Schmitz, der Atmosphären. Neben der drückenden Macht der Trauer kann es auch zur Gehobenheit der Freude, des Glücks kommen, eine Stimmung, die Nietzsche in ›Zarathustra‹ sowie in ›Der Wanderer und sein Schatten‹ eingehend emphatisch charakterisiert hat. Das Naturerlebnis, in der ›Stille des Mittags‹ gemacht, verheißt Glück. Die unmittelbare Naturerfahrung wird zur Glückserfahrung, insofern den Augen Dinge geboten werden, die sie nie zuvor erblickt haben. (Vgl. zur ausführlichen Interpretation u. a. Bollnow [5]1974.)

Summa summarum: Wie selten zuvor macht die ökologische Krise eine eigentümlich schillernde Gefühlsdialektik erfahrbar, die ausgespannt sein kann zwischen Trauer, Angst und einer heiteren Stimmungsformation, die als Glück empfunden wird. Freilich: Die Schrumpfung von Stimmungshochs und das gleichzeitige Aufkommen gedrückter Stimmungen schärft im Zeichen der ökologischen Krise das Bewußtsein für die dialektische Dynamik der Affektivität auf ihre je eigene Weise. Gefühle werden stabilisiert *und* destabilisiert.

4. Von Dialektik kann sinnvollerweise nur geredet werden, weil eine *Gefühlsvielfalt* erlebt wird. Die stets neu unternommenen Versuche, Ordnungen in das Gestrüpp der Gefühle zu bringen, haben diese Pluralität zu ihrem Grunde und zu ihrer Voraussetzung. Da werden u. a. „gehobene", „getragene" oder „bedrückende" Stimmungen unterschieden oder „negative" von „positiven" Gefühlen

abgesondert oder „echte“ und „unechte“ auseinanderdividiert, lassen sich ethisch aufgeladene von ästhetischen scheiden.

In der Tat ist der Gefühlskosmos bemerkenswert reich: Übermut und Schwermut, Glück und Trauer, Freude und Schmerz, Mitleid und Ausgelassenheit, Niedergeschlagenheit, Depressivität und Euphorie, Ekel und Faszination, düster und sonnig, lustig und verzweifelt, rauschhaft und gelassen – all das und vieles mehr umfaßt den affektiven Haushalt, innerhalb dessen sich die verschiedenen Emotionen und Stimmungen *wandeln*, manchmal geradezu blitzartig von Augenblick zu Augenblick ihre Färbung verändern und dabei von einem Extrem in das andere umschlagen können, wenngleich es auch, wie Gefühlstheoretiker zu wissen glauben, *eine* relativ dauerhafte Urstimmung bei jedem Individuum geben mag. Die ökologische Krise ist jedenfalls dazu angetan, den affektiven Homo Oecologicus einen dialektisch bestimmten Gefühlspluralismus erleben zu lassen – vor allem dadurch, daß diese in der Hauptsache negative Gefühle und Stimmungen „produziert“, von denen die *Angst* die Spitze anführt.

5. Da die Umweltkrise, besonders signifikant nach Tschernobyl, das Gefühlsbarometer so nachhaltig zur Angst ausschlagen läßt, ist es geboten, diese Emotion etwas genauer in Augenschein zu nehmen. Empirische Erhebungen, unmittelbar nach dem ukrainischen „Super-GAU“ erhoben, bestätigen eine enorme *Angstbetroffenheit*, die quer durch sämtliche Generationen und Geschlechter verläuft, von der insbesondere Heranwachsende, also Kinder und Jugendliche ergriffen werden. Unterbruner (1993) fand durch eine Untersuchung, die sie mit 1100 österreichischen Jugendlichen im Alter zwischen 13 und 18 Jahren durchführte, u. a. heraus, daß die Angst vor einem Ökokollaps der Menschheit neben der Bedrohung durch Krieg und todbringende Krankheiten zu den größten Zukunftsängsten zählt. Die Befürchtung, daß die Umweltzerstörungen immer weiter eskalieren werden, erfuhr eine fast hundertprozentige Zustimmung, ungeachtet des jeweiligen Schultyps und der regionalen Zugehörigkeit zu Stadt oder Land, gleichwohl ist die ökologische Angst, wie fast jede andere Angstform, bei Mädchen noch nachhaltiger vorhanden als bei den männlichen Jugendlichen.

Verallgemeinerungsfähig ist: Die Umweltkrisen schüren Ängste, denen oft etwas Katastrophisches anhaftet. Was aber ist das für eine Angst, die in diese krisenhafte Situation eingebettet ist? Wie läßt sie sich kennzeichnen? So gefragt, rückt man von empirischen Befunden ab und gibt dem Angstphänomen eine reflexiv-philosophische Drehung. Wenngleich die menschlichen Gefühle nicht sehr oft auf philosophische Gegenliebe gestoßen sind, hat die Angst, angestachelt durch Kierkegaards Pionierarbeit ›Der Begriff Angst‹ (1844), intervallmäßig die Interpretationsbereitschaft der neueren Philosophie zu wecken vermocht. Einiges von diesen Erträgen fließt teilweise in das Folgende mit ein:

a) Einer der Chefethiker des technologischen Zeitalters, H. Jonas, setzt bei der Eindämmung der Umweltvernichtungen auf die Furcht und mißtraut, anders als sein Antipode E. Bloch, dem „Prinzip Hoffnung" und der optimistischen, scheinbar auch vom Gros der Politiker eingenommenen Sicht, daß sich in der Krise schon alles von selbst richten werde. Solchen angeblichen Selbstheilungskräften begegnet er mit Skepsis. Jonas (1979) empfiehlt eine „Heuristik der Furcht", um dadurch die z. T. wirklich größenwahnsinnigen Eingriffe in die äußere und innere Natur zu stoppen, was ihn u. a. zu der ethischen Maxime bewogen hat, im Zweifelsfall die „schlechtere" ungünstigere Prognose der positiven vorzuziehen. Unterschiedlich gestimmte Furchtgefühle und damit eine unverzichtbare Gefühlsarbeit sollen dem Allerschlimmsten vorbeugen. Ein negativ besetztes Gefühlsensemble soll danach Positives bewirken, die destruktive Lebensfeindlichkeit ins Lebensdienliche wenden helfen. Schließt man sich H. Jonas' Auslegung an, dann müßte der biophile Homo Oecologicus die Furchtemotion kultivieren, lebensaufbauend nutzen, wodurch dann diesem Gefühl schließlich der Schrecken, welcher Furcht (vgl. die Vokabel „furchterregend") normalerweise anhaftet, genommen würde.

Aber nicht nur das: Die eigentliche Pointe ist die, daß einerseits die ökologischen Krisensituationen negativ erfahrene Ängste *real* erzeugen und andererseits soll eine ebenfalls negative Emotion, die Furcht, durch einen behutsamen Umgang, durch eine besondere Sensibilisierung auf die Zukunft hin die Gefahrenherde schwächen und also *angstmindernd* wirken. Ich lasse einmal die generelle Frage, ob hier nicht die menschliche Affektivität überschätzt wird, unbeantwortet. Zutreffend ist jedenfalls, daß die philosophischerseits von Kierkegaard eingeführte Differenzierung in Furcht und Angst durch die ökologische Krise thematisch wird – und zwar so, daß die Angst, die oftmals, im Gegensatz zur Furcht, als eine unbestimmte Emotion definiert wurde, eben nicht der Furcht konträr gegenübersteht. *Furcht und Angst bilden kein Gegensatzverhältnis*, wie u. a. Freud in seinen psychoanalytischen Studien nachweisen konnte und wie auch Vertreter der gegenwärtigen Psychiatrie es deuten. Angst und Furcht verhalten sich wechselseitig zueinander. Der (nach Jonas!) angemessene Umgang mit der Furcht soll letztlich ökologisch bedingte Ängste abbauen, was in zweifacher Hinsicht nicht einer gewissen Paradoxie entbehrt: Zum einen soll ein in aller Regel „negatives Gefühl“, die Furcht, eine positive Qualität erhalten, indem sie der Lebensfeindlichkeit entgegentritt, und andererseits soll die Furcht jene Angst zurückdrängen, die der Furcht selbst zugrunde und vorausliegt.

b) Die Wege der Affektivität sind offenkundig denkwürdig. Die mit der Angst verschwisterte Furcht erlaubt, zumal im Angesicht der Ökokrise, eine dialektische Erfahrung: Sie wird, zweifelsohne auch angstdurchdrungen, als eine *Engung* leiblicher Regungen erlebt, *kann* aber, den Interpretationspfaden H. Jonas’ nachgehend, diese Engung dadurch neutralisieren, daß sie gleichsam ins Positive umschlägt; denn Furcht *vor* der Lebensfeindlichkeit kann zur konstruktiven Biophilie verhelfen. Wenn das zuträfe, dann würde nicht nur eine allgemeine Dialektik die menschliche Affektivität durchwalten, der gemäß zwischen verschiedenen Gefühlen, auch kontrastvollen wie z. B. Trauer und Glück, eine Dialektik aufbricht, sondern auch innerhalb einer einzelnen spezifischen (der Furcht zum Beispiel).

c) Es kommt aber noch mehr heraus: Wird unterstellt, daß die Furcht zwar schreckt, Blässe in die Gesichter treibt, teilweise die Brust wie ein Korsett zusammenschnürt, allgemein als ein Schwerefeld fühlbar engt, sie aber dennoch positiv gemünzt werden kann, dann bedeutet dies zugleich, daß sie, allen Verengungen trotzend, auch „frei“ machen kann. Furcht schließt demnach Freiheit nicht aus, sondern ein und berührt sich auch darin mit ihrer Gefühlsschwester, der Angst, die, in einer besonderen Spielart, eine „Freiheitsangst“ sein kann. Im *möglichen* Freiheitsbezug der Furcht besteht m. E. die positive Kehrseite dieses Gefühls. In einer so an Freiheit geschmiedeten Affektivität liegt dann aber auch *die Macht*, etwas zu wenden, eine Umkehrung vorzunehmen.

d) Wo die Angst in einem ausstrahlungskräftigen Konzept wie dem Heideggerschen als eine basale Befindlichkeit des Menschen gedeutet wird, da kann es nicht ausbleiben, das Angstphänomen in verschiedene Konfigurationen auszudifferenzieren. Es ist beliebt, auch in der einzelwissenschaftlichen Forschung (vgl. die Psychologie), Angst und Angstzustände nicht nur in ihrem Zustandekommen zu untersuchen, vielmehr auch zu typisieren. Heidegger (^{10}1963) stößt nun, Ausgang nehmend von der „Geworfenheit“ des „In-der-Welt-Seins“, dem man sich nicht entziehen kann, auf die *Weltangst*, die sich an dem In-der-Welt-Sein als solchem entzündet. Diese Angst ist allgemein auf die Welt und überhaupt nicht auf etwas Spezifisches in der Welt gerichtet und sie wird mitgetragen von einem *Ohnmachtsgefühl* gegenüber dieser Welt. Ein anderer Angsttypus ist die benachbarte *Daseinsangst*, in der sich vor dem unheimlich anmutenden Dasein geängstigt wird. Nicht soll den Buchstaben Heideggers gefolgt, wohl aber dessen Begriffe der Welt- und Daseinsangst übernommen werden, bieten sie sich doch für die Deutung jener Ängste an, die mit der ökologischen Krise entstehen können. Denn zumal das empirisch erhobene Material läßt den Schluß zu, daß in der ökologischen Krise die Welt als das Bedrohliche, Unheimliche und Unbehauste erlebt wird. Es geht eine Angst um, die sich vor dem Verlust des Daseins überhaupt ängstigt. *Die Ökokrise wird affektiv ganz intensiv als Existenzangst gespürt.* Das „Wovor?" der Angst ist die Daseinsvernichtung.

e) Auch im affektiven Bereich kehrt ein vertrauter Sachverhalt wieder, der uns auf Schritt und Tritt begleitet: die Tatsache, daß die Leiblichkeit unter einem kulturellen Interpretationsdiktat steht. Gefühle, wiewohl nicht rein leiblich verfaßt, werden in die verschiedensten Deutungskontexte gestellt. Eine Fülle von Gefühlskonzepten entsteht daraus, so daß sich Homo Oecologicus auch in der Affektivität als umsichtiger Hermeneutiker des Leibes zu bewähren hat.

6. Furcht und Angst sind diejenigen Emotionen, die durch die ökologische Krise besonders intensiv verspürt, aber auch reflektiert werden. Anhand dieser beiden blutsverwandten, in sich differenzierten Gefühlskomplexe lassen sich weitere affektive Strukturkomponenten auffinden, die Besonderheiten des „Gefühlsmenschen" Homo Oecologicus zum Vorschein bringen. Die *Daseinsangst*, die eigentümlich tief in die basale Befindlichkeit des Menschen eingreift, wird, traut man den Befragungen, von vielen als *Angst vor dem Tode* erlebt und interpretiert. Die Ökodesaster lassen folglich Endlichkeits- und Vergänglichkeitsgefühle entstehen. Das katastrophisch Erfahrbare verstärkt eine eigenartig beklemmende Weltuntergangsstimmung, die von Gefühlen der Hoffnungslosigkeit durchzogen wird.

7. Endzeitstimmungen verweisen automatisch auf die Zeitlichkeit der conditio humana. Die „ökologische" Angstsituation artikuliert sich als *Zukunftsangst*, was affektlogisch betrachtet schlüssig ist. Wovor sich geängstigt wird, ist die Vorstellung, daß die Möglichkeiten des Noch-Nicht wahrscheinlicher werden. Anders: Die ökologische Krise ist auch die gewaltsame Verletzung des *Zeitgefühls*, weil Zukunft kaum noch anders denn als Bedrohung und Verkürzung erleb-

bar wird, wobei nicht übersehen werden kann, daß dies eine *vergegenwärtigte Zukunft* ist, da die Zukunft von der Gegenwart her gedacht wird. Dieses Zukünftige existiert noch nicht real, es handelt sich um künftige Erwartungen, die vom Jetzt aus als *Erwartungsangst* formuliert werden, ohne zu wissen, ob das Erwartete tatsächlich eintreten wird. Die Angstgefühle nehmen fiktiv etwas vorweg, dem gegenwärtig kein Sein entspricht, das sich gleichwohl im aktuellen Handeln niederschlagen kann – z. B. im Verzicht auf Urlaubsreisen in ökologisch besonders gefährdete Regionen oder in der Einschränkung des Autofahrens oder in der Begrenzung von Konsumartikeln und dergleichen mehr.

Eine besondere Emotion ist die Ohnmachtsangst, worunter die Machtlosigkeit, sich wirkungsvoll der Krise entgegenzustemmen (z. B. die Einwohner in und um Tschernobyl waren machtlos!), zu begreifen ist. In der Ohnmacht fühlt man sich ausgeliefert. Ohne hinreichende Schutzmaßnahmen ist man solchen Krisen, die fast immer ohne das eigene Zutun entstehen, ausgesetzt. Affektiv erfahrbar wird diese Krise für die meisten als Hilf- und Wehrlosigkeit, was im übrigen nicht nur für die Menschen, sondern für alle Lebewesen gilt. Im beängstigenden Gefühl des Ausgeliefertseins kann jedoch auch erlebt werden, daß und wie sehr Menschen in einer Solidargemeinschaft leben. Kaum ein „vernünftiger" Mensch wird freiwillig und aus Überzeugung den ökologischen Holocaust herbeisehnen – und dennoch kommt es immerfort zu Umweltkatastrophen kleineren und größeren Ausmaßes, die durch eine Minderheit verursacht werden.

Die am eigenen Leibe gespürten, ökologisch codierten Überlebensängste verweisen das Ich auf den anderen, lassen es als ein Wesen der Co-Existenz fühlen, das radikal von anderen abhängig ist. Aber zu dieser co-existenzialen Differenzerfahrung tritt auch die Gleichheitserfahrung; denn die ökologische Gewalt über den Leib macht alle gleich: Opfer und Täter „sitzen in ein und demselben Boot", um die Lage plastischer und volkstümlicher zu beschreiben. Die ökologische Krise läßt, in bisweilen sarkastischer Manier, auch ein *Zusammengehörigkeitsgefühl* aller Lebewesen aufkommen, macht *betroffen* für Gefühle der Co-Existenz.

8. Umgekehrt wird, etwa von existenzphilosophischer Seite, vehement vertreten, die Angst durchherrsche ein reiner „Subjektzentrismus", an ihr werde das Selbst auf sich zurückgeworfen, gehe es dem Selbst nur um sein Selbst. Die Angst wird, so etwa bei Heidegger nachzulesen, als „existenzialer Solipsismus" bestimmt, der auf die

Innerlichkeit als Akt der Selbstbezüglichkeit fixiert ist. Richtig ist daran, daß Schmerz, Kummer und Angst oder auch Glück und Freude *immer* als die jemeinige Angst oder Freude empfunden werden, daher subjektzentriert sind. Aber das ist nur die halbe Wahrheit. Die „ökologischen Zukunftsängste“ wie auch andere Affekte haben Verweisungscharakter auf das transzendierende andere. Umweltangst ist in komplexe Situationen eingebunden, die weder „rein“ subjektiv noch „rein“ objektiv sind. Konsensfähig wäre deshalb m. E. noch am ehesten, daß Krisenängste zwar unverwechselbar subjektiv als meine Ängste erlebt werden, aber in ihrer Genese extern, eben durch Subjektivität übergreifende „objektive“ Situationen entstehen. Zufolge der Leib-Welt-Co-Existenz ist es zulässig, in der Angst sowie in anderen affektiven Verhaltensformen eine *Gleichursprünglichkeit von Selbst- und Weltgefühl* zu erfahren.

9. Die menschliche Affektivität gibt nicht nur ihrer scheinbaren Undurchdringlichkeit wegen dem Denken viele Rätsel auf, die, trotz allen Fortschritts der wissenschaftlichen Erkenntnisinstrumentarien, vielleicht auf Dauer gestellt werden. Worüber sich jedoch kaum streiten läßt, ist die Tatsache, daß man Gefühle nicht bloß hinnimmt, sondern zu ihnen Stellung bezieht, sie taxiert. Die „echten“ Gefühle werden in einen Kontrast zu den nicht-authentischen gebracht und abstrakte Emotionen werden anders bewertet als konkrete, den „negativen“ wird eine höhere Aufmerksamkeit und mehr Nachdenklichkeit geschenkt als den „getragenen“ Stimmungen.

Als hartnäckig und unausweichlich wird die Evaluation bei Gefühlskonflikten erfahren, bei denen oftmals auch moralisch getönte Affekte hineinspielen. Den Bogen zu Homo Oecologicus geschlagen, soll hier nur ein Wort zum moralischen Gefühlssektor verloren werden, da dieser nicht nur die Interaktionen zwischen dem Wollen und Fühlen belebt, sondern weil diese Gefühlsbindungen Homo Oecologicus wesentlich zu dem machen, was er ist. Verantwortungsgefühl gegenüber der äußeren und inneren Natur, Mitleidsgefühle, aber auch Schuldgefühle, z. B. gegenüber den noch ungeborenen Generationen, prägen seine Verhaltensmuster und Lebensgestaltung ebenso wie Ehrfurchtsgefühle. Die moralischen Gefühle nehmen insgesamt einen gewissen Sonderrang ein, da sich die co-existenziale Moral (vgl. dazu Kap. 5.4.3) um diesen Gefühlsbereich herum aufbaut und in einer derartig gerichteten moralischen Affektivität eine Basis findet.

Gefühle werden, wie alles andere sonst, bewertet, und als *ein* dominanter Gütemaßstab fungieren Vorstellungen vom „gelungenen

Dasein“, von dem, was Menschen besonders zuträglich ist. Deswegen veranschlagt Homo Oecologicus moralische Gefühle besonders hoch, ohne moralneutrale Emotionen abzuwerten. Denn, dafür konnten ebenfalls Nachweise erbracht werden, auch Furcht- und Angstgefühle *können* der durch die Umweltkrisen lancierten Lebensfeindlichkeit entgegenwirken und die Biophilie, für die Homo Oecologicus eintritt, stützen. Dazu bedarf es keiner Verzagtheit, sondern *Mutes*. In Abwandlung der kritischen „Aufklärungs“maxime könnte an die Adresse des Homo Oecologicus diese gerichtet werden: *Habe Mut, dich deiner (moralischen) Gefühle zu bedienen!* Handlungsleitend könnten hier die moralisch gefärbten Gefühle sein, ohne dabei andere zu unterschätzen, denn die verschiedenen Emotionen treten nie hermetisch abgeschlossen, sondern in einem beziehungsreichen, sich gegenseitig beeinflussenden Geflecht auf.

Allerdings wäre es ganz und gar nicht im Sinne dieses Menschenbildes, was neuzeitlich und vorneuzeitlich geschehen ist, Homo Oecologicus zum Prototypen des Gefühlsmenschen zu stempeln, wie es andersherum auch nicht beabsichtigt ist, dessen „Gegenspieler“, den Vernunftmenschen zum Aushängeschild der menschlichen Spezies zu küren und gerade diesen Typ als „Krone der Schöpfung“ zu bejubeln. Beide Dimensionen, die affektive als auch die vernunftmäßige, *müssen* angesichts des ökologischen Gleichgewichtsverlusts zu ihrem Recht kommen. Wäre dem nicht so, dann würde auch die Logik dieses Bildes durcheinandergebracht, die darauf beruht, von den verschiedensten Gesichtspunkten her Homo Oecologicus als „ganzen Menschen“ zu zeichnen. *Eine* Variante dieser holistischen Skizzierung ist das Zusammen von *Gefühl und Vernunft*.

5.5.5 Leiblichkeit und Vernunft

Daß sich eine ökologisch orientierte Modellierung gar nicht an einer Bestimmung der Vernunft vorbeimogeln kann, sei diese auch noch so flüchtig wie die im folgenden eingeführte, hat selbst einen aktuellen Vernunftgrund. Nach Einschätzung der meisten Kritiker liegt *eine* schwergewichtige Ursache für die ökologischen Dysbalancen in der Herrschaft der wissenschaftlich-technischen Rationalität, die als Werkzeug der Macht nichts anderes im Schilde führe als die Bezwingung der Natur. Diese zum kulturkritischen Standardarsenal zählende Auffassung fährt dann fort, daß die Herrschaft über die Natur in die Herrschaft über den Menschen umschlage, so stellen es unter anderem Adorno/Horkheimer in ihrer ›Dialektik der Aufklärung‹ (1947) dar.

Rationalität ist nach Adorno/Horkheimer *auch* eine immer mehr wollende, verdinglichende, Unheil bringende „instrumentelle Vernunft". Die omnipotente Durchsetzungskraft dieser Vernunftform wird als eine Verursacherin der *ökologischen Menschheitskrise* angeprangert. Man deutet es so, daß Vernunft *zerstörerisch* dadurch wirken kann, daß sie weder die „äußere" noch die „innere" Natur des Menschen verschont. Fürwahr: kein ehrenwerter Leumund, der hier der Vernunft ausgestellt wird. Die Würde des Menschen, die eine Vielzahl von Anthropologien gerade in der Vernunft verbrieft sehen, ist dank der Ökokrise verletzt worden. Durch die destruktiven Aktionen einer machtgierigen Vernunft wird diese für mitschuldig an den Umweltdesastern erklärt.

Ein Effekt ist, daß die Nachfragen nicht nur einer „neuen Ethik" (vgl. dazu Kap. 5.4.3), sondern auch einer *neuen Vernunft* gelten. Das bedeutet: Gegenüber der technisch-wissenschaftlichen Rationalität wird nicht kampflos kapituliert, es wird vielmehr Ausschau nach einem „besseren" Vernunftgebaren gehalten. Einerseits wird die Vernunft als unheilspendend denunziert, auf der anderen Seite *glaubt* man, daß nur durch einen „rechten" Vernunfteinsatz die ökologische Krise in den Griff zu bekommen sei.

An der Bestimmung der „angemessenen" Vernunft führt wirklich kein Weg vorbei – auch für Homo Oecologicus nicht! Nur: Mit *welcher* Vernunft hält er es? Solche Überlegungen drängen sich jetzt in den Vordergrund, ohne so vermessen sein zu wollen, eine Vernunfttheorie zu entwerfen, das zu unternehmen, woran sich ungezählte Philosophengenerationen abgemüht haben. Bestimmungsversuche des „vernünftigen Menschen", seit der Inthronisierung des Geistes in der griechischen Antike zur Daueraufgabe und philosophischen Pflichtübung geworden, werden hier zwar verlängert, allerdings, wie könnte es auch anders erwartet werden, lediglich in Form von Fußnoten, vielleicht auch etwas unkonventionell und nicht gerade „klassisch". Dies sollte man jedoch einem Vorhaben wie dem meinigen nachsehen, da sich Vernunft „nur" als *ein* Mosaikstein in das Gemälde des Homo Oecologicus fügt.

Schon mein Wortgebrauch von Vernunft könnte Unwillen erregen, da er nicht streng abgegrenzt wird von ähnlich klingenden Begriffen wie Ratio, Verstand und Rationalität, wobei der Rationalitätsbegriff, wenn nicht alles täuscht, in den letzten Jahrzehnten die metaphysikbelastete Vernunftkategorie abzulösen scheint (vgl. dazu Schnädelbach 1984), wiewohl auch aktuell gegenläufig der Vernunftbegriff, gerade im Kontext der Ökokrise, neu aufgewertet wird. Zu beobachten ist, daß alle drei Termini, oftmals von der Zugehörigkeit der Vertreter zu bestimmten „Schulen“ und deren nicht nur semantischen Eitelkeiten abhängig, kontrovers gedeutet werden.

Auch von daher ist es entschuldbar, wenn in diesem Piktogramm auf die Herleitung der Vernunftkategorie aus einer spezifischen philosophischen Tradition verzichtet wird. Und außerdem: In der Alltagssprache des „Jedermann“, aber auch der allermeisten Philosophen wird der Vernunftbegriff keineswegs gemieden oder tabuisiert, er ist ständig präsent. Wie zuvor die Affektivität als das Insgesamt des Gefühlsmäßigen eingeführt wurde, so wird hier die Vernunft als *Titel* für die Denk-, Verstandes-, Reflexions- und Bewußtseinsleistungen verwendet, ohne daß damit ein bestimmtes philosophisches Konzept kopiert werden soll – was indes kein Nachteil sein muß, da kein (philosophisches) Vernunftmodell existiert, das die Vernunft zur Gänze in ihren vielfältigen Verzweigungen erfaßt hätte. Das gilt selbst für Kant, diesen wirklich großartigen Vernunfttheoretiker, vor dem sich die Mehrzahl aller nachkantianischen Philosophen bis auf den heutigen Tag ehrfürchtig verneigt.

Aber auch das dichte Heranrücken der Vernunft an die Leiblichkeit könnte gerade von den *orthodoxen Rationalisten* als anstößig, vielleicht gar als eine Kränkung der Ratio empfunden werden; es könnte immerhin gewittert werden, daß die Vernunft vielleicht nur ein Appendix der Leiblichkeit sei, wodurch ihr Adel unrechtmäßig befleckt werde. Welches ist also die Vernunft, an der sich Homo Oecologicus orientiert? Besteht das Bedürfnis, diese Vernunft möglichst griffig zu etikettieren, so könnte man ihr das Siegel einer *co-existenzialen Vernunft* aufdrücken, einer Vernunft, für die der Hauptsache nach folgende Merkmale konstitutiv sind:

Zum ersten: Die uralte, da schon in der Antike aufgebrochene Rivalität zwischen Vernunft und Leiblichkeit findet keine Fortsetzung. Damit werden Bilder und Metaphern wie die vom Leib als „Hülle des Geistes“ oder vom Körper als „Gefängnis der Seele“ hinfällig. Aber auch die resistente Meinung, die Vernunft habe die Regungen des Leibes zu kontrollieren, über das Triebhafte und Affekte überhaupt herrisch zu wachen, geht ebenso an der Grundkonstellation der co-existenzialen Vernunft vorbei wie jene Erziehungsprogramme, die, in einer Leibverachtung befangen, sich allerlei Raffinessen und Unterdrückungsmechanismen ausdachten, um den Leib in Schach zu halten. Die Denunzierung der Leiblichkeit, ihre Stigmatisierung als das qualitativ „Schlechtere" der Vernunft wird von der co-existenzialen Form nicht mitgetragen. Die Leibantipathie nicht weniger dominant gewordener Vernunftmodelle weicht innerhalb der co-existenzialen Vernunft einer Leibsympathie. Was heißt das? Negativ beschieden bedeutet es nicht, daß nun der Leib mit der Vernunft identifiziert würde und, gleichsam im Umkehrschluß dazu, der Leib zum Herren ermächtigt und die Ratio zur Sklavin derselben degradiert würde. Soweit geht die Leibsympathie nicht!

Worauf aufmerksam gemacht werden soll, ist die Verwandtschaft im Sinne einer Co-Existenz zwischen Leib und Vernunft. Die Leiblichkeit ist auch der Resonanzboden der Vernunft. *Die Vernunft löst sich nicht aus der Leiblichkeit qua Sinnlichkeit heraus.* Sinnlich organisierte, gleichwohl von kognitiven Rastern eingestellte Wahrnehmungen, die immer nur selektiv sein können (vgl. zur Wahrnehmungsproblematik ausführlich Kap. 5.4.4), sind an den Vernunftprozessen basal beteiligt.

Auch die Fähigkeit des Bewußtseins, für Denkvorgänge charakteristisch, ist leibgebunden. Eine markante Form ist das Selbstbewußtsein, das Wissen darum, daß ich als ein Selbst in der Welt bin. Die Rekonstruktionsgeschichte, die Entstehungsbedingungen dieses Bewußtseins einmal ausgeklammert – diese hat Hegel in der „Vorrede" seiner ›Phänomenologie des Geistes‹ wirksam nachgezeichnet –, ist für unseren Zweck wichtig, daß auch das Selbstbewußtsein leibverhaftet ist; es kann, manchmal durchaus präreflexiv, gespürt werden als *mein* Schmerz, *mein* Kummer usw. Wenn mich meine leiblich empfundene Furcht vor einem weiteren ökologischen Auschwitz bedrängt, dann geht es dabei immer um das Bewußtsein meines Selbst. Die angesichts der Ökokrise unablässig propagierten Appelle, das *Umweltbewußtsein* zu verändern, um dadurch die ökologischen Gleichgewichtsstörungen zu kompensieren, richten sich letzten Endes an das Selbstbewußtsein des einzelnen, ja, es wird erhofft, daß das Selbst sich dieser Notwendigkeit qua Vernunft anpaßt.

Die Organisationsform der co-existenzialen Vernunft ist so gestaltet, daß der Leib von der Vernunft nicht abspaltbar ist. Die Sinne und die Vernunft besitzen gleichermaßen eine leibliche Bodenhaftung und sind darin verschwistert, daß sie Instrumente der Selbst- und Welterschließung sind. Die Kurzformel für die co-existenziale Vernunft lautet: *Verleiblichung der Vernunft und Vergeistigung des Leibes.* Wenn dies akzeptiert wird, dann stellt die viel beschworene Veränderung des Umweltbewußtseins auch eine durchaus kreative Leistung der Verleiblichung des Selbst dar. Indem ich meiner selbst als mein Ich bewußt werde, tritt das ein, was Plessner in anderen anthropologischen Zusammenhängen als „exzentrische Positionalität“ bezeichnet hat, als die Fähigkeit der Distanzschaffung. Mein Selbst verliert die Unmittelbarkeit zu den Dingen und zur Umwelt und kann sich zu sich selbst verhalten, etwa dadurch, daß es gegenüber seinen Gefühlen auf Distanz geht, ohne sich dadurch von seiner Leiblichkeit frei zu machen. Denn: Auch in der Distanzierung gegenüber den Affekten, etwa deren Unterdrückung und Versagung, geht das Selbst immer noch ein entschiedenes Verhältnis zur Leiblichkeit ein.

Zum zweiten: Von der Leiblichkeit zur Affektivität ist es nur ein Schritt, wie im Gedankenpassus zuvor (vgl. dazu Kap. 5.5.4) dargelegt werden konnte. Eine noch so unvollständige Leibphänomenologie kann zur Hellsichtigkeit darüber führen, daß der affektive Haushalt durch den Leib, der sich dabei vielfältig zu artikulieren vermag, gebunden bleibt. Unglaube kommt hingegen bei der Behauptung auf, daß Gefühle auch etwas mit Vernunft zu tun haben könnten. Die stramm puritanischen unter den Rationalisten werden bei einer solchen Feststellung empört aufschreien und das tun, was sie traditionell schon immer taten, eine wie auch immer geartete Liaison zwischen Affekten und Verstand zu leugnen. Für viele moderne leibsterile Rationalitätsmodelle gehören Emotionen bestenfalls in den Vorhof des Verstandesmäßigen und werden schlimmstenfalls als Störgröße der Vernunft in den Bereich des Irrationalen delegiert.

Ratio und Passio sind demnach unverträglich miteinander. Das Zugeständnis einer auch affektiven Vernunft würde, aus dem Blickwinkel der strengen Rationalisten, deren Reinheit beschmutzen und ihren Stolz verletzen.

Anders die Architektur der co-existenzialen Vernunft: Sie, die unter der Führung eines Bildes vom „ganzen Menschen“ steht, schließt sich der Affektivität auf und läßt diese, bewußt sowie unbewußt, zu und sieht darin überhaupt keine Schmähung oder Schwächung der Vernunft. Die für sie konstitutive Verleiblichung der Vernunft ist u. a. spürbar im *Vernunftgefühl.* Diese Kategorie bringt semantisch sehr schön jene Verbindung zum Ausdruck, die anderwärts getrennt werden soll, die von Vernunft und Emotionen (klingt nicht im Begriff der Philosophie ursprünglich die Co-Existenz von Gefühl und Weisheit durch?), die der Wirklichkeit, den Erfahrungen von Menschen weitaus mehr entsprechen dürfte als deren strikte Trennung.

Im Lichte der co-existenzialen Vernunft ist es irrig, Gefühle pauschal unter Irrationalitätsverdacht zu stellen. Sie hält dagegen dies, daß Affektivität trotz ihrer Leibverankerung kognitiv geprägt ist. Daß sie darüber hinaus über soziale und kulturelle Kontexte vermittelt wird, soll nicht weiterverfolgt werden. Die Vernunftprägnierung der Gefühle läßt sich u. a. auch an der „ökologischen Angst" herausschälen: In der Ökokrise wird sich um das individuelle Dasein wie um das kollektive geängstigt. Dieser Affekt macht bisweilen so betroffen, daß leiblich spürbare Beklemmungen entstehen, die auch nicht vor depressiven Lähmungserscheinungen haltmachen. Das ist aber nur die eine Seite der Medaille.

Die andere zeigt, daß Gefühle aus rationalen Bewertungsprozessen resultieren können. Die beengende Angstemotion wird zwar leiblich gespürt, aber vieles spricht dafür, daß sie durch *die Bewertung und Interpretation* hervorgerufen wird. Mit Tschernobyl geht die *interpretative Bewertung* einher, daß dieses Ereignis ein unheilbringendes, da lebensfeindliches ist. Diese *Bewertung* löst die Emotion aus, bewirkt Furcht und Ängste, weil das Ziel, ein „gutes", möglichst friedliches und „naturnahes" Leben zu führen, bedroht wird. Dieses Einzelbeispiel kann dahingehend generalisiert werden, daß Emotionen auch durch kognitive Leistungen zustande kommen. Es geht also nicht an, die Affektivität aufgrund ihrer vermeintlichen Vernunftabwesenheit zur irrationalen Zweitrangigkeit zu verurteilen. Das wäre wahrlich nicht rational. Statt dessen muß eine Co-Existenz von Vernunftgemäßem und Affektivem angenommen werden.

Schützenhilfe erfährt eine solche co-existenziale Vernunftkonzeption u. a. durch die aktuelle *Hirnforschung*, von vielen als diejenige Forschung annonciert, der die Zukunft gehört. Zwar ist die Aufteilung des Gehirns in zwei Hemisphären und die diesen korrespondierende Zuordnung des Kognitiven, Analytischen und Zergliedernden zur linken und des Affektiven sowie der ganzheitlichen Aufnahme von Informationen zur rechten Hälfte nicht mehr ganz taufrisch. Aber die jüngere Annahme, daß diese „Hälften" trotz ihrer Arbeitsteilung bei der Bildung höherer Kognitions- und Emotionsleistungen zu kooperieren scheinen, ist eine wesentliche hirnphysiologische Bestätigung für das Vorhandensein einer co-existenzialen Vernunft. Ihr Wahlspruch lautet: *Vernunft ohne Emotionen ist leer und Emotionen ohne Vernunft sind blind.*

Zum dritten: Die co-existenziale Vernunft als ein Orientierungsmuster ist leiblich dimensioniert und schließt daher das Fühlen mit ein. Genauso wirken in ihr Bewußtsein, Erkenntnis, Wissen und Wollen. Das Vernunftgefühl hat darin ebenso seinen angestammten Platz wie das Verantwortungsgefühl. Und nur wo ein Bewußtsein für, ein Wissen um den Ernst der Ökokrise existieren, kann auf ein verändertes Verhalten und Handeln überhaupt gehofft werden. Wissen und Bewußtheit allein reichen aber nicht aus, um effektiv zu werden. Die Forderung nach dem als unabdingbar erscheinenden Bewußtseinswandel, der die Not im wahrsten Sinne des Wortes wenden soll, ist wiederum abhängig von Wahrnehmungsprozessen und dem *Wollen*, diesem Erfordernis überhaupt zu folgen. Das Bewußtsein muß sich mit einer gewissen Vorstellung vom lebenswerten Dasein verknüpfen, für das es engagiert Partei ergreift, um wirksam werden zu können. Zum veränderungsbereiten Bewußtsein muß eine moralische Idee vom „guten“ und auch „schönen“ Leben hinzutreten – und es ist häufig so, daß das neue Umweltbewußtsein in einer moralischen Motivation wurzelt. Gesteht man nun, wie gemeinhin üblich, der Moral wie der Ästhetik, der Ökonomie und anderen Bereichen eine Eigensphäre zu, dann ist es schwerlich möglich, dem Gedanken einer „reinen“ Vernunft nachzuhängen. Zwar ist das Umweltbewußtsein des Homo Oecologicus auch möglicherweise primär kognitiv strukturiert, aber in ihm verknüpfen sich Affekte mit Wissen, Erkenntnisvorgänge mit auch moralisch geleiteten Motivkomplexen.

Zum vierten: Die kognitiv zentrierten Rationalitätsmodelle neigen mehrheitlich zu einer Überschätzung des Bewußtseins und gleichzeitiger Herabstufung des Leiblichen. Aber nicht nur das ist ihnen eigentümlich, sondern auch dies: Sie blenden das andere des Bewußten, nämlich das Unbewußte aus. Die konzentrierte Zuwendung zum Bewußtsein geht Hand in Hand mit der Abkehr vom Unbewußten – ganz so, als käme es darauf an, die wohl unerschütterliche Gewißheit verifizieren zu wollen, daß ihre „eigenen“ Vernunftkonzepte selektiv wahrgenommene sind und deswegen gar nicht die *volle Vernunft* zu erfassen in der Lage sind. Auch dazu hält das Konstrukt einer co-existenzialen Vernunft Abstand. Wie immer, wenn das Unbewußte zur Disposition gestellt wird, steigt Freud zum Zitierliebling auf, ist es doch sein unabsprechbares Verdienst, mit großer Breitenwirkung die Relation von Bewußtsein und Unbewußtem ingeniös durchgearbeitet zu haben. Das allerdings hat Heerscharen von Kritikern in Schrecken versetzt und gleich nach den ersten Veröffentlichungen Freuds auf die Barrikaden getrieben, weil sie darin eine Vernunftkränkung erblickten. Hier soll Freud nicht verteidigt werden, aber sein Gedanke einer *Dynamik zwischen Bewußtsein und Unbewußtem* soll für die Architektur der co-existenzialen Vernunft fruchtbar gemacht werden, ohne ihm in allen Details zu folgen.

Freud wird hier erwähnt, weil er entgegen etlichen Rationalitätsmodellen, die gebannt auf das Bewußtsein starren und dabei das Unbewußte aus den Augen verlieren, die spannungsgeladene Zusammengehörigkeit – in meiner Semantik: die Co-Existenz von Bewußtsein und Unbewußtem – würdigt, auch wenn er schließlich das Bewußtsein als eine Kontrollinstanz gegenüber dem Unbewußten eingesetzt hat.

Der „umweltbewußte" Homo Oecologicus muß also damit rechnen, daß seine rationalen Handlungen teilweise von den Schichten des Nicht-Bewußten mitgesteuert werden. Weiter könnte man, an Freud orientiert, vermuten, daß sich in der Kindheit unverarbeitete Ängste in der „ökologischen Angst" wiederholen bzw. darin ein ausgezeichnetes Aktivitätsfeld vorfinden. Auch könnte man dann annehmen, daß es letztlich kein komplettes Umweltbewußtsein gibt, weil stets ein der Reflexion unzugängliches und verborgenes Unbewußtes übrigbleibt, genauer, im Hintergrund unterschwellig mitwirkt. Danach wäre Umweltbewußtsein immer unvollständig, bliebe es ein reduziertes und partielles.

Zum fünften: Anders als zahlreiche Rationalitätsentwürfe sonst, die keinerlei Gedanken an das Unbewußte verschwenden, kalkuliert die co-existenziale Vernunft mit dem Nicht-Bewußten. Was sie jedoch vor allem charakterisiert, das ist *die Anerkennung anderer Vernunftformen*. Die Betitelung „co-existenziale Vernunft" will nicht nur zur Anzeige bringen, daß die hier gemeinte Vernunft mit der Leiblichkeit verschränkt ist, mit der Affektivität, dem Bewußtsein und dem Unbewußten, den moralischen Motiven co-existiert, vielmehr soll damit auch der Tatsache Ausdruck verliehen werden, daß die co-existenziale Vernunft nur *eine* von anderen ist.

Alles andere als diese Feststellung wäre auch mehr als überraschend, wenn man sich vergegenwärtigt, daß das Nachdenken über die Vernunft so alt ist wie die Philosophie selbst. Vernunft ist *plurale Vernunft*, wird in unterschiedliche Formen gegossen – so schon bei Aristoteles oder neuzeitlich-„aufklärerisch" bei Kant, der die „theoretische" Vernunft von der „praktischen" absonderte und die Vernunft dann noch vom Verstand schied. Die Bestimmungsversuche der Vernunft sind Legion, füllen Bibliotheksregale en masse.

Das Vernunftpanorama ist im Laufe der Zeit immer vielgliedriger geworden, pluralistisch angelegt, mit starken Ausdifferenzierungstendenzen und bietet daher kein geschlossenes Bild. Vielfalt statt Einheit – lautet der Befund. Die verschiedensten Konzepte wetteifern miteinander um die Gunst der Anhänger. Die „Hardliner" der

Rationalität, die alles versuchen, die Vernunft vor scheinbar irrationalen Beimischungen (z. B. durch Affekte) abzuschirmen, sind ebensowenig untätig wie die die traditionelle Bewußtseinsphilosophie überbietenwollende „kommunikative Vernunft“ der Habermas, Apel u. a. Und immer noch, sehr zum Schaden der Umwelt, wütet, wie einleitend angemerkt, eine *instrumentelle* Vernunft, die ihren Zweck darin findet, vorgegebene Ziele mit den angemessenen Mitteln zu erreichen. Diese Vernunft besitzt ihr Maß in der Effektivität und Optimierung der Mittel, während die Zielfrage der Mittelwahl nachgeordnet wird, zuweilen zur Bedeutungslosigkeit verkommt. Diese Vernunft segnet Fortschritt als ihren Zweck aller Zwecke ein.

Die co-existenziale Vernunft ist so organisiert, daß sie den bestehenden Vernunftpluralismus anerkennt, anderen Formen nicht das Recht streitig macht. Was sie u. a. vermeiden will, ist der *Ausgrenzungscharakter*, von dem viele Konzeptionen neuzeitlich und vorneuzeitlich infiziert worden sind – etwa dadurch, daß das Leibliche, Affektive oder Unbewußte unberücksichtigt blieben. Positiv gefaßt: Sie ist bestrebt, das *Mit*sein der Vernunft mit dem anderen, z. B. den Emotionen, zu unterstreichen. Sie ähnelt dem, was O. Marquard „die merkende Vernunft“ nennt (vgl. dazu Marquard 1986), eine Sondergestalt, die das einbezieht und thematisiert, was in der „ausschließenden Vernunft“ ungesagt bleibt (z. B. der Zufall). Damit jedoch das problematisiert wird, was andere Vernunftformen gleichsam unter den Tisch kehren, muß sie *aufmerksam* beobachten und auch bereit sein, zu lernen; sie ist eben deshalb auf Vielfalt angewiesen. Wenn diese notwendig plural verfaßte Vernunft der Co-Existenz Homo Oecologicus als Orientierung anempfohlen wird, dann sicherlich nicht, um diese zu verabsolutieren, denn wozu eine zur Totalisierung neigende Vernunft führen kann, zeigt die umwelt- und menschenschädigende Zweckrationalität. Die co-existenziale Vernunft hält sich offen und versucht, das Ausgeschlossene anderer Vernunftformen miteinzuschließen; an der zweckrationalen Vernunft könnte, was hier versucht wurde und geschehen ist, u. a. die Leibvergessenheit ins Spiel gebracht werden, die sich in ökologischen Notsituationen offenbar bitter rächt.

Indem diese Vernunft das ins Licht setzt, was anderswo im Dunkeln bleibt, und begründet, daß es auch anders möglich wäre, zu denken und zu handeln, bewahrt sie sich Freiheit. Deshalb ist Homo Oecologicus gut beraten, die co-existenziale Vernunft auszubilden und einzusetzen.

6 DIE ZUKUNFT DES HOMO OECOLOGICUS ALS „WELTBÜRGER“

Die Idee der Co-Existenz schenkt diesem Menschenbild seine unvergleichbare Färbung. Co-Existenz ist Chiffre für ein spezifisches Modell vom „ganzen Menschen“, das in entscheidenden Dimensionen der Moral, der Vernunft, der Ästhetik, der Sexualität und Gesundheit, damit der Leiblichkeit überhaupt porträtiert werden kann. Wesentlich ist, daß die den Menschen beiderlei Geschlechts durchziehende Grundspannung von Natur und Kultur nach einer Lebensführung im Geiste der Co-Existenz verlangt. Denn die ökologische Krise hat unumwunden zur Gewißheit wachsen lassen, daß sie das zweifelhafte Resultat vielfältiger Disproportionen zwischen menschlicher Kultur und Natur ist, deren Wirkungen immer verheerender zu werden drohen. Eben darum verkörpert Homo Oecologicus einen *co-existenzialen* Lebensstil, zu dem konstitutiv eine Seite hinzugehört, die bislang mehr unterschwellig anklang, aber noch nicht eigens thematisch wurde: *das politische Verhalten.*

Mit dem Gedanken der Co-Existenz ist die Vorstellung von einer weltabgeschiedenen, das Eis der Einsamkeit wählenden Daseinsform absolut unverträglich. Homo Oecologicus liebäugelt weder mit dem Rückzug in das Schneckenhäuschen noch sucht er Zuflucht auf einem außerirdischen Planeten, um von dort her teilnahmslos das Treiben im „Tollhaus“ Erde zu beobachten. Das ist nicht seine Sache. Er versteht sich vielmehr und vorrangig als *öffentlicher Mensch,* der mit seinesgleichen wie auch anderen Lebewesen in sozial geformten Räumen von Institutionen, Gemeinschaftsbildungen und Dauerkommunikationen existiert und durch eigentümliche Sozialisations- sowie Enkulturationsprozesse in dieser seiner Öffentlichkeit geprägt wird.

Homo Oecologicus ist als Angehöriger einer speziellen Gesellschaft und Kultur *Rollenträger*, der Erwartungen zu entsprechen hat und Konformitätszwängen ausgesetzt ist, ohne allerdings in diesen aufzugehen. Nichts nämlich könnte seinen Widerstand mehr schüren als beispielsweise die Nötigung zum Erfüllungsgehilfen und Steigbügelhalter einer „Wegwerfgesellschaft“ zu werden, die blindes Konsumverhalten – wenn auch mehr inoffiziell – prämiert. Homo Oecologicus neigt, was seit dem Einleitungskapitel bekannt sein dürfte, nicht zu unreflektiertem Anpassertum, sondern er *widersetzt* sich dem Zeitopportunen gerade dadurch, daß er dies, mit Blick auf die Umweltkrise, als unvernünftig oder unmoralisch enttarnt.

So zeichnet er sich beispielsweise durch seine Bereitschaft aus, dann seine Stimme zu erheben und seinen Unmut *öffentlich* zu artikulieren, wenn seiner Einschätzung nach die „offizielle“ Politik (sei es Kommunal-, Landes- oder Bundespolitik) einmal mehr nicht nachvollziehbare, zu Lasten der Umwelt gehende Beschlüsse faßt – z. B. den Bau von kilometerlangen Autobahnen in ohnehin bevölkerungsarmen, strukturschwachen Gebieten (vgl. den abenteuerlichen Plan der Verlängerung der „Ostsee-Autobahn“ A 20). Mithin: Homo Oecologicus ist seinem Selbstverständnis gemäß *Homo Politicus*, nicht in dem Sinne, daß er sich Sporen als parteiengebundener Umweltpolitiker verdienen wollte, hat doch zumal diese Sparte der Politik gerade mangelnde Beweglichkeit, viele Fehleinschätzungen, Ignoranz und Versagen unter Beweis gestellt wie keine zweite. Die weitaus wirksamere Weckung und Förderung für die Brisanz der Umweltprobleme erfolgte ursprünglich durch soziale Bürgerbewegungen und weniger durch die etablierten Parteien.

Politisch ist Homo Oecologicus vielmehr in dem weiteren Sinne des Wortes jemand, der öffentlichen Gebrauch von der, wie Kant es in seiner Schrift ›Zum ewigen Frieden‹ (1795) einmal beschrieben hat, „allgemeinen Menschenvernunft“ macht. Homo Oecologicus ist jemand, der die „res publica“, vorzugsweise in Hinsicht auf die ökologische Krise, zur eigenen macht. Man könnte ihn deswegen auch als „Republikaner“ titulieren, der sich für Umweltgerechtigkeit innerhalb eines Gemeinwesens engagiert, für den sich Umweltbewußtsein und politisches Bewußtsein verquicken.

Wenn die Diagnose E. U. von Weizsäckers zutreffen sollte, daß mit dem heraufkommenden Jahrhundert sich das „Jahrhundert der Umweltpolitik“ ankündigt (vgl. dazu den vollständigen Buchtitel von Weizsäckers [4]1994), dann ist allerorten umweltpolitische Tatkraft vonnöten, die Homo Oecologicus zugestandenermaßen praktizieren will. Allerdings: Dieses umweltpolitische, in der Semantik von Weizsäckers „erdpolitische Denken und Handeln“ wird ihm nicht ohne Zutun in die Wiege gelegt; es erfordert vielmehr Fertigkeitsniveaus, Kompetenzen und Haltungen, die erworben werden müssen. Und eine noch so sporadische Durchmusterung bringt an den Tag, daß Homo Oecologicus auch in seinen politischen Aktivitäten, die nicht mit Aktionismus verwechselt werden sollten, wieder *ganz* und als ganzer gefordert wird. Weshalb?

Nun – machen wir die Probe aufs Exempel, so kristallisieren sich wesentliche Dimensionen seiner politischen Konstitution heraus. Da ist zunächst einmal der *kognitive* Bereich, denn politisches Handeln basiert unschwer auf Einsichten, zu denen neben vielen anderen, hier ungenannt bleibenden, auch diese zählen:

1. Die Umweltkrise ist regional nicht einzäunbar, sie ist durch eine *Entgrenzung* gekennzeichnet; sie ist von einer bemerkenswerten Globalität, sie ist weltweit verbreitet und betrifft deshalb die Menschheit überhaupt, wobei jedoch unübersehbar ist, daß momentan nicht alle Teile der Menschheit in gleicher Intensität und Härte von dieser Krise betroffen werden, so daß die Redeweise von *der* Menschheit ein Abstraktum ist.

Konkret verteilen sich die Umweltprobleme unterschiedlich auf die Menschheit. Diejenigen Teile von ihr, die in und mit den Regenwäldern leben müssen, erfahren die Umweltkrise anders als die Bewohner Australiens, und die wiederum unterscheiden sich in den Erlebnisqualitäten und Graden der Betroffenheit von Einwohnern der Ukraine. Also: Vorsicht beim Sprachgebrauch „*die* Menschheit“. Dennoch bleibt bestehen, daß die ökologische Krise das Gefühl vermittelt, daß wir gleichsam „alle in einem Boot sitzen“, welches nur mit äußersten Anstrengungen vor dem Untergang bewahrt werden kann.

Trotz der in hochkomplexen Gesellschaften fast immer undurchsichtig bleibenden Handlungsfolgen des einzelnen und trotz des relativ bescheidenen Handlungsradius, der sich meistenteils auf enge Horizonte erstreckt, muß von Homo Oecologicus auch gefordert werden, daß er die Umweltkrise stets im Weltmaßstab betrachtet.

Medial-elektrisch gesehen, ist, zufolge McLuhans Formel der „Global Village“, die Welt auf ein Dorf geschrumpft. Nur: An der *einen* Weltpolitik fehlt es noch, ungeachtet aller großmäuliger Reden und Beteuerungen der Berufspolitiker über „weltpolitische Entscheidungen“, durch die sie ihren Aussagen das Gewicht der Würde zu geben versuchen. Anders Homo Oecologicus, der die Umweltkrise zu einer Weltpolitik macht. Der Pflicht zur kosmischen Verantwortung (vgl. dazu Kap. 5.3), die in ihrer schwachen Form „nur“ besagen soll, daß im jeweiligen Tun die Co-Existenz mit anderen Menschen, Nationen, Kulturen und nicht-menschlichen Lebewesen ins Kalkül zu ziehen ist, entspricht Homo Oecologicus als Kosmopoliticus.

Freilich: Dahinter könnten Blauäugigkeit sowie ein allzu hohes idealistisches Pathos und eine Überschätzung der conditio humana gemutmaßt werden. Selbstverständlich kann das nicht bedeuten, daß Homo Oecologicus gleichzeitig an allen ökologischen Brennpunkten dieser Welt seine Politik betreibt. Hier ist lediglich dies gemeint, daß sich Homo Oecologicus dadurch als *Weltbürger* „beweist“, daß er, alle regionalen und nationalen Besonderheiten übergreifend, umweltpolitisch als weltpolitisch interpretiert. Auf einen schlichten Nenner gebracht: Homo Oecologicus trachtet in seinem Handeln zu berücksichtigen, daß sein Umweltverhalten, etwa gedankenloser Verbrauch von FCKW, nicht nur der allernächsten Umgebung schadet, sondern auch Negativfolgen für entferntliegende Regionen haben kann. In der Rücksichtnahme auf bzw. in der Nichtbeachtung dieses Ganzen ist sein Handeln *auch* weltumweltpolitisch.

2. Als politischer Homo Oecologicus wird er weiterhin *einsehen*, daß sich eine echte, wahrhaft glaubwürdige Umweltpolitik nicht, wie weltweit üblich, auf ein festes Ressort beschränken läßt, das dann noch, auch dies ist eine internationale Gepflogenheit, in der Hierarchie der Ministerien ziemlich weit unten plaziert ist. Umweltpolitik, die diesen Namen verdient, verläuft quer durch alle traditionell gebündelten Ressorts, ist Angelegenheit der Innen-, Außen-, Justiz-, Wohnungsbau-, Städte-, Verteidigungs-, Gesundheits-, Verkehrs- und Finanzpolitik und dergleichen mehr. Wünschenswert wäre, daß umweltpolitische Kompetenzen in allen politischen Ressorts angesiedelt würden. Um Wirksamkeit zu erlangen, müßte auch ein umweltpolitisches Vetorecht eingeräumt werden. Natürlich müßten dann eingefahrene Zuständigkeiten und Rituale verabschiedet und gleichzeitig neue umweltpolitische Phantasie gezündet werden.

Man muß kein begnadeter Prophet sein, um abzusehen, daß in naher Zukunft weitere Verteilungskämpfe um verknappte Rohstoffe, aber auch um das jetzt schon immer kostbarer werdende „Element“ Wasser stattfinden werden (man denke nur an die sogenannten „Fischereikriege“, die den Thunfischreservaten gelten). „Ökologische Kriege“ sind – leider! – keine bloße Utopie mehr. Angesichts solch künftiger Bedrohungen könnte die Gründung eines „grünen“ Pendants zur UNO ins Auge gefaßt werden, dem ein Umweltsekretär mit besonderen Rechten vorzustehen hätte.

Ein weltpolitisch denkender und handelnder Homo Oecologicus wird allerdings nicht an der Tatsache vorbeisehen können, daß es allein schon innerhalb hochgradig ausdifferenzierter Gesellschaften außergewöhnlich schwierig ist, überhaupt konstruktiv ökologisch zu kommunizieren (vgl. dazu Luhmann 1986), weil die verschiedenen gesellschaftlichen Teilsysteme jeweils ihre eigenen Präferenzen und Interessen aufrechterhalten bzw. durchsetzen wollen. Die ökologischen Diskurse, vom starken Eigeninteresse ihrer jeweiligen Repräsentanten überformt und bestimmt, laborieren an zum Teil ganz beträchtlichen Verständigungsschwierigkeiten, die der Durchsetzung notwendiger und unaufschiebbarer umweltpolitischer Maßnahmen hinderlich sind.

3. Auffällig ist auch, daß mit der Komplexitätszunahme einer Gesellschaft, erst recht dann auch mit einer „Weltgesellschaft“, die Wahrnehmbarkeit von gravierenden, nicht immer genau zurechenbaren Fehleinschätzungen und Fehlentscheidungen ansteigt, wodurch Risiken erhöht werden. Für Homo Oecologicus ist daher das Lernen des Umgangs mit politisch verursachten Risiken und Ungewißheiten unentbehrlich, ja existenziell.

4. Außerdem kann nicht verborgen bleiben, daß die derzeitigen institutionell verankerten umweltpolitischen Praktiken weitgehend untauglich sind, die Umweltprobleme zu verringern; denn solange die Konsumenten, diejenigen also, die die ökologische Krise mit ausgelöst haben, Umweltleistungen nach wie vor preisgünstig oder gar zum Nulltarif beanspruchen können, wird sich die Situation nicht nennenswert verändern, eher verschärfen. Eine Umweltpolitik, die wirklich um einen Abbau der Umweltprobleme bemüht ist, müßte, wäre sie einigermaßen konsequent, diejenigen, die viele Umweltleistungen in Anspruch nehmen (z. B. Freizeitsektor oder „Entsorgungsräume“), mehr zur Kasse bitten als jene, die darauf verzichten. Eine Kostensteigerung wird die Nachfrage nach bestimmten knappen Umweltgütern sinken lassen (vgl. dazu Krol 1993) und dadurch Umweltbelastungen zurücknehmen. Denn – das lehrt das menschliche Handeln auch zur Genüge – moralische Appelle fruchten weitaus weniger als ökonomische Beschneidungen durch Geld. Eine Umweltpolitik, die sich nicht in der mehr schlechten als rechten Erledigung von Tagesgeschäften verausgaben will, sollte endlich Verbraucher und Produzenten Tribut für beanspruchte Umweltleistungen entrichten lassen.

Der politisch engagierte Homo Oecologicus, darüber dürften alle Zweifel erhaben sein, muß von seiner Vernunft öffentlichen Gebrauch machen, indem er seine Argumentationskraft ebenso bildet wie seine Diskursbefähigung, Weitsicht und ein globales Denken, das dem ganzen oikos gilt und nicht bloß vor der eigenen und für die eigene Türe kehrt. Weltbürgertum verbietet provinzielle Engstirnigkeit. Wiewohl schon die ökologischen Verständigungsschwierigkeiten innerhalb ein- und derselben Gesellschaft immens sind, hat Homo Oecologicus das Verstehen zu kultivieren, insbesondere auch das Verstehen des Fremdartigen, das ihm nicht so „nahe“steht wie das eigene. Hier wäre wahrscheinlich schon viel gewonnen, würde er sich in die Kunst einüben, „Mißverstand zu vermeiden“ und damit jene ursprüngliche Aufgabe der Hermeneutik verfolgen, wie sie ihr Schleiermacher angesonnen hat. Mehrfach wurde herausgehoben, daß Homo Oecologicus alles Erdenkliche tun muß, um sich auf das Verstehen zu verstehen, wurde er doch u. a. auch als ein Naturhermeneutiker vorgestellt. Eine Existenz als Weltbürger fristen, das schließt die Notwendigkeit interkulturellen Verständnisses ein, das neben der Ausbildung der Empathie auch durch die Förderung der Sprachkompetenzen begünstigt würde.

Homo Oecologicus, so darf weiter geschlossen werden, ist auch als Homo Politicus nicht bar jeder Gefühle. Die Motivation für sein umweltpolitisches Engagement speist sich entschieden aus scheinbar so antiquierten Gefühlen wie Ehrfurcht und Demut gegenüber dem Lebendigen. Vernünftiges umweltpolitisches Agieren ist niemals ein pures Kopfgeschehen; in ihm sprechen sich auch moralische Haltungen und Einstellungen aus. So ist Homo Oecologicus auf *Mut* angewiesen, sich dann und dort einzumischen, wo er davon überzeugt ist, daß sich Handlungsfolgen anderer Menschen oder Institutionen gegen die Umwelt richten. Beständigkeit und Standhaftigkeit im Tun sind Grundvoraussetzungen für aussichtsreiche umweltpolitische Aktivität. Homo Oecologicus hat geradezu die Pflicht zur Einmischung – im Namen der Co-Existenz und für die Förderung sowie die Stärkung dieser Co-Existenz, wobei allerdings der Altruismus nicht überstrapaziert werden kann.

Eine Tugend, von der sich Homo Oecologicus in seinen Handlungsvollzügen sehr viel verspricht, ist die *Disziplin,* deren Ansehen in einer Überflußgesellschaft recht gering erachtet wird, für die Entschärfung der ökologischen Krise jedoch den Status einer „neuen“ Kardinaltugend einnimmt. Die Bereitschaft und der Wille zu diszipliniertem Verhalten, das sich als ein Sich-Mäßigen und bewußtes Verzichten-Können äußert, sind elementare moralisch hochstehende Vorbedingungen für die Krisenbewältigung. Der angesichts der Verknappung von Umweltgütern erforderliche *sparsame* Verzehr dieser Güter ist nur realisierbar durch disziplinvolles Tun. Wahrhaftige Umweltpolitik zeichnet sich dadurch aus, daß sie ihre Bürger zu einer Art Umweltsparsamkeit anhält. Hierin besteht denn auch eine Berührungsstelle zwischen Ökonomie und Umweltpolitik, wird jene

Denkfigur wieder aufgefrischt, die Aristoteles schon sehr frühzeitig ins Leben rief, indem er hellsichtig die innere Verwandtschaft zwischen Ökonomie, Ethik und Politik herausarbeitete und unter dem Dach der praktischen Philosophie führte.

Das Wirtschaften ist demnach Teil der praktischen Philosophie und als dieses nicht unabhängig von der moralischen und politischen Sphäre zu sehen. In unsere Menschenbildersemantik übersetzt: Homo Oecologicus muß selbstredend Verbraucher sein, von Luft und Wasser allein kann er nicht leben, weshalb er stets auch in die Rolle des Homo Oeconomicus schlüpft. Da er, disziplingeschult sparsam, und d. h. wirtschaftlich im strengen Sinne, mit dem Umweltkonsum haushaltet, die ökonomische mit der ökologischen und moralischen Vernunft in Einklang zu bringen sucht, handelt er zugleich umweltpolitisch sinnvoll.

Schließlich wird der umweltpolitische Habitus des Homo Oecologicus durch ein Sozialverhalten mitbestimmt, das zentral von der Konsensfähigkeit lebt. Gerade weil die Ökodiskurse ihre spezifischen Verständigungsschwierigkeiten besitzen, sind Konsensbereitschaft und -fähigkeit Grundlagen des politischen Handelns. Da es idealistisch wäre, zu glauben, Egoismus ließe sich auslöschen, muß die Konsensbereitschaft als Zeichen echten Co-Existenz-Gefühls eine hohe Wertschätzung erfahren – vor allen Dingen auch dann, wenn man sich klarmacht, daß Konsens und Kooperation gewaltmindernd wirken und dadurch möglicherweise im Vorfeld die Gefahr ökologischer Groß- und Kleinkriege in Schach halten können.

Eine erfolgversprechende Zukunft scheint der biophile Homo Oecologicus nur als ein in globalen Kontexten denkender und agierender Homo Politicus zu haben. Wie aber kann er zu dem werden, der er werden sollte? Wodurch kann er Gestalt annehmen? Welches ist der Weg, der zu ihm führen könnte? Diese Fragen stellen, heißt die Antwort schon vorwegnehmen, die fast unisono lautet: durch pädagogische Maßnahmen! Egal, ob Philosophen (z. B. Maurer, Zimmerli und viele mehr), Soziologen, Psychologen oder „Erdpolitiker“ vom Schlage eines E. U. von Weizsäcker – sie alle vertrauen in der ein oder anderen Form auf die Macht pädagogischer Arrangements, durch die eine Problementschärfung der ökologischen Krise gelingen soll. Die zumeist ungeprüfte Annahme, die diese ausgesprochen positive Wirkung von Erziehungsprozessen unterstellt, ist, bei genauerem Nachdenken, jedoch so problematisch, daß sie einer eigenen erziehungstheoretischen Abhandlung bedürfte, die hier nicht erwartet werden kann und auch gar nicht geleistet werden muß. Deshalb konzentriere ich mich auf einige wenige, gleichwohl fundamentale Andeutungen, mit denen diese Menschenbildstudie insgesamt abgerundet werden soll.

7 DER WEG: DIE BILDUNG

Mit der Beantwortung der Frage, wie der ökologischen Krise beizukommen sei, wird ein seit langem nur allzu vertrauter unregelmäßig-regelmäßig hochgehaltener Glaube an die Macht der Erziehung wiedererweckt. Dieser Erziehungsoptimismus geht davon aus, daß gesellschaftliche Gebrechen durch pädagogische Interventionen korrigiert werden können. Im Lichte eines solchen Denkens erscheint Erziehung als eine Art *Kompensationsmittel*, oder krasser noch: als Reparaturwerkstatt für gesellschaftliche Defekte. Pädagogischen Absichten und Prozessen wird eine *heilende Funktion* zugesprochen. Diese optimistische Einstellung, die an das „Gute im Menschen" glaubt, erachtet oft zu gering, daß die derzeitigen ökologischen Dilemmata ja auch „irgendwie" Produkte von Erziehungsprozessen und durch diese geprägte spezifische Bewußtseinsformationen sein müssen. Die konstitutionelle Ambivalenz alles Menschlichen, die sich u. a. und beispielhaft in dem Schwanken zwischen Macht und Ohnmacht der Erziehung spiegelt, wird schlichtweg unterschätzt.

Diesen Eindruck erzwingt die Lektüre diesbezüglicher pädagogisch und erziehungswissenschaftlich gefärbter Literatur ganz unmittelbar. Ebenso „aufdringlich" ist die Wahrnehmung, daß die Profession der Pädagogen wie der Erziehungswissenschaftler – auf letztere Spezies beschränke ich mich im folgenden – von der ökologischen Krise profitiert. Seit den 80er Jahren wurde der Erziehungswissenschaft ein einzigartiger Ökoboom beschert, der unvermindert anhält und sehr viel mit dem erwähnten Erziehungsoptimismus zu tun hat. Etwas zynisch gewendet: Die Zunft der Erziehungswissenschaftler nutzt die ökologische Krise professionsstrategisch aus, ist diese Krise für sie doch ein nur zu willkommener Anlaß, die öffentliche Gewichtigkeit der eigenen Disziplin zu stärken. Denn – auch das ist kein Geheimnis – seit dem Abflachen der Reformbegeisterung in dieser Gesellschaft hat auch die Erziehungswissenschaft an Kredit verloren, ist sie im öffentlichen Diskurs recht stumm geworden.

Die ökologische Krise bietet ihr die Möglichkeit, wieder ernster genommen zu werden. Wenn von vielen nicht-pädagogischen Seiten auf die Macht edukativer Prozesse gesetzt wird, so etwa auch durch den „Club of Rome", dann ist dies natürlich Wasser auf die Mühlen derer, die sich berufsmäßig damit befassen. Das ökologische Krisenbewußtsein verschafft der Erziehungswissenschaft neue „Arbeitsmöglichkeiten" und eine Bedeutsamkeitserhöhung.

Und tatsächlich: Müßiggang muß sich die Erziehungswissenschaft nicht vorhalten lassen, sie ist vielmehr bisher recht emsig zu Werke gegangen und hat einen neuen Sprößling gezeugt, die Umweltpädagogik, mit der der Kanon erziehungswissenschaftlicher Subdisziplinen erweitert worden ist. Die Umweltpädagogik hat sich mittlerweile wie die Sonderpädagogik, Freizeitpädagogik, Schulpädagogik oder andere Teilgebiete mehr zu etablieren begonnen und einige Charakteristika hervorgebracht:

1. Die verschiedenartigen Etikettierungen wie „Ökopädagogik" (vgl. dazu Beer/de Haan 1984), „Umweltpädagogik" (Schmack 1982), „Naturbezogene Pädagogik" (vgl. dazu den gleichnamigen Titel von Göpfert ^{2}1990) enthalten zugleich Annoncen für *unterschiedliche* Konzepte einer umweltorientierten Pädagogik. Gegenwärtig ist eine Heterogenität ökologisch ausgerichteter Ansätze erkennbar, womit unterstrichen wird, daß es offenbar nicht *den* allein selig machenden pädagogischen Weg gibt. Darüber, was eine rechte Umweltpädagogik ist und sein sollte, gehen die Meinungen auseinander, was die praktische Orientierungsnot gewiß nicht mindert, sondern vergrößert.

2. Vielfach rückt die Umweltpädagogik in die Nähe der Friedenspädagogik (vgl. dazu Calliess/Lob 1987), weil für beide Spezialpädagogiken der Frieden als Höchstwert ausgewiesen wird. Das Besondere an umweltpädagogischen Konzeptionen ist die Ausdehnung der Friedensidee auf die nicht-menschliche Welt, sie engagiert sich für einen „Frieden mit der Natur", wie ihn der Naturphilosoph Meyer-Abich schon länger propagiert, gemäß dessen Devise, die außermenschliche Umwelt als „natürliche Mitwelt" zu achten. Statt Zwietracht wird „Eintracht mit der Natur" (vgl. dazu Jantzen 1986) als Erziehungsaufgabe postuliert.

3. In derartigen Vorstellungen verrät sich ein starkes *Versöhnungs-* und *Harmoniebedürfnis* des Menschen mit der Natur. Zahlreiche Autoren heben in eins damit die „ganzheitliche Erziehung" auf den Schild. Allerdings bleiben solche „ganzheitlichen" Vorschläge oft recht diffus, pauschal, unverbindlich und erschreckend realitätsfern (vgl. dazu Maiwald 1987). Welche auch praktisch wirksamen Konsequenzen sich aus der Idee einer Einbettung des Menschen in das Ganze der Natur ergeben könnten und inwieweit dies überhaupt

eine tragfähige Legitimation für edukatives Geschehen darstellen kann, wird höchst selten durchreflektiert. Recht eigentlich ist diese Pädagogik eine *Verlustpädagogik*, insofern sie die unstrittigen Naturverluste als Erziehungsdefizite interpretiert und darauf oftmals mit einem sehnsuchtsvollen, romantisch verklärten Versöhnungsbedürfnis reagiert.

4. Ein anderer Typus von Umweltpädagogik setzt an den Ängsten der Edukanden an und malt düstere Szenarien von der Zukunft der Menschheit. Sie trägt ganz die Handschrift einer *apokalyptischen Pädagogik*, die Gefallen an Weltuntergangsstimmungen findet und Emotionen binden will. Von daher erscheint sie auch als eine gefühlsbetonende *Abschreckungspädagogik*. Die erzieherische Absicht gründet auf dem Bild einer dem Untergang geweihten „bösen" Welt. Die Zukunft wird vielfach als Zuwachs des Bedrohlichen gedeutet, dem sich eine rechte Erziehung entgegenzustemmen hat. Wer jedoch auf Ängste und Furcht in der Erziehung baut, der muß darauf gefaßt sein, daß die angezielte „Betroffenheit" in Resignation oder hilflose und ohnmächtige Wut umschlägt.

5. Beide Varianten, aber auch andere mehr sind doppelt bedenklich: Sie operieren vorzugsweise mit überzogenen moralischen Appellen, sie tendieren, wie die gesamten Ökodiskurse, zu einer *Übermoralisierung*, die ihrerseits gegenüber zwei Gefahrenmomenten zu wenig gewappnet ist:

Einmal unterschätzen sie die Erfahrung, daß ein Zuviel an moralischem Traktieren abstumpfen und gleichgültig machen kann, wie sie andererseits womöglich die moralische Kapazität der Menschen überschätzen. Diese Pädagogik ist in ihrem Kern nichts anderes als eine *Überforderungspädagogik*, die die Kehrseite des Altruismus, den *Egoismus* ungebührlich verharmlost und andererseits die moralische Vernunft überschätzt. Darin drückt sich eine gewisse Realitätsblindheit aus, die in dem gegenwärtigen umweltpädagogischen Milieu eher die Regel als die Ausnahme ist.

6. Die mangelnde Reflexion auf die konkrete politisch geformte Erziehungswirklichkeit führt auch zu dem, was als *Überindividualisierung* bezeichnet werden kann. Darunter verstehe ich das dominante erziehungswissenschaftliche, aber auch ethische Argumentationsschema, dem *abstrakten Individuum* die Verantwortung für die Entschärfung der ökologischen Krise zu überlassen und aufzubürden. Die Mehrzahl der umweltpädagogischen Ansätze zeigt sich desinteressiert an den Institutionen, in denen Individuen faktisch handeln; sie fragen nicht danach, wie Institutionen gestaltet sein müßten,

um die vorgeschlagenen umweltpädagogischen Programme reifen zu lassen.

Erziehung setzt zwar notwendig am Individuum an, aber das entbindet eine erziehungswissenschaftliche Betrachtungsweise nicht davon, sich über die jeweiligen gesellschaftlichen, politischen und kulturellen Verhältnisse hinwegzusetzen. Ein solcher Ausschluß ist nicht bloß realitätsfern, sondern er unterstellt, daß den Individuen z. B. in komplexitätsüberfrachteten Gesellschaften Handlungsfolgen direkt zugeschrieben werden könnten.

Die Umweltproblematik hat zwar in den letzten Jahren eine erstaunliche Karriere gemacht, ist in nahezu sämtliche Teildisziplinen der Erziehungswissenschaft vorgedrungen und dort zu einem Dauerthema avanciert, aber nach wie vor kranken die meisten Entwürfe an Differenzierungs- und Realitätssinn. Statt realistische Analysen zu liefern, tauchen viele Konzeptionen lieber in den pädagogischen Ideenhimmel ein, kokettieren mit missionarischen Globalisierungen und lassen bunte Blütenträume reifen wie auch platzen (vgl. dazu auch die überlegenswerten Argumente von Kahlert 1991).

Diese und andere umweltpädagogische Argumentationsspezifika lassen nur den *einen* Schluß zu: Die erziehungswissenschaftlichen Ökodiskurse haben bislang ihre Interpretationschancen nicht ausreichend genutzt, es fehlt nicht an gutgemeinten Vorsätzen und didaktischer Ratgeberliteratur und an spekulativ-missionarischem Eifer, aber vernachlässigt werden bislang u. a. *radikale Deutungen*, also solche, die Probleme an der Wurzel fassen.

„Aufklärungsdefizite“ sind allenthalben feststellbar (vgl. dazu Kahlert a. a. O., wie auch Heid 1992 sowie Krol 1993), allerdings auch behebbar. An Radikalität kaum zu überbieten ist dabei die Frage, wie sich der Mensch selbst in der ökologischen Krise begegnet. Denn: Es geht in dieser Krise um nicht weniger als um das *Selbstverständnis* des/der Menschen überhaupt. Da in einem solchen Selbstverständnis sämtliche kulturellen, also auch die pädagogischen Probleme der Ökokrise wurzeln, ist es eine (anthropologische!) *Aufklärungspflicht* erstens Ranges, diesen Wurzelboden freizulegen. Als ein ganz wertvolles Instrument erweist sich im Zuge dieser Archäologie die Konstruktion von *Menschenbildern*. Mit Hilfe solcher Bildentwürfe kann das menschliche Selbstverständnis durchsichtig und gleichsam festgemacht werden. Der hohe praktische Nutzen dieser Bilder liegt in der möglichen Nutzung als Orientierungsmarken für menschliches Agieren, in der Leitfunktion für die Lebensführung.

Das Bild des Homo Oecologicus dient diesem Selbstverständnis und damit, was nur eine andere Umschreibung ist, der *Bestimmung des Menschen.* Durch und über Bilder gestalten wir, *bilden* wir uns. Bildung impliziert notwendig Bildkreationen, mit denen wir uns bestimmen. Bildung ist *der* Weg der Selbstbestimmung, ein prinzipiell offener und unabschließbarer. Der Weg des Homo Oecologicus erfolgt über Bildungsprozesse, ist die *Gestaltwerdung* desjenigen Bildes, das er von sich macht und zu dem er sich bekennt.

Damit schließt sich unser Überlegungskreis, in dessen Mitte, wie jetzt formuliert werden muß, die *Frage nach der Bestimmung des Menschen im Zeichen der Ökokrise* stand. Der Entwurf des Homo Oecologicus geht aus Erfahrungen mit dieser derzeit folgenschwersten und globalsten Krise hervor, er resultiert also aus ganz speziellen anthropologischen Auslegungen, die natürlich ihre Herkunft aus den europäischen Denktraditionen nicht leugnen können und wollen. Dazu kontrastiert freilich nicht der Wunsch, Homo Oecologicus in dem hier profilierten Verständnis eine weltweite Verbreitung und eine möglichst konkrete Zukunft zu ermöglichen.

Wer immer sich um die Gegenwart und Zukunft besorgt, wer über den Tellerrand des Eigenen und auch Gegenwärtigen in das ungelungene Morgen hinausschaut, hat solche Leitfolien bitter nötig, die uns noch vorausliegen und erst eingeholt werden müssen. Warum aber nicht Homo Oecologicus zum Vorbild nehmen?

Mag eine buchstabengetreue „Umsetzung“ dieses Bildes in das reale, geschichtliche Handeln nur annäherungsweise gelingen, so soll Homo Oecologicus keineswegs zum *Übermenschen* stilisiert werden. Er strebt keine „Zarathustra“-Nachfolge an, seine Lage ist eher mit derjenigen des Sisyphus vergleichbar: Auch Sisyphus – so in der großartigen Schilderung von Camus (1959) nachzustudieren – *liebte* das Leben, war ein *biophiler* Mensch, dessen „Sache“ der Fels war; auch Sisyphus wußte um Vergeblichkeiten menschlichen Tuns, auch er, nach Camus „ewiger Rebell“, nährte sich vom Oppositionsgeist wie der Widerstandskämpfer Homo Oecologicus.

Und dennoch: Er blieb unbeugsam, lebte nicht bloß dahin, das Menschenherz Sisyphus’ war vielmehr „ausgefüllt“ und Sisyphus eben darin eine geglückte Existenz. Weshalb sollte man bei dieser engen Verwandtschaft nicht auch Homo Oecologicus als *glücklichen Menschen* interpretieren, in dessen Spuren sich aufzuhalten *lebenswert* ist?

LITERATUR

Adorno, T. W./Horkheimer, M.: Dialektik der Aufklärung. Philosophische Fragmente. Frankfurt a. M. ²1969 (1947).

Adorno, T. W.: Ästhetische Theorie. Frankfurt a. M. 1973.

Alberoni, F.: Erotik – weibliche Erotik, männliche Erotik – Was ist das? München 1987.

Altner, G.: Naturvergessenheit. Grundlagen einer umfassenden Bioethik. Darmstadt 1991.

Badinter, E: Ich bin Du. Die neue Beziehung zwischen Mann und Frau oder die androgyne Revolution. München ⁵1993.

Baumgarten, A. G.: Aesthetica. Frankfurt a. d. Oder 1750.

Beauvoir, S. de: Das andere Geschlecht. Sitte und Sexus der Frau. Hamburg 1976.

Beck, U.: Risikogesellschaft. Auf dem Weg in eine andere Moderne. Frankfurt a. M. 1986.

Beer, W./de Haan, G. (Hrsg.): Ökopädagogik. Aufstehen gegen den Untergang der Natur. Weinheim/Basel 1984.

Birnbacher, D.: Verantwortung für zukünftige Generationen. Stuttgart 1988.

Bloch, E.: Das Prinzip Hoffnung. Frankfurt a. M. 1959.

Böhme, G.: Der offene Leib. Interpretationen der Mikrokosmos-Makrokosmos-Beziehung bei Paracelsus. In: Kamper, D./Wulf, C. (Hrsg.): Transfigurationen des Körpers. Berlin 1989, 44–58.

Böhme, G.: Für eine ökologische Naturästhetik. Frankfurt a. M. 1989.

Böhme, G.: Natürliche Natur. Über Natur im Zeitalter der technischen Reproduzierbarkeit. Frankfurt a. M. 1992.

Bollnow, O. F.: Das Wesen der Stimmungen. Frankfurt a. M. ⁵1974.

Brüggemeier, F. J./Rommelspacher, T.: Besiegte Natur. Geschichte der Umwelt im 19. und 20. Jahrhundert. München 1987.

Bubner, R.: Ästhetische Erfahrung. Frankfurt a. M. 1989.

Burke, E.: Philosophische Untersuchung über den Ursprung unserer Vorstellungen des Erhabenen und Schönen. Hamburg 1980.

Calliess, J./Lob, R. E. (Hrsg.): Handbuch Praxis der Umwelt- und Friedenserziehung. Düsseldorf 1987. 2 Bde.

Camus, A.: Der Mythos von Sisyphus. Hamburg 1959.

Carson, R.: Silent Spring. Drawings by Lois and Lois Darling. Boston (Mass.) 1987. Deutsch: Der stumme Frühling. München 1963.

Club of Rome: Die Grenzen des Wachstums: Bericht des Club of Rome zur Lage der Menschheit. Stuttgart 1972.

Etzioni, A.: The Active Society. A Theory of Societal and Political Process. London 1968.

Foucault, M.: Sexualität und Wahrheit. 3 Bde. Frankfurt a. M. 1986.
Gadamer, H.-G.: Wahrheit und Methode. Frankfurt a. M. 1960.
Gebhardt, U.: Erfahrung von Natur und seelische Gesundheit. In: Seel, H. J. (Hrsg.): Mensch – Natur: zur Psychologie einer problematischen Beziehung. Opladen 1993, 127–148.
Gehlen, A.: Der Mensch. Seine Natur und seine Stellung in der Welt. Berlin 1940.
Gilligan, C.: Die andere Stimme. Lebenskonflikte und Moral der Frau. München 1984.
Göpfert, H.: Naturbezogene Pädagogik. Weinheim ^{2}1990.
Haeckel, E.: Generelle Morphologie der Organismen. Allgemeine Grundzüge der organischen Formen-Wissenschaft, mechanisch begründet durch die von Charles Darwin reformierte Descendenz-Theorie. Bd. 2: Allgemeine Entwicklungsgeschichte der Organismen. Berlin 1866.
Hammer, F.: Leib und Geschlecht. Bonn 1974.
Hampden-Turner, C.: Modelle des Menschen. Weinheim ^{2}1983.
Hare, R. M.: Sprache der Moral. Frankfurt a. M. 1972.
Heid, H.: Ökologie als Bildungsfrage? In: Zeitschrift für Pädagogik 1992 (38) 1, 113–138.
Heidegger, M.: Sein und Zeit. Tübingen ^{10}1963 (1927).
Honegger, C.: Die Ordnung der Geschlechter. Frankfurt a. M. u. a. 1991.
Hösle, V.: Philosophie der ökologischen Krise. München 1991.
Humboldt, W. v.: Plan einer vergleichenden Anthropologie. In: ders.: Bildung und Sprache. Paderborn ^{2}1965 (1795), 29–58.
Jäger, H.: Einführung in die Umweltgeschichte. Darmstadt 1994.
Jantzen, W.: Voran zur Eintracht mit der Natur! In: Demokratische Erziehung (1986), H. 7/8, 42–49.
Jonas, H.: Das Prinzip Verantwortung. Versuch einer Ethik für die technologische Zivilisation. Frankfurt a. M. 1979.
Kahlert, J.: Die mißverstandene Krise. Theoriedefizite in der umweltpädagogischen Kommunikation. In: Zeitschrift für Pädagogik 1991 (37) 1, 97–122.
Kant, I: Gesammelte Werke. Bd. 1–6. Wiesbaden 1958–1964.
Kierkegaard, S.: Der Begriff Angst. Gesammelte Werke. 11. und 12. Abt. Düsseldorf 1958 (1844).
Kirchgässner, G.: Homo Oeconomicus: Das ökonomische Modell individuellen Verhaltens und seine Anwendung in den Wirtschafts- und Sozialwissenschaften. Tübingen 1991.
Krol, G. J.: Ökologie als Bildungsfrage? Zum sozialen Vakuum der Umweltbildung. In: Zeitschrift für Pädagogik 1993 (39) 4, 651–672.
Lenk, H.: Über Verantwortungsbegriffe und das Verantwortungsproblem in der Technik. In: Lenk, H./Ropohl, G. (Hrsg.): Technik und Ethik. Stuttgart 1987, 122–149.
Luhmann, N.: Ökologische Kommunikation. Kann die moderne Gesellschaft sich auf ökologische Gefährdungen einstellen? Opladen 1986.

Maiwald, R.: Der Mensch in Harmonie mit sich und der Natur – Zur bisherigen Vielfalt pädagogischer Ideen und Modelle. In: Calliess, J./Lob, R. E., a. a. O. Bd. 2, 1987, 6–20.

Marcuse, H.: Triebstruktur und Gesellschaft. Frankfurt a. M. 1965.

Marquard, O.: Merkende Vernunft. Betrachtungen über Vernunft und Zufall beim Menschen. In: Rössner, H. (Hrsg.): Der ganze Mensch. München 1986, 247–256.

Marquard, O.: Ästhetica und Anästhetica. Philosophische Überlegungen. Paderborn u. a. 1989.

Meinberg, E.: Das Menschenbild in der modernen Erziehungswissenschaft. Darmstadt 1988.

Merchant, C.: Der Tod der Natur. Deutsch: München 1987.

Moskovici, S.: Versuch über die menschliche Geschichte der Natur. Deutsch: Frankfurt a. M. 1982.

Nadolny, S.: Die Entdeckung der Langsamkeit. München 1987.

Nietzsche, F.: Also sprach Zarathustra. Ein Buch für Alle und Keinen. Gesammelte Werke 7. München o. J. (1895).

Nietzsche, F.: Zur Genealogie der Moral. Gesammelte Werke 9. München o. J. (1887).

Nunner-Winkler, G. (Hrsg.): Weibliche Moral. Die Kontroverse um eine geschlechtsspezifische Ethik. Frankfurt a. M. 1991.

Pestalozzi, J. H.: Nachforschungen über den Gang der Natur in der Entwicklung des Menschengeschlechts. Bad Heilbrunn 1962 (1797).

Pieper, A.: Geschichte der neueren Ethik. 2 Bde. Tübingen 1993.

Pieper, A.: Aufstand des stillgelegten Geschlechts. Freiburg 1993.

Platner, E.: Anthropologie für Ärzte und Weltweise. Leipzig 1772.

Plessner, H.: Die Einheit der Sinne. Grundlinien einer Ästhesiologie des Geistes. In: Gesammelte Schriften Bd. III. Anthropologie der Sinne. Frankfurt a. M. 1980 (1923), 7–315.

Plessner, H.: Die Stufen des Organischen und der Mensch. Gesammelte Schriften Bd. 4. Frankfurt a. M. 1981 (1928).

Rosenkranz, K.: Ästhetik des Häßlichen. Königsberg 1853.

Rousseau, J. J.: Emile oder Über die Erziehung. Stuttgart 1970 (1762).

Sachsse, H.: Ökologische Philosophie: Natur, Technik, Gesellschaft. Darmstadt 1984.

Schäfer, J.: Das Bacon-Projekt: von der Erkenntnis, Nutzung und Schonung der Natur. Frankfurt a. M. 1993.

Scheler, M.: Die Stellung des Menschen im Kosmos. Darmstadt 1928.

Schelling, F. W. J.: Vorlesungen zur Philosophie der Kunst. 1802–1805.

Schiller, F.: Briefe über die ästhetische Erziehung des Menschen. Hrsg. von A. Reble. Heilbronn 1960 (1795).

Schiller, F.: Sämtliche Werke. Bd. 1–5. München ^{3}1962.

Schmack, E.: Chancen der Umwelterziehung; Grundlagen einer Umweltpädagogik und Umweltdidaktik. Düsseldorf 1982.

Schmitz, H.: System der Philosophie. Band III, Bonn ^{2}1989.

Schmölders, G.: Das Bild vom Menschen in der Wirtschaftstheorie. In: Gadamer, H. G./Vogler, P. (Hrsg.): Neue Anthropologie. Bd. 3. Stuttgart 1972, 134–167.

Schnädelbach, H. (Hrsg.): Rationalität: Philosophische Beiträge. Frankfurt a. M. 1984.

Schüßler, R.: Der Homo Oeconomicus als skeptische Fiktion. In: Kölner Zeitschrift für Soziologie und Sozialpsychologie 40 (1988) 3, 447–463.

Schweitzer, A.: Briefe aus Lambarene 1924–1927. München 1928.

Schweitzer, A.: Kultur und Ethik: mit Einschluß von Verfall und Wiederaufbau der Kultur. Nachdruck der Sonderausgabe München 1990.

Seel, M.: Eine Ästhetik der Natur. Frankfurt a. M. 1991.

Simmel, G.: Philosophie des Geldes. Frankfurt a. M. 1989.

Singer, P.: Animal Liberation. London 1978.

Spranger, E.: Lebensformen. Geisteswissenschaftliche Psychologie und Ethik der Persönlichkeit. Tübingen [8]1950.

Unterbruner, U.: Sehnsüchte und Ängste – Naturerleben bei Jugendlichen. In: Seel, H.-J., u. a. (Hrsg.): Mensch–Natur. Zur Psychologie einer problematischen Beziehung. Opladen 1993, 164–174.

Weber, M.: Politik als Beruf. München 1919.

Weischedel, W.: Das Wesen der Verantwortung. Ein Versuch. Frankfurt a. M. 1933.

Weise, P.: Homo Oeconomicus und Homo Sociologicus. Die Schreckensmänner der Sozialwissenschaften. In: Zeitschrift für Soziologie 18 (1989) 2, 148–161.

Weizsäcker, E. U. von: Erdpolitik. Ökologische Realpolitik an der Schwelle zum Jahrhundert der Umwelt. Darmstadt [4]1994.

Welsch, W.: Ästhetisches Denken. Stuttgart 1990.

Wemmer, U./Korczak, D.: Gesundheit in Gefahr. Frankfurt a. M. 1993.

REGISTER

Affektivität/Gefühl 148 ff. 152 ff. 158
Anthropologie VII f. 13 ff. 48 ff. 57. 66. 70. 84 ff. 96. 149
Ästhetik 55. 90 ff.

Bildung 135. 176 ff.

Ehrfurcht 76 ff. 85
Erziehung 42
Ethik 11. 65 ff. 72 ff.
  Verantwortungs- 83
  ökologische 10. 68
Existenz, existenziell 29. 35. 46. 49. 70. 89. 140

Geschlechtlichkeit 1 ff. 137
Gesundheit/Gesundsein 140 ff.

Hedonismus 27. 77 f. 138
Hoffnung 85. 138
Homo Faber 21 f. 24. 28
Homo Oeconomicus 23 f.
Homo Technicus 22 ff. 56

Kosmos 144 ff. 170
Krankheit/Kranksein 144 ff.
Kultur 3. 44 ff. 63. 88. 136. 143
Kunst 55. 105 f.

Leben 74 f. 80. 95
Lebensführung/-stil/-weise 4. 7. 76. 135. 141 f.
Leib, Leiblichkeit VIII. 46. 119 ff. 134. 143 ff. 159 ff.
Leitbild 5. 16 f. 69 f. 130 f.
Lernen 139

Menschenbild VIII. 5. 16. 22 ff. 57. 66. 87. 179
Metaphysik 11. 87
Mitleid 38
Moral 60 ff. 69 ff. 77. 136 ff. 158 f. 165. 178

Natur 3. 44 ff. 53 f. 70. 107. 110. 143. 145 f. 160
  innere 69. 145 f. 160
  äußere 69. 145 f. 160
Naturbilder 49. 52 f.
Naturverlust 144. 152

Ökologie 7. 28
Ökopädagogik, Umweltpädagogik 176 ff.
Ontologie 83. 86. 88

Philosophie 9 ff. 25. 29. 34. 66. 68. 150 f. 154 ff.
  Natur- 11. 54
Politik 3 f. 168 ff.

Rationalität 23. 25. 28. 63. 148 f.

Schönheit 94
Sexualität 67. 132 f. 134 ff.
Sinnlichkeit 91. 96 f.
Subjekt, Subjektivität 19. 157 f.

Technik 22 f. 26. 55 ff. 60 f. 63

Verantwortung 80 ff. 84. 87. 140
Vernunft 29. 148 f. 159 ff.

Wahrnehmung
  co-existenzial 106 ff.

offen-freischwebend 113 ff.
transzendent-projektiv 109 ff.
Welt 18. 150 f. 158
Mit- 18
Um- 18
Wesen 28 ff. 45 f.
Wissenschaft 6 ff. 29. 60. 143 f.
Natur- 6. 50 ff. 63
Geistes- 6. 63
Sozial- 6. 24. 63. 143

Zeit 116
Zukunft 86. 117. 135. 137. 139. 156. 168 ff.